direito aplicado

inter
saberes

direito aplicado

Débora Veneral
Silvano Alves Alcantara

4ª edição, revista e atualizada

inter saberes

Rua Clara Vendramin, 58
Mossunguê . CEP 81200-170
Curitiba . PR . Brasil
Fone: (41) 2106-4170
www.intersaberes.com
editora@intersaberes.com

- Conselho editorial
  Dr. Alexandre Coutinho Pagliarini
  Dr.ª Elena Godoy
  Dr. Neri dos Santos
  Dr. Ulf Gregor Baranow

- Editora-chefe
  Lindsay Azambuja

- Gerente editorial
  Ariadne Nunes Wenger

- Assistente editorial
  Daniela Viroli Pereira Pinto

- Preparação de originais
  Ivan Sousa Rocha

- Edição de texto
  Arte e Texto Edição e Revisão de Textos
  Caroline Rabelo Gomes
  Dóris Munhoz de Lima
  Palavra do Editor

- Projeto gráfico
  Raphael Bernadelli

- Capa
  Mayra Yoshizawa (*design*)
  Africa Studio, Stockr, NotarYES,
  Monkey Business Images, Mark Agnor,
  oneinchpunch, LALS STOCK,
  George Rudy/Shutterstock (imagens)

- Equipe de *design*
  Charles L. da Silva

- Diagramação
  Estúdio Nótua

- Iconografia
  Regina Claudia Cruz Prestes

Dados Internacionais de Catalogação na Publicação (CIP)
(Câmara Brasileira do Livro, SP, Brasil)

Veneral, Débora Cristina
Direito aplicado / Débora Cristina Veneral, Silvano Alves Alcantara. -- 4. ed. rev. e atual. -- Curitiba : Editora Intersaberes, 2023.

Bibliografia.
ISBN 978-65-5517-070-2

1. Direito 2. Direito – Miscelânea I. Alcantara, Silvano Alves. II. Título.

22-122099   CDU-34

Índices para catálogo sistemático:
1. Direito   34

Cibele Maria Dias – Bibliotecária – CRB-8/9427

1ª edição, 2014.
2ª edição – revista e atualizada, 2017.
3ª edição – revista e atualizada, 2020.
4ª edição – revista e atualizada, 2023.

Foi feito o depósito legal.

Informamos que é de inteira responsabilidade dos autores a emissão de conceitos.

Nenhuma parte desta publicação poderá ser reproduzida por qualquer meio ou forma sem a prévia autorização da Editora InterSaberes.

A violação dos direitos autorais é crime estabelecido na Lei n. 9.610/1998 e punido pelo art. 184 do Código Penal.

apresentação 15

como aproveitar ao máximo este livro 17

Capítulo 1 **Noções de direito - 21**

1.1 Origem e finalidade do direito - 22
1.2 Conceito de *direito* - 22
1.3 Direito objetivo e direito subjetivo - 23
1.4 Direito público e direito privado - 24
1.5 Direito positivo e direito natural - 25
1.6 Direito internacional e direito nacional - 25
1.7 Direito e moral - 26
1.8 Fontes do direito - 27
1.9 Integração das normas jurídicas - 29

Capítulo 2 **Direito constitucional - 35**

2.1 Conceito - 36
2.2 Princípios fundamentais - 37

sumário

- 2.3 Direitos e garantias fundamentais - 38
- 2.4 Proibições constitucionais - 44
- 2.5 Proteção constitucional das liberdades - 46
- 2.6 Direitos sociais - 50
- 2.7 Direitos de nacionalidade - 51
- 2.8 Direitos políticos - 54
- 2.9 Partidos políticos - 56

Capítulo 3 Direito administrativo - 61

- 3.1 Conceito e objetivo - 62
- 3.2 Princípios da Administração Pública - 62
- 3.3 Administração Pública - 74
- 3.4 Licitações - 89
- 3.5 Contratos administrativos - 94
- 3.6 Convênios - 98
- 3.7 Consórcios - 99

Capítulo 4 Direito civil - 105

- 4.1 Conceito - 106
- 4.2 Parte Geral do Código Civil - 106
- 4.3 Parte Especial do Código Civil - 117
- 4.4 Direito das obrigações - 117

Capítulo 5 Direito empresarial - 131

- 5.1 Introdução - 132
- 5.2 Princípios constitucionais da atividade econômica - 133

- 5.3 Empresa e empresário - 137
- 5.4 Capacidade civil e empresarial - 141
- 5.5 Registro público do empresário - 142
- 5.6 Obrigações do empresário - 143
- 5.7 Nome empresarial e nome fantasia - 143
- 5.8 Estabelecimento comercial - 145
- 5.9 Sociedades - 150

Capítulo 6 — Direito tributário - 165

- 6.1 Conceito - 166
- 6.2 Tributo - 167
- 6.3 Competência e capacidade tributária - 168
- 6.4 Espécies tributárias - 172
- 6.5 Princípios constitucionais tributários - 174
- 6.6 Hipótese de incidência e fato gerador - 189
- 6.7 Obrigação tributária - 190
- 6.8 Crédito tributário - 192
- 6.9 Lançamento tributário - 193
- 6.10 Prescrição e decadência - 195

Capítulo 7 — Direito do trabalho - 203

- 7.1 Introdução - 204
- 7.2 Princípios trabalhistas - 204
- 7.3 Relação individual de trabalho - 211
- 7.4 Relação coletiva de trabalho - 252

Capítulo 8 — Direito da seguridade social - 265

- 8.1 Seguridade social - 266
- 8.2 Beneficiários da previdência social - 267
- 8.3 Benefícios da previdência social - 271

Capítulo 9 — Direito ambiental - 289

- 9.1 Conceito - 290
- 9.2 Princípios ambientais - 290
- 9.3 Proteção legal do meio ambiente - 295
- 9.4 Responsabilidade ambiental - 298

Capítulo 10 — Direito do consumidor - 311

- 10.1 Introdução - 312
- 10.2 Conceito de *direito do consumidor* - 313
- 10.3 Consumidor - 314
- 10.4 Fornecedor - 316
- 10.5 Produto e serviço - 316
- 10.6 Direitos básicos do consumidor - 317
- 10.7 Hipossuficiência e vulnerabilidade - 323
- 10.8 Responsabilidade por vício de produtos e serviços - 325
- 10.9 Proteção ao consumidor em contratos realizados fora do estabelecimento comercial - 326

10.10 Vícios e prazos - 328
10.11 Responsabilidade civil, prevenção e reparação de danos ao consumidor em razão da qualidade de produtos e serviços - 330
10.12 Cláusulas contratuais abusivas - 335
10.13 Sanções administrativas e penais - 336

considerações finais 341

lista de siglas 345

referências 349

respostas 363

sobre os autores 371

De Débora Veneral

*A Deus, por sua magnitude,
Aos meus pais, Pedro e Zaira (in memoriam),
pelo alicerce que foram em minha vida, ao
me ensinarem valores e princípios que me
impulsionam a enfrentar os desafios cotidianos
sem esquecer que, de tudo o que somos, nada
somos se não temos humildade e amor ao
próximo.*

De Silvano Alves Alcantara

*A Dulcimeri, companheira de uma vida inteira,
sempre disposta a ouvir meus desabafos...
Sempre centrada, mostrando-me o melhor
caminho a ser seguido...
Sempre amorosa, demonstrando que nossa união
é perene.*

A história é um labirinto. Acreditamos saber que existe uma saída, mas não sabemos onde está. Não havendo ninguém do lado de fora que nos possa indicá-la, Devemos procurá-la nós mesmos. O que o labirinto ensina não é onde está a saída, mas quais são os caminhos que não levam a lugar algum.
(Norberto Bobbio)

Com a presente obra, nosso objetivo é abordar algumas importantes áreas do direito, com base não só na interpretação doutrinária de diversos autores e juristas renomados, mas também na interpretação jurisprudencial, com destaque para decisões dos mais variados tribunais de nosso país, para que você, leitor, adquira um conhecimento básico, mas sólido, acerca do que nos propomos a analisar.

De início, esclarecemos que não se trata de um trabalho crítico, mas conceitual, voltado à compreensão de elementos essenciais do direito.

Assim, na medida do possível, adotaremos uma linguagem simples e, ao mesmo tempo, dialógica, no intuito de tornar os conteúdos mais claros, para que você possa apreciar a leitura e compreender os institutos dos quais trataremos. Essa linguagem difere da que é normalmente utilizada nas obras de caráter puramente jurídico, pois tem cunho essencialmente pedagógico, visando atingir também o estudante de áreas não jurídicas, que terá, em muitos casos, o primeiro contato com o direito.

De modo didático, dividimos este trabalho em dez capítulos, a fim de que os conteúdos contemplados aqui possam atender ao propósito de vários cursos e disciplinas, mesmo que no contexto de um estudo que se pretende sucinto.

Os temas sob exame estão intimamente relacionados. No mais das vezes, um complementa o outro, pois os ramos do direito, ainda que autônomos, estão ligados e interligados.

Iniciaremos nossa abordagem, no Capítulo 1, com algumas noções de direito, destacando alguns dos institutos mais importantes da ciência jurídica, os quais servirão de base para o acompanhamento dos demais capítulos.

A partir do Capítulo 2, analisaremos alguns ramos do direito em sequência. Começaremos pelo direito constitucional, pois é sabido que a Constituição Federal determina todas as normas de base para o Estado e também para a sociedade de maneira geral. Assim, cabe iniciarmos nosso estudo pelas normas constitucionais.

Nos capítulos seguintes e nesta ordem, abordaremos o direito administrativo, o direito civil, o direito empresarial, o direito tributário, o direito do trabalho, o direito da seguridade social, o direito ambiental e o direito do consumidor. Na análise de cada um desses ramos, buscaremos apresentar aquilo que de maior interesse possa haver para o leitor de outras áreas.

Esperamos que esta obra, cujos temas são apresentados de maneira simples, direta e objetiva – e sem a pretensão de esgotá-los –, possa ajudar especialmente aqueles estudantes sem base jurídica prévia a entender o direito em seu conceito geral e, em particular, alguns de seus ramos.

Desejamos a você uma boa leitura.

Empregamos nesta obra recursos que visam enriquecer seu aprendizado, facilitar a compreensão dos conteúdos e tornar a leitura mais dinâmica. Conheça a seguir cada uma dessas ferramentas e saiba como elas estão distribuídas no decorrer deste livro para bem aproveitá-las.

Conteúdos do capítulo:

Logo na abertura do capítulo, relacionamos os conteúdos que nele serão abordados.

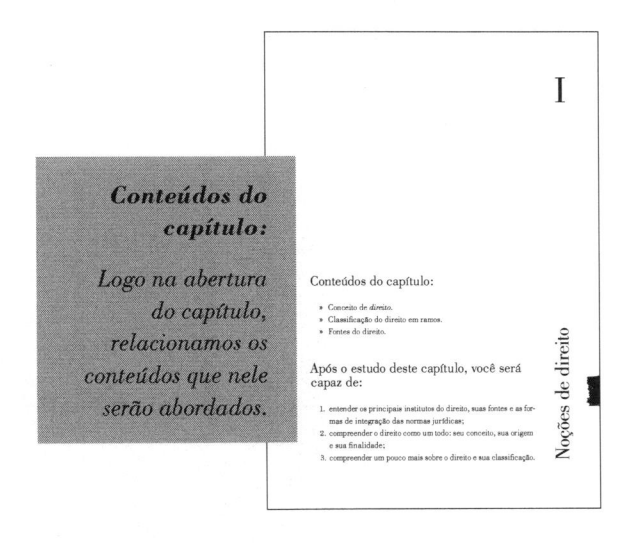

Após o estudo deste capítulo, você será capaz de:

Antes de iniciarmos nossa abordagem, listamos as habilidades trabalhadas no capítulo e os conhecimentos que você assimilará no decorrer do texto.

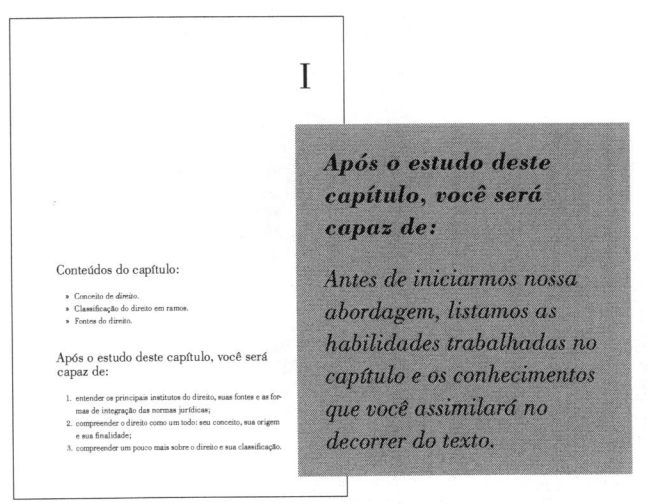

como aproveitar ao máximo este livro

Síntese

Ao final de cada capítulo, relacionamos as principais informações nele abordadas a fim de que você avalie as conclusões a que chegou, confirmando-as ou redefinindo-as.

---

c. **Princípios gerais do direito** – Os princípios são a estrutura, a base das relações jurídicas. Deve-se obedecer a eles para se obterem negociações justas. Por exemplo:
  » Ninguém pode transferir mais direitos do que tem – princípio do abuso de direito.
  » Ninguém deve ser condenado sem ser ouvido – princípio da ampla defesa.
  » Não se deve invocar a própria malícia para tirar proveito disso – princípio da lesão.
  » Os contratos devem ser cumpridos (*pacta sunt servanda*) – princípio de que o contrato faz lei entre as partes.

Mediante a aplicação dos meios de integração das normas jurídicas, o juiz não deixará de decidir um caso concreto, mesmo nas situações em que a legislação for omissa.

Síntese

Neste capítulo, abordamos os institutos mais importantes do direito – sua origem, sua finalidade e seu conceito –, que servem de direção para o entendimento da ciência jurídica como um todo. Também examinamos as fontes do direito, aquelas que servem de nascedouro para as normas jurídicas.

Por fim, analisamos o sistema de integração das normas jurídicas, demonstrando como o intérprete do direito pode se utilizar de outros meios para efetivamente determinar uma solução para os casos concretos, especialmente na falta de norma jurídica.

Questões para revisão

1) Analise as assertivas a seguir:
   I. O direito internacional regulamenta as normas atinentes às relações exteriores do Estado com outros Estados.
   II. O direito nacional existe dentro das fronteiras de um país.
   III. O direito natural corresponde aos princípios supremos constituídos pela natureza, como o direito de se reproduzir e o direito de viver.

   Agora, assinale a alternativa correta:
   a. Estão corretas as assertivas I e II.
   b. Estão corretas as assertivas II e III.
   c. Estão corretas as assertivas I e III.
   d. Somente a assertiva I está correta.
   e. Todas as assertivas estão corretas.

2) Relacione os tipos de fontes do direito com os itens apresentados a seguir:
   1. Fontes diretas ou imediatas do direito
   2. Fontes indiretas ou mediatas do direito
   ( ) Lei
   ( ) Costume
   ( ) Doutrina
   ( ) Jurisprudência
   ( ) Meios dos quais emanam as regras jurídicas

   Agora, assinale a sequência correta:
   a. 1, 1, 2, 2, 1.
   b. 2, 1, 1, 1, 2.
   c. 2, 2, 1, 2, 2.
   d. 1, 2, 1, 2, 2.
   e. 1, 2, 1, 2, 1.

Questões para revisão

Ao realizar estas atividades, você poderá rever os principais conceitos analisados. Ao final do livro, disponibilizamos as respostas às questões para a verificação de sua aprendizagem.

3) Qual das classificações do direito corresponde ao conceito expresso a seguir?
   É o conjunto de regras jurídicas em vigor em determinado país e em determinada época.
   a. Direito objetivo.
   b. Direito público.
   c. Direito positivo.
   d. Direito subjetivo.
   e. Direito nacional.
4) Qual é a diferença entre direito objetivo e direito subjetivo?
5) Conceitue *direito público* e *direito privado*.

Questões para reflexão

1) Qual é a finalidade do direito?
2) Como se define *direito*?

Para saber mais

Para que você possa aprofundar o estado sobre os temas examinados neste capítulo, sugerimos a leitura das obras listadas a seguir.

BRANCATO, R. T. **Instituições de direito público e de direito privado**. 14. ed. São Paulo: Saraiva, 2011.
IHERING, R. V. **A luta pelo direito**. 6. ed. São Paulo: RT, 2010.
PEREIRA, C. M. da S. **Instituições de direito civil**. 31. ed. Rio de Janeiro: Forense, 2017.

Questões para reflexão

Ao propor estas questões, pretendemos estimular sua reflexão crítica sobre temas que ampliam a discussão dos conteúdos tratados no capítulo, contemplando ideias e experiências que podem ser compartilhadas com seus pares.

Para saber mais

Sugerimos a leitura de diferentes conteúdos digitais e impressos para que você aprofunde sua aprendizagem e siga buscando conhecimento.

Consultando a legislação

Se você desejar aprofundar seus conhecimentos sobre os assuntos abordados neste capítulo, consulte:
BRASIL. Constituição (1988). **Diário Oficial da União**, Poder Legislativo, Brasília, DF, 5 out. 1988. Disponível em: <http://www.planalto.gov.br/ccivil_03/constituicao/constituicao.htm>. Acesso em: 10 ago. 2022.
BRASIL. Decreto-Lei n. 2.848, de 7 de dezembro de 1940. **Diário Oficial da União**, Poder Executivo, Rio de Janeiro, RJ, 31 dez. 1940. Disponível em: <http://www.planalto.gov.br/ccivil_03/decreto-lei/del2848.htm>. Acesso em: 10 ago. 2022.
BRASIL. Lei n. 10.406, de 10 de janeiro de 2002. **Diário Oficial da União**, Poder Executivo, Brasília, DF, 11 jan. 2002. Disponível em: <http://www.planalto.gov.br/ccivil_03/leis/2002/l10406.htm>. Acesso em: 10 ago. 2022.

Consultando a legislação

Listamos e comentamos nesta seção os documentos legais que fundamentam a área de conhecimento, o campo profissional ou os temas tratados no capítulo para você consultar a legislação e se atualizar.

19

I

Conteúdos do capítulo:

» Conceito de *direito*.
» Classificação do direito em ramos.
» Fontes do direito.

Após o estudo deste capítulo, você será capaz de:

1. entender os principais institutos do direito, suas fontes e as formas de integração das normas jurídicas;
2. compreender o direito como um todo: seu conceito, sua origem e sua finalidade;
3. compreender um pouco mais sobre o direito e sua classificação.

Noções de direito

1.1 Origem e finalidade do direito

O direito nasceu junto com a civilização. Sua história é a história da própria vida dos seres humanos, que, obrigados a conviver, labutando uns ao lado dos outros, carecem de certas regras de conduta, de um mínimo de ordem e direção.

A finalidade do direito consiste em **regular as relações humanas**, a fim de que haja paz e prosperidade no meio social, impedindo a desordem e o crime. Sem o direito, a sociedade estaria em um constante processo de contestação, com a lei do mais forte sempre imperando, o que causaria um verdadeiro caos.

1.2 Conceito de *direito*

O direito "é um complexo de normas reguladoras da conduta humana, com força coativa" (Alves, 2019, p. 79-80). Ele é essencial, pois, é preciso reconhecer, a vida em sociedade seria impossível sem a existência de certo número de **normas obrigatórias**, reguladoras do **procedimento** dos seres humanos, acompanhadas de punições para os transgressores.

A **punição** é o que torna a norma respeitada. De nada adiantaria a lei estabelecer, por exemplo, que matar é crime, se, paralelamente, não impusesse uma sanção à pessoa que matasse.

A **coação** ou possibilidade de constranger o indivíduo à observância da norma torna-se inseparável do direito. Por isso, como mostra a conhecida imagem, a justiça sustenta, em uma das mãos, a balança, em que pesa o direito, e, na outra, a espada, de que se serve para defendê-lo. A espada sem a balança constitui a força brutal, enquanto a balança sem a espada representa a impotência do direito (Ihering, 2010, p. 35).

A palavra *direito* origina-se do latim *directum* e significa "aquilo que é reto, que está **de acordo com a lei**". Assim, conforme mencionamos, o direito destina-se a regular as relações humanas, e suas normas asseguram as condições de equilíbrio da coexistência dos seres humanos, da vida em sociedade.

1.3 Direito objetivo e direito subjetivo

O **direito objetivo** consiste no conjunto de normas vigentes em determinado momento histórico para reger as relações humanas, impostas coativamente pelo Estado para a obediência de todos. São exemplos dessa expressão do direito o Código Penal, o Código de Processo Penal, o Código Civil e o Código de Processo Civil.

Já o **direito subjetivo** constitui a faculdade ou prerrogativa do indivíduo de invocar a lei na defesa de seu interesse. Assim, ao direito subjetivo de uma pessoa corresponde sempre o dever de outra, que, se não o cumprir, poderá ser compelida a observá-lo por meio de medidas judiciais.

Dessa forma, enquanto o direito subjetivo é a expressão da **vontade individual**, o direito objetivo é a expressão da **vontade geral**. Em outras palavras, o direito subjetivo é um poder atribuído à vontade do indivíduo para a satisfação de seus próprios interesses, desde que estes estejam protegidos pela lei, ou seja, pelo direito objetivo.

Para exemplificarmos esses conceitos, vamos considerar a Constituição Federal (CF) brasileira de 5 de outubro de 1988, a qual dispõe, em seu art. 5º, inciso XXII, que "é garantido o direito de propriedade" (Brasil, 1988). Essa regra é um preceito de direito objetivo; porém, se alguém violar a propriedade de outra pessoa, esta poderá acionar o Poder Judiciário para que a irregularidade seja sanada.

Essa faculdade que o indivíduo tem de movimentar a máquina judiciária para o reconhecimento de um direito assegurado por lei é que constitui o direito subjetivo.

Portanto, o direito objetivo é o **conjunto de leis dirigidas a todos**, ao passo que o direito subjetivo é a **faculdade que cada um tem de invocar essas leis em seu favor**, sempre que houver violação de um direito por elas resguardado.

1.4 Direito público e direito privado

O **direito público** é o direito que regula as relações do Estado com o próprio Estado, bem como as relações deste com os cidadãos. Caracteriza-se pela imperatividade de suas normas, que nunca podem ser negligenciadas por convenção dos particulares. Assim, ninguém pode firmar qualquer acordo ou convenção que afronte as normas de direito público.

O **direito privado**, por sua vez, é o que disciplina as relações entre os indivíduos como tais, nas quais predomina imediatamente o interesse de ordem particular.

As **normas de ordem pública** são as **cogentes**, ou seja, de aplicação obrigatória. Já as **normas de ordem privada** ou **dispositivas** são as que vigoram enquanto a vontade dos interessados não convencionar de forma diversa, tendo, pois, **caráter supletivo**.

No direito civil, por exemplo, predominam as normas de ordem privada, embora existam também normas cogentes, de ordem pública, como a maioria das que integra o direito de família.

1.5 Direito positivo e direito natural

O **direito positivo** abrange o conjunto de regras jurídicas em vigor em determinado país e em determinada época. É o direito histórica e objetivamente estabelecido, encontrado em leis, códigos, tratados internacionais, costumes, decretos, regulamentos etc.

O **direito natural**, para os que aceitam sua existência, é aquele que não se consubstancia em regras impostas ao indivíduo pelo Estado, mas provém de uma lei anterior e superior ao direito positivo, que se impõe a todos os povos pela própria força dos princípios supremos dos quais resulta. Assim, corresponde àquilo que é constituído pela própria natureza, e não pela criação dos homens, como o direito de se reproduzir e o direito de viver.

1.6 Direito internacional e direito nacional

O **direito internacional** constitui-se de normas atinentes às relações exteriores do Estado, não somente no que concerne ao trato de Estado para Estado – hipótese em que se cuida de normas de **direito internacional público** –, mas também no que tange à solução de conflitos de leis que interessam a cidadãos pertencentes a Estados diversos – caso em que se trata de normas do **direito internacional privado**.

Por seu turno, o **direito nacional** está relacionado ao que existe dentro das fronteiras de determinado país.

1.7 Direito e moral

A vida social é possível apenas quando estão presentes determinadas regras para o convívio dos homens. Essas regras, de cunho ético, emanam da **moral** e do **direito**, que procuram ditar como deve ser o comportamento de cada pessoa. Tanto a moral como o direito são normas de conduta. Assim, aquele que pratica um estupro viola, ao mesmo tempo, a norma jurídica descrita no art. 213 do Código Penal – Decreto-Lei n. 2.848, de 7 de dezembro de 1940 (Brasil, 1940) – e a norma moral de não prejudicar ninguém.

Sob o aspecto do **campo de ação**, podemos afirmar que a moral atua, predominantemente, no **foro íntimo do indivíduo**, enquanto o direito se interessa apenas pela **ação exteriorizada do homem**, ou seja, aquilo que ele fez ou deixou de fazer no mundo social.

Assim, a maquinação de um crime, conquanto indiferente ao direito, é repudiada pela moral, pois encontra reprovação na própria consciência individual. Por outro lado, a exteriorização desse pensamento, com a efetiva prática do crime, importa em uma conduta relevante para o direito, que mobiliza o aparelho repressivo do Estado para recompor o equilíbrio social.

Quanto à intensidade da **sanção**, a moral estabelece **sanções individuais** e internas (remorso, arrependimento, desgosto) ou de **reprovação social** (por exemplo, o que ocorre com a prostituta, que é colocada à margem da sociedade). Por seu turno, o direito estabelece uma sanção mais enérgica, consubstanciada em **punição legal** (por exemplo, aquele que mata, fica sujeito a uma pena que varia de 6 a 20 anos de reclusão).

Quanto aos **efeitos**, da norma jurídica decorrem relações com **alcance bilateral**, ao passo que da regra moral deriva uma **consequência unilateral**, ou seja, "quando a moral diz ao indivíduo que ame o seu próximo, pronuncia-o unilateralmente, sem que ninguém possa reclamar aquele amor; quando o direito determina ao devedor que pague, proclama-o bilateralmente, assegurando ao credor a faculdade de receber" (Pereira, 2017, p. 20).

Desse modo, podemos concluir que **o direito se preocupa com a licitude da conduta do homem**, isto é, com sua concordância em relação à lei, enquanto **a moral visa à honestidade dessa conduta**.

1.8 Fontes do direito

O direito como ciência e as leis, de forma específica, apresentam o que chamamos de *fontes*, as quais examinaremos na sequência.

1.8.1 Conceito

Fonte significa "origem", "nascente", "manancial". Portanto, as fontes do direito são os meios dos quais emanam as regras jurídicas.

1.8.2 Classificações

As fontes do direito dividem-se em **diretas ou imediatas** e em **indiretas ou mediatas**.

■ Fontes diretas ou imediatas

As fontes diretas ou imediatas são aquelas que, apenas por sua própria força, são suficientes para gerar a regra jurídica. Constituem a lei e o costume, os quais podem ser aplicados diretamente.

A **lei** é a primeira fonte de que se lança mão para resolver uma questão submetida à apreciação do Poder Judiciário. Trata-se de uma regra geral que advém de uma autoridade competente, é imposta e deve ser obedecida por todos.

A competência constitucional de elaboração das leis é do Poder Legislativo, mas o Poder Executivo também colabora em sua edição, por meio da sanção e da publicação. Assim, a lei emana do Poder Legislativo, que é o órgão competente para elaborá-la; porém, antes de entrar em vigor, ela passa pelos seguintes trâmites: apresentação do projeto, discussão e aprovação, sanção (ou promulgação) e publicação (Brancato, 2011, p. 25).

No que diz respeito ao **costume**, há normas costumeiras que obrigam, igualmente, como se fossem leis – a diferença é que elas não são estabelecidas por órgãos competentes. O emprego de determinada regra para normatizar uma situação, desde que se repita reiteradamente, constitui uma prática, um uso que, ao longo do tempo, produz em todos a convicção de que se trata de uma regra de direito. Como exemplos, podemos citar as filas que se formam no banco, no cinema, em restaurantes etc.

■ Fontes indiretas ou mediatas

As fontes indiretas ou mediatas são aquelas não podem ser aplicadas diretamente, ou seja, percorrem um caminho para serem elaboradas e aplicadas. Constituem a doutrina e a jurisprudência.

A **doutrina** é o conjunto de investigações, reflexões teóricas e princípios metodicamente expostos, analisados e sustentados pelos autores, pesquisadores e estudiosos das leis. É o trabalho desenvolvido por escritores de diversas áreas.

Já a **jurisprudência** é constituída pelas interpretações que os tribunais realizam das normas jurídicas, depois de reiteradas decisões acerca do mesmo assunto e no mesmo sentido, o que indica uma mesma direção interpretativa. Em outros termos, quando uma questão é decidida diversas vezes e, do mesmo modo, surge a jurisprudência.

Um exemplo de jurisprudência do Supremo Tribunal Federal (STF) é a Súmula n. 380, de 3 de abril de 1964, que assim dispõe: "Comprovada a existência de sociedade de fato entre os concubinos, é cabível a sua dissolução judicial, com a partilha do patrimônio adquirido pelo esforço comum" (STF, 1964a).

1.9 Integração das normas jurídicas

O legislador não é capaz, por mais previdente que seja, de descrever todas as hipóteses que podem ser verificadas na vida real. Isso ocorre porque as situações que surgem para serem solucionadas podem ser semelhantes, mas nunca totalmente iguais.

Assim, como não há leis que descrevem tudo o que minuciosamente ocorre na vida cotidiana, configura-se o processo chamado *integração das normas*.

Esse processo é aquele por meio do qual, não havendo norma jurídica que regulamenta determinada situação, o próprio juiz "cria" o direito para aplicação no caso concreto.

São meios de integração:

a. **Analogia** – Consiste em aplicar a um caso não previsto a norma que rege um caso análogo (parecido), pois fatos semelhantes exigem regras semelhantes. Exemplo: homicídio qualificado por fogo, explosivo ou outra substância análoga (Código Penal, art. 121, parágrafo 2º, III).

b. **Equidade** – É a justiça no caso concreto; significa retidão, igualdade. O julgador somente pode valer-se da equidade em casos especiais, quando devidamente expressos em lei, pois a esta deve se ater. A equidade situa-se entre a moral e o direito, elevando-se ao nível de um instrumento superior de justiça.

c. **Princípios gerais do direito** – Os princípios são a estrutura, a base das relações jurídicas. Deve-se obedecer a eles para se obterem negociações justas. Por exemplo:
» Ninguém pode transferir mais direitos do que tem – princípio do abuso de direito.
» Ninguém deve ser condenado sem ser ouvido – princípio da ampla defesa.
» Não se deve invocar a própria malícia para tirar proveito disso – princípio da lesão.
» Os contratos devem ser cumpridos (*pacta sunt servanda*) – princípio de que o contrato faz lei entre as partes.

Mediante a aplicação dos meios de integração das normas jurídicas, o juiz não deixará de decidir um caso concreto, mesmo nas situações em que a legislação for omissa.

Síntese

Neste capítulo, abordamos os institutos mais importantes do direito – sua origem, sua finalidade e seu conceito –, que servem de direção para o entendimento da ciência jurídica como um todo. Também examinamos as fontes do direito, aquelas que servem de nascedouro para as normas jurídicas.

Por fim, analisamos o sistema de integração das normas jurídicas, demonstrando como o intérprete do direito pode se utilizar de outros meios para efetivamente determinar uma solução para os casos concretos, especialmente na falta de norma jurídica.

Questões para revisão

1) Analise as assertivas a seguir:
   I. O direito internacional regulamenta as normas atinentes às relações exteriores do Estado com outros Estados.
   II. O direito nacional existe dentro das fronteiras de um país.
   III. O direito natural corresponde aos princípios supremos constituídos pela natureza, como o direito de se reproduzir e o direito de viver.

   Agora, assinale a alternativa correta:
   a. Estão corretas as assertivas I e II.
   b. Estão corretas as assertivas II e III.
   c. Estão corretas as assertivas I e III.
   d. Somente a assertiva I está correta.
   e. Todas as assertivas estão corretas.

2) Relacione os tipos de fontes do direito com os itens apresentados a seguir:
   1. Fontes diretas ou imediatas do direito
   2. Fontes indiretas ou mediatas do direito
   ( ) Lei
   ( ) Costume
   ( ) Doutrina
   ( ) Jurisprudência
   ( ) Meios dos quais emanam as regras jurídicas

   Agora, assinale a sequência correta:
   a. 1, 1, 2, 2, 1.
   b. 2, 1, 1, 1, 2.
   c. 2, 2, 1, 2, 2.
   d. 2, 1, 2, 1, 1.
   e. 1, 2, 1, 2, 1.

3) Qual das classificações do direito corresponde ao conceito expresso a seguir?
   É o conjunto de regras jurídicas em vigor em determinado país e em determinada época.
   a. Direito objetivo.
   b. Direito público.
   c. Direito positivo.
   d. Direito subjetivo.
   e. Direito nacional.
4) Qual é a diferença entre direito objetivo e direito subjetivo?
5) Conceitue *direito público* e *direito privado*.

Questões para reflexão

1) Qual é a finalidade do direito?
2) Como se define *direito*?

Para saber mais

Para que você possa aprofundar o estado sobre os temas examinados neste capítulo, sugerimos a leitura das obras listadas a seguir.

BRANCATO, R. T. **Instituições de direito público e de direito privado**. 14. ed. São Paulo: Saraiva, 2011.

IHERING, R. V. **A luta pelo direito**. 6. ed. São Paulo: RT, 2010.

PEREIRA, C. M. da S. **Instituições de direito civil**. 31. ed. Rio de Janeiro: Forense, 2017.

Consultando a legislação

Se você desejar aprofundar seus conhecimentos sobre os assuntos abordados neste capítulo, consulte:
BRASIL. Constituição (1988). **Diário Oficial da União**, Poder Legislativo, Brasília, DF, 5 out. 1988. Disponível em: <http://www.planalto.gov.br/ccivil_03/constituicao/constituicao.htm>. Acesso em: 10 ago. 2022.
BRASIL. Decreto-Lei n. 2.848, de 7 de dezembro de 1940. **Diário Oficial da União**, Poder Executivo, Rio de Janeiro, RJ, 31 dez. 1940. Disponível em: <http://www.planalto.gov.br/ccivil_03/decreto-lei/ del2848.htm>. Acesso em: 10 ago. 2022.
BRASIL. Lei n. 10.406, de 10 de janeiro de 2002. **Diário Oficial da União**, Poder Executivo, Brasília, DF, 11 jan. 2002. Disponível em: <http://www.planalto.gov.br/ccivil_03/leis/2002/l10406.htm>. Acesso em: 10 ago. 2022.

II

Conteúdos do capítulo:

» Conceito de *direito constitucional*.
» Princípios fundamentais.
» Direitos e garantias fundamentais.

Após o estudo deste capítulo, você será capaz de:

1. entender a função do direito constitucional com base no conceito de *constituição*;
2. compreender os princípios fundamentais em que se baseia a Constituição Federal de 1988;
3. analisar os direitos e as garantias fundamentais constantes na Carta Magna de 1988.

Direito constitucional

2.1 Conceito

O direito constitucional pode ser conceituado como o ramo do direito público interno que se dedica ao estudo das normas constitucionais.

Conforme ensinamento do professor José Afonso da Silva (2020, p. 36, grifo nosso), esse ramo "configura-se como **direito público fundamental**, por referir-se diretamente à organização e funcionamento do Estado, à articulação dos elementos primários do mesmo e ao estabelecimento das bases da estrutura política".

As normas jurídicas são hierárquicas. Entre elas, as **normas constitucionais** são consideradas **magnas** ou **supremas**, porque exercem completa autoridade sobre as demais – afinal, todas devem respeito à Constituição –, razão pela qual são as mais importantes dentro do ordenamento jurídico de um Estado democrático de direito.

Neste ponto, poderíamos nos perguntar: O que é a Constituição?

De acordo com o ilustre professor José Joaquim Canotilho (1991, p. 41),

> *Constituição deve ser entendida como a lei fundamental e suprema de um Estado, que contém normas referentes à estruturação do Estado, à formação dos poderes públicos, forma de governo e aquisição do poder de governar, distribuição de competências, direitos, garantias e deveres dos cidadãos. Além disso, é a Constituição que individualiza os órgãos competentes para a edição de normas jurídicas, legislativas ou administrativas.*

Entre as funções das normas constitucionais estão tanto aquelas que regulamentam e delimitam o poder do Estado como as que determinam os direitos fundamentais dos cidadãos.

Em outubro de 1988, precisamente no dia 5, foi promulgada a Constituição da República Federativa do Brasil, vigente até a atualidade.

Assim, para iniciarmos nosso estudo, partiremos do preâmbulo da Constituição Federal (CF) de 1988, que assim descreve:

> Nós, representantes do povo brasileiro, reunidos em Assembleia Nacional Constituinte para instituir um Estado democrático, destinado a assegurar o exercício dos direitos sociais e individuais, a liberdade, a segurança, o bem-estar, o desenvolvimento, a igualdade e a justiça como valores supremos de uma sociedade fraterna, pluralista e sem preconceitos, fundada na harmonia social e comprometida, na ordem interna e internacional, com a solução pacífica das controvérsias, promulgamos, sob a proteção de Deus, a seguinte Constituição da República Federativa do Brasil. (Brasil, 1988)

Com base nesse preâmbulo, verificamos que a Constituição é um documento de intenções a serem cumpridas, do qual se extraem diretrizes políticas, filosóficas e ideológicas.

Na sequência, abordaremos algumas normas que integram a Carta Magna atualmente em vigor.

2.2 Princípios fundamentais

Em seu Título I, a CF de 1988 determina, no art. 1º, que "a República Federativa do Brasil, formada pela união indissolúvel dos Estados e Municípios e do Distrito Federal, constitui-se em Estado democrático de direito" (Brasil, 1988).

Além disso, nesse e nos artigos seguintes do Título I, a Carta Magna informa alguns de seus princípios fundamentais, que são:

a. **relativos à existência, à forma, à estrutura e ao tipo de Estado** – república federativa, soberania, Estado democrático de direito (art. 1º);

b. **relativos à forma de governo e à organização dos Poderes** – república e separação dos Poderes (arts. 1º e 2º);
c. **relativos à organização da sociedade** – princípios da livre organização social, da convivência justa e da solidariedade (art. 3º, I);
d. **relativos ao regime político** – da cidadania, da dignidade da pessoa, do pluralismo, da soberania popular, da representação política e da participação popular direta (art. 1º, parágrafo único);
e. **relativos à prestação positiva do Estado** – da independência e do desenvolvimento nacional, da justiça social e da não discriminação (art. 3º, II, III e IV);
f. **relativos à comunidade internacional** – da independência nacional, do respeito aos direitos fundamentais da pessoa humana, da autodeterminação dos povos, da não intervenção, da igualdade dos Estados, da solução pacífica dos conflitos e da defesa da paz; do repúdio ao terrorismo e ao racismo, da cooperação entre os povos e da integração da América Latina (art. 4º).

Identificados os princípios fundamentais, na próxima seção trataremos dos direitos e das garantias fundamentais.

2.3 Direitos e garantias fundamentais

Considerados de uma forma muito simples, os **direitos** representam os **bens** e as **garantias** destinam-se a assegurar a **fruição desses bens**.

Nesse sentido, ensina-nos Norberto Bobbio (1992, p. 37):

> *Afirmei, no início, que o importante não é fundamentar os direitos do homem, mas protegê-los. Não preciso aduzir*

> *aqui que, para protegê-los, não basta proclamá-los. [...]
> O problema real que temos de enfrentar, contudo, é o das medidas imaginadas e imagináveis para a efetiva proteção desses direitos. É inútil dizer que nos encontramos aqui numa estrada desconhecida; e, além do mais, numa estrada pela qual trafegam, na maioria dos casos, dois tipos de caminhantes, os que enxergam com clareza mas têm os pés presos, e os que poderiam ter os pés livres, mas têm os olhos vendados.*

Por isso, diz-se que os direitos são declarados pela Constituição, enquanto as garantias são asseguradas por esta. As garantias são instrumentais em relação aos direitos: são previstas para protegê-los e defendê-los na hipótese de ameaça de lesão ou lesão propriamente dita.

Os direitos e as garantias fundamentais contemplados na CF de 1988 são os seguintes:

a. direitos e deveres individuais e coletivos;
b. direitos sociais;
c. direitos de nacionalidade;
d. direitos políticos;
e. partidos políticos.

O art. 5º da CF arrola os **direitos** e os **deveres individuais e coletivos**. Basicamente, aborda os direitos e as garantias individuais do ser humano, individualmente ou em seu relacionamento com os outros.

Como afirmamos anteriormente, os direitos são as faculdades atribuídas aos indivíduos, enquanto as garantias são as disposições que asseguram esses direitos. Assim, o direito de livre locomoção, por exemplo, é garantido pelo instrumento do *habeas corpus*. Por outro lado, o princípio da legalidade é garantido pela regra de que "ninguém será obrigado a fazer ou deixar de fazer alguma coisa, senão em virtude de lei" (CF, art. 5º, II).

Vejamos na sequência, resumidamente, o quadro geral dos direitos e das garantias individuais, como estão dispostos no art. 5º da CF de 1998.

a. São livres:
   » a manifestação do pensamento (IV);
   » a crença e a prática religiosas (VI);
   » a expressão intelectual, artística, científica e de comunicação (IX);
   » o exercício de qualquer trabalho, atendidas as qualificações da lei (XIII);
   » a locomoção no território nacional em tempo de paz (XV);
   » a reunião pacífica, sem armas (XVI);
   » as associações para fins lícitos (XVII);
   » a criação de cooperativas, na forma da lei (XVIII).

b. São invioláveis:
   » o direito à vida, à liberdade, à igualdade, à segurança e à propriedade (*caput*);
   » a intimidade, a vida privada, a honra e a imagem das pessoas (X);
   » a casa do indivíduo, salvo flagrante delito ou para prestar socorro (XI);
   » o sigilo de correspondência (XII).

c. São assegurados:
   » o direito de resposta (V);
   » o acesso a informações, resguardando o sigilo da fonte, quando necessário ao exercício profissional (XIV);
   » o direito de propriedade (XXII);
   » o direito autoral (XXVII);

» o direito à proteção dos dados pessoais, inclusive nos meios digitais (LXXIX);
» a propriedade industrial, que abrange as invenções, os modelos de utilidade, os desenhos industriais, as marcas etc. (XXIX);
» o direito de herança (XXX);
» o direito de receber informações dos órgãos públicos (XXXIII);
» o direito de petição aos Poderes públicos em defesa de direitos (XXXIV, a);
» a obtenção de certidões em repartições públicas, para defesa de direitos (XXXIV, "b").

2.3.1 Igualdade

Sobre o **princípio da igualdade**, é indispensável recordar a lição de San Tiago Dantas (1948, p. 357):

> *Quanto mais progridem e se organizam as coletividades, maior é o grau de diferenciação a que atinge seu sistema legislativo. A lei raramente colhe no mesmo comando todos os indivíduos; quase sempre atende a diferenças de sexo, de profissão, de atividade, de situação econômica, de posição jurídica, de direito anterior; raramente regula do mesmo modo a situação de todos os bens, quase sempre os distingue conforme a natureza, a utilidade, a raridade, a intensidade de valia que ofereceu a todos; raramente qualifica de um modo único as múltiplas ocorrências de um mesmo fato, quase sempre as distingue conforme as circunstâncias em que se produzem, ou conforme a repercussão que têm no interesse geral.*
>
> *Todas essas situações, inspiradas no agrupamento natural e racional dos indivíduos e dos fatos, são essenciais ao*

processo legislativo, e não ferem o princípio da igualdade. Servem, porém, para indicar a necessidade de uma construção teórica, que permita distinguir as leis arbitrárias das leis conforme o direito, e eleve até essa alta triagem tarefa do órgão do Poder Judiciário.

Dito isso, observemos o que estabelece o art. 5º da CF de 1988: "Todos são iguais perante a lei, sem distinção de qualquer natureza, garantindo-se aos brasileiros e aos estrangeiros residentes no país a inviolabilidade do direito à vida, à liberdade, à igualdade, à segurança e à propriedade" (Brasil, 1988).

Para um melhor entendimento acerca da importância desse princípio, descrevemos na sequência as classificações do conceito de *igualdade*:

a. **Igualdade geral** – A regra da igualdade estende-se a todas as áreas do direito, não se admitindo preconceitos de origem, raça, sexo, cor, idade ou quaisquer outras formas de discriminação. A igualdade geral significa que não deve haver discriminação: as oportunidades devem ser iguais dentro de critérios objetivos razoáveis. Além disso, temos de considerar que as normas pertinentes a direitos e garantias são destinadas a brasileiros e estrangeiros residentes no país. Os estrangeiros de passagem ou a passeio são também abrangidos pelos princípios da Constituição e das leis nacionais, assim como pelos tratados internacionais.

b. **Igualdade entre os sexos** – O homem e a mulher têm direitos e obrigações iguais. Isso ignifica que não deve haver discriminação entre homens e mulheres, em nenhuma situação, seja na família, seja no trabalho, seja nas relações sociais. A Constituição e a lei, contudo, fazem algumas diferenciações em favor da mulher, como a aposentadoria antecipada ou o foro privilegiado nas ações de separação judicial.

c. **Igualdade entre brasileiros** – É vedado à União, aos estados, ao Distrito Federal e aos municípios criar distinções entre brasileiros ou preferências entre estes (CF, art. 5º, *caput*).

d. **Igualdade jurisdicional** – Ninguém será sentenciado nem processado senão pela autoridade competente (juiz natural) (CF, art. 5º, LIII).

e. **Igualdade tributária** – Não cabe tratamento desigual entre os contribuintes. Sempre que possível, os impostos terão caráter pessoal e serão graduados conforme a capacidade econômica do contribuinte (CF, arts. 150, II, e 145, § 1º, respectivamente).

f. **Igualdade trabalhista** – Não cabem diferenças de salários, de exercício de funções e de critérios de admissão por motivo de sexo, idade, cor ou estado civil ou em razão de deficiência (CF, art. 7º e incisos).

g. **Igualdade etária** – Não se admite discriminação em razão da idade (CF, art. 3º, IV). Contudo, a Constituição, em várias hipóteses, estabelece critérios baseados na idade, como a aposentadoria compulsória aos 70 anos ou a exigência de 35 anos de idade, no mínimo, para o cargo de senador.

h. **Igualdade em concursos públicos** – Não cabem distinções preconcebidas entre candidatos em concursos públicos, sendo que todos devem ter iguais oportunidades de classificação, de acordo com o mérito de cada um (CF, art. 37 e incisos). Assim, quando se trata desses concursos, predomina o entendimento de que, em princípio, não cabe também a fixação do limite de idade. No entanto, poderá haver a imposição do limite se assim exigir a natureza do serviço ou atribuição, em razão de motivos fáticos e biológicos, ou se a limitação se mostrar razoável e não descabida.

Nessa rápida abordagem, destacamos algumas situações em que a CF de 1988 prevê a igualdade entre as pessoas, repugnando veementemente qualquer tipo de discriminação.

2.4 Proibições constitucionais

A CF de 1988 descreve, também em seu art. 5º, algumas proibições, entre elas a tortura, a pena de morte e a prática de racismo.

A proibição da **tortura** se encontra no art. 5º, inciso III, da CF, que foi regulamentado posteriormente pela Lei n. 9.455, de 7 de abril de 1997 (Brasil, 1997). O artigo define os atos considerados como crimes de tortura, os quais são classificados como hediondos, não comportando anistia, graça, indulto, fiança ou liberdade provisória (CF, art. 5º, XLIII). A pena para esses crimes é cumprida integralmente em regime fechado.

Nesses termos, prevê o art. 1º da referida lei:

> Art. 1º Constitui crime de tortura:
> I – constranger alguém com emprego de violência ou grave ameaça, causando-lhe sofrimento físico ou mental:
> a) com o fim de obter informação, declaração ou confissão da vítima ou de terceira pessoa;
> b) para provocar ação ou omissão de natureza criminosa;
> c) em razão de discriminação racial ou religiosa;
> II – submeter alguém, sob sua guarda, poder ou autoridade, com emprego de violência ou grave ameaça, a intenso sofrimento físico ou mental, como forma de aplicar castigo pessoal ou medida de caráter preventivo.
> Pena – reclusão, de dois a oito anos. (Brasil, 1997)

Também são proibidos pela CF de 1988 a **pena de morte**, salvo em caso de guerra, os **trabalhos forçados**, as **penas de** caráter perpétuo e as penas cruéis (CF, art. 5º, XLVII, "a", "b", "c" e "e"). A prisão será admitida somente se em flagrante ou por ordem escrita de autoridade judiciária e competente, desde que fundamentada (CF, art. 5º, LXI).

Além disso, a CF de 1988 veda a **extradição**, que pode ser concedida apenas em caráter excepcional, nos termos do art. 5º, inciso LI: "nenhum brasileiro será extraditado, salvo o naturalizado, em caso de crime comum, praticado antes da naturalização, ou de comprovado envolvimento em tráfico ilícito de entorpecentes e drogas afins, na forma da lei" (Brasil, 1988).

Hildebrando Accioly, Geraldo do Nascimento e Silva e Paulo Casella (2017, p. 105) assim definem *extradição*: "é o ato pelo qual um Estado entrega um indivíduo, acusado de um delito ou já condenado como criminoso, à justiça do outro, que o reclama, e que é competente para julgá-lo e puni-lo". Em outras palavras, consiste na entrega de um indivíduo a outro Estado soberano, que o reivindica para ser julgado ou para cumprir pena.

Vejamos, então, a regra e as exceções sobre a extradição nos moldes da CF:

a. O brasileiro nato não pode ser extraditado; os crimes praticados por brasileiros, embora cometidos no estrangeiro, ficam sujeitos à lei brasileira.
b. O brasileiro naturalizado pode ser extraditado, mas somente no caso de crime comum praticado antes da naturalização ou de envolvimento com drogas.
c. Em regra, o estrangeiro pode ser extraditado, mas não nos casos de crime político ou de opinião.
d. O português equiparado pode ser extraditado nas mesmas hipóteses do brasileiro naturalizado, mas somente para Portugal.

Por fim, ainda sobre o tema e a título de esclarecimento, descrevemos sucintamente as diferenças entre os conceitos de *extradição*, *expulsão*, *deportação* e *banimento*:

a. **Extradição** – Um Estado (governo) solicita a medida a outro Estado soberano. Obs.: conforme a Súmula n. 421 do Supremo Tribunal Federal (STF), de 1º de junho de 1964, "Não impede a extradição a circunstância de ser o extraditando casado com brasileira ou ter filho brasileiro" (STF, 1964b).
b. **Expulsão** – A iniciativa é do próprio Estado onde se encontra a pessoa a ser expulsa e cabe nos casos de situação irregular ou de prática de crime.
c. **Deportação** – É uma modalidade de expulsão aplicável na simples entrada ou estada irregular de estrangeiro no país.
d. **Banimento** – É a expulsão de uma pessoa de nacionalidade do próprio país que aplica a medida; no Brasil, não há pena de banimento (CF, art. 5º, XLVII, "d").

2.5 Proteção constitucional das liberdades

Existem situações no cotidiano das pessoas em que sua liberdade pode sofrer violações. Nesta seção, fazemos referência às liberdades de ir e vir, de ter cumprido um direito líquido e certo, de obter informações a respeito de si próprio, bem como de se insurgir contra atos ilegais ou abusivos que atentem contra o patrimônio público.

Tendo em vista a possibilidade de violação desses direitos, a CF de 1988 apresenta, como garantia fundamental, o uso de certas ações que visam conferir efetividade aos direitos dos quais o cidadão venha a ser privado ou que seja impedido de exercer. Vejamos, a seguir, cada uma dessas ações.

2.5.1 Habeas corpus

Para Alexandre de Moraes (2022, p. 131), o "*habeas corpus* é uma garantia individual ao direito de locomoção, consubstanciada em uma ordem dada pelo juiz ou tribunal ao coator, fazendo cessar a ameaça ou coação à liberdade de locomoção em sentido amplo".

Como consta textualmente no art. 5º, inciso LXVIII, da CF de 1988, "conceder-se-á *habeas corpus* sempre que alguém sofrer ou se achar ameaçado de sofrer violência ou coação em sua liberdade de locomoção, por ilegalidade ou abuso de poder" (Brasil, 1988).

A regra é que o *habeas corpus* seja impetrado nas situações em que um ato ilegal tenha sido praticado por uma autoridade, mas é certo que contra o particular que tenha praticado atos arbitrários, com evidente constrangimento ilegal, também será possível impetrá-lo, como nos casos em que ocorre internamento forçado em instituições de saúde mental.

Não é necessário que a ação seja impetrada por advogado; pode ser manejada por qualquer pessoa, em proveito próprio ou para outrem, pelo Ministério Público (MP) ou mesmo de ofício pelo juiz. Cabe ressaltar ainda que a ação de *habeas corpus* é gratuita.

2.5.2 Mandado de segurança

Segundo a lição de Meirelles, Mendes e Wald (2019, p. 25), o mandado de segurança é "o meio constitucional posto à disposição de toda pessoa física ou jurídica, órgão com capacidade processual, ou universalidade reconhecida por lei, para proteção de direito individual ou coletivo, líquido e certo".

O art. 5º, inciso LXIX, da CF de 1988 estabelece: "conceder-se-á mandado de segurança para proteger direito líquido e certo, não amparado por *habeas corpus* ou *habeas data*, quando o responsável pela ilegalidade ou abuso de poder for autoridade pública ou agente de pessoa jurídica no exercício de atribuições do Poder Público" (Brasil, 1988)

O mandado de segurança é uma ação que se destina a proteger o **direito líquido e certo**, entendido como aquele que independe de qualquer outra prova além da documentação juntada na petição inicial.

O mandado de segurança pode ser **individual** ou **coletivo**. Neste último caso, ocorre em defesa de interesse de grupo ou associação.

Como exemplo de aplicação de mandado de segurança individual, podemos citar a seguinte situação: uma pessoa, devidamente aprovada em um concurso público, está apenas aguardando para ser nomeada e ingressar no cargo, mas, ao chegar sua vez pela ordem classificatória, é surpreendida com a nomeação de outra pessoa, que havia sido classificada em um dos últimos lugares. Nesse caso, cabe o mandado de segurança para proteger o direito líquido e certo da primeira pessoa de ingressar no cargo, uma vez que esta preencheu todos os requisitos e a nomeação deve obedecer à ordem de classificação.

2.5.3 Ação popular

Como escrevem Meirelles, Mendes e Wald (2019, p. 135), a ação popular

> *é o meio constitucional posto à disposição de qualquer cidadão para obter a invalidação de atos ou contratos administrativos – ou a estes equiparados – ilegais e lesivos do patrimônio federal, estadual e municipal, ou de suas autarquias, entidades paraestatais e pessoas jurídicas subvencionadas com dinheiros públicos.*

O art. 5º, inciso LXXIII, da CF de 1988 informa que "qualquer cidadão é parte legítima para propor ação popular" (Brasil, 1988).

Assim, a ação popular é aquela pela qual o cidadão (eleitor) pode pleitear a anulação de ato lesivo ao patrimônio público (ou de entidade da qual o Estado participe), histórico ou cultural, assim como à moralidade administrativa e ao meio ambiente.

Justifica-se também a ação popular para promover a restituição de bens ou o ressarcimento de danos por parte daqueles que, direta ou indiretamente, foram responsáveis pelo mal causado à sociedade. Esse tipo de ação pode ocorrer, por exemplo, nos casos de contaminação de um rio, desmatamento de áreas não permitidas ou desvio de dinheiro público.

2.5.4 Habeas data

Todas as pessoas devem ter acesso às informações a elas relacionadas que estejam em posse do Poder Público ou de entidades de caráter público.

Nesse sentido, estabelece o art. 5º, inciso LXXII, da CF de 1988:

> Art. 5º [...]
> [...]
> LXXII – conceder-se-á *habeas data*:
> a) para assegurar o conhecimento de informações relativas à pessoa do impetrante, constantes de registros ou bancos de dados de entidades governamentais ou de caráter público;
> b) para a retificação de dados, quando não se prefira fazê-lo por processo sigiloso, judicial ou administrativo; [...].
> (Brasil, 1988)

Assim, o *habeas data* (que significa literalmente "tenha as informações ou os dados") é uma ação para obter o acesso de interessado ao que consta sobre ele em registros ou bancos de dados de entidades governamentais ou de caráter público ou ainda para obter sua retificação.

Não cabe *habeas data* se a entidade não se recusou anteriormente a fornecer as informações ou a fazer a retificação. É necessário, no caso, pedido prévio à Administração, embora não se exija o esgotamento dos recursos administrativos eventualmente cabíveis.

O *habeas data* é uma ação possível, por exemplo, quando uma pessoa tem negadas informações referentes à sua situação nos órgãos de proteção ao crédito ou tem negado o direito de expedição de uma certidão relativa a dados ou anotações sobre si própria.

2.6 Direitos sociais

Os direitos sociais previstos na CF de 1988, nas palavras de Moraes (2022, p. 203),

> *São os direitos fundamentais do homem, caracterizando-se como verdadeiras liberdades positivas, de observância obrigatória em um Estado social de direito, tendo por finalidade a melhoria de vida aos hipossuficientes, visando à concretização da igualdade social, e são consagrados como fundamentos do Estado democrático.*

Os dispositivos constitucionais relacionados aos direitos sociais encontram-se nos arts. 6º a 11 da CF de 1988.

Ao definir os direitos sociais, a CF, em seu art. 6º, elenca um rol que abrange **educação, saúde, alimentação, trabalho, moradia, lazer, segurança, previdência social, proteção à maternidade e à infância** e **assistência aos desamparados**, mas confere ênfase ao **trabalho** e aos **direitos do trabalhador**, tanto na esfera individual quanto na coletiva, destinando todos os demais artigos, ou seja, do 7º ao 11, a tais previsões, que examinaremos em capítulo distinto.

Sobre os direitos sociais, o art. 22 da Declaração Universal dos Direitos Humanos, de 10 de dezembro de 1948, assim estabelece:

> Artigo 22.
> Todo ser humano, como membro da sociedade, tem direito à segurança nacional e à realização, pelo esforço nacional, pela cooperação internacional e de acordo com a organização e recursos de cada Estado, dos direitos econômico, sociais e culturais indispensáveis à sua dignidade e ao livre desenvolvimento da sua personalidade. (ONU, 1998)

Portanto, é possível constatar a importância dada pela CF de 1988 à proteção e à garantia dos direitos dos trabalhadores, sobretudo do direito à **dignidade do ser humano**, uma vez que, ao falarmos em *dignidade*, esta somente encontra sentido quando "se cumpre na plenitude da esfera ética, jurídica, política, social e cultural" (Dias, 2005, p. 9).

2.7 Direitos de nacionalidade

De acordo com Carvalho (1983, citado por Moraes, 2022, p. 216), a nacionalidade é "o vínculo jurídico político que liga um indivíduo a um certo e determinado Estado, fazendo deste indivíduo um componente do povo, da dimensão pessoal deste Estado, capacitando-o a exigir sua proteção e sujeitando-o ao cumprimento de deveres impostos".

A nacionalidade pode ser **primária** ou **secundária** (ou, respectivamente, **originária** e **adquirida**). A primária diz respeito ao nascimento da pessoa; já a secundária é adquirida por um ato da vontade do indivíduo.

De acordo com a CF de 1988 (art. 12), existem brasileiros natos e naturalizados, cada qual com suas peculiaridades decorrentes da nacionalidade.

Os **brasileiros natos** são caracterizados de três formas distintas: primeiramente, são considerados aqueles nascidos efetivamente no Brasil, mesmo que de pais estrangeiros, desde que estes não estejam a serviço de seu país (CF, art. 12, I, "a").

Da mesma maneira, são brasileiros natos aqueles que, mesmo tendo nascido em país estrangeiro, tenham pai ou mãe brasileiros, desde que algum deles esteja a serviço do governo do Brasil (CF, art. 12, I, "b").

Por fim, são considerados brasileiros natos aqueles que, nascidos no estrangeiro, tendo pai ou mãe brasileiros, venham a residir no Brasil e optem pela nacionalidade brasileira (CF, art. 12, I, "c").

Segundo a CF de 1988, são também brasileiros, mas desta feita na condição de **naturalizados**, aqueles que adquirirem a nacionalidade brasileira, sendo que, para os de origem de países de língua portuguesa, a exigência é tão somente da idoneidade moral e da prova de residência no Brasil por um ano ininterrupto (CF, art. 12, II, "a").

A CF de 1988 também possibilita a qualquer estrangeiro tornar-se brasileiro, desde que este o requeira, resida no Brasil há mais de 15 anos ininterruptos e não tenha condenação penal (CF, art. 12, II, "b").

Além disso, confere igualdade genérica aos brasileiros natos e naturalizados, embora sejam garantidas, no art. 12, parágrafo 3º, algumas prerrogativas aos brasileiros natos, como o direito de exercer a presidência dos três Poderes da República (Executivo, Legislativo e Judiciário), entre outras, conforme disposição a seguir:

> Art. 12. [...]
> [...]
> § 3° São privativos de brasileiro nato os cargos:
> I – de presidente e vice-presidente da República;
> II – de presidente da Câmara dos Deputados;
> III – de presidente do Senado Federal;
> IV – de ministro do Supremo Tribunal Federal;
> V – da carreira diplomática;
> VI – de oficial das Forças Armadas;
> VII – de ministro de Estado da Defesa. (Brasil, 1988)

A CF de 1988 dispõe ainda que a nacionalidade pode ser perdida nas seguintes situações:

> Art. 12. [...]
> [...]
> § 4° Será declarada a perda da nacionalidade do brasileiro que:
> I – tiver cancelada sua naturalização, por sentença judicial, em virtude de atividade nociva ao interesse nacional;
> II – adquirir outra nacionalidade, salvo nos casos:
> a) de reconhecimento de nacionalidade originária pela lei estrangeira;
> b) de imposição de naturalização, pela norma estrangeira, ao brasileiro residente em estado estrangeiro, como condição para permanência em seu território ou para o exercício de direitos civis; [...]. (Brasil, 1988)

Desse modo, podemos notar a relevância da classificação em que se identificam brasileiros natos e naturalizados realizada pela CF de 1988, a qual, embora considere o princípio da igualdade, determina algumas exceções em virtude da proteção dos interesses do próprio país.

2.8 Direitos políticos

A sentença constante nos princípios fundamentais da CF de 1988 de que "Todo o poder emana do povo" (art. 1º, paragráfo único) é uma expressão do Estado democrático de direito, que tem como um dos fundamentos o **pluralismo político**.

Para Moraes (2022, p. 238), os direitos políticos "são direitos públicos subjetivos que investem o indivíduo no *status active civitis*, permitindo-lhe o exercício concreto da liberdade de participação nos negócios políticos do Estado, de maneira a conferir os atributos da cidadania".

Definida pela CF de 1988, a **soberania popular** será exercida pelo **sufrágio universal** e pelo **voto direto e secreto**, com valor igual para todos por meio de **plebiscito, referendo** ou pela **iniciativa popular**.

Para que o cidadão possa se tornar um candidato, primeiramente é necessário verificar se ele preenche as **condições de elegibilidade**.

Nesse sentido, questionamos: Em que consiste a elegibilidade?

Como menciona Moraes (2022, p. 243), "elegibilidade é a capacidade eleitoral passiva consistente na possibilidade de o cidadão pleitear determinados mandatos políticos, mediante eleição popular, desde que preenchidos certos requisitos".

As condições de elegibilidade são definidas no parágrafo 3º do art. 14 da CF de 1988, constando entre elas a **obrigatoriedade da nacionalidade brasileira**, o **pleno exercício dos direitos políticos** e o **alistamento eleitoral**, entre outras.

Identificadas as condições de elegibilidade, passamos à **inelegibilidade**. Antes, porém, é importante conceituá-la.

Segundo a doutrina, "inelegibilidade consiste na ausência de capacidade eleitoral passiva, ou seja, da condição de ser candidato e, consequentemente, poder ser votado, constituindo-se, portanto, em condição obstativa ao exercício passivo da cidadania" (Moraes, 2022, p. 245).

Quanto à inelegibilidade, a CF de 1988 preceitua, também em seu art. 14:

> Art. 14. [...]
> [...]
> § 7º São inelegíveis, no território de jurisdição do titular, o cônjuge e os parentes consanguíneos ou afins, até o segundo grau ou por adoção, do presidente da República, de governador de estado ou território, do Distrito Federal, de prefeito ou de quem os haja substituído dentro dos seis meses anteriores ao pleito, salvo se já titular de mandato eletivo e candidato à reeleição.
> § 8º O militar alistável é elegível, atendidas as seguintes condições:
> I – se contar menos de dez anos de serviço deverá afastar-se da atividade;
> II – se contar mais de dez anos de serviço será agregado pela autoridade superior e, se eleito, passará automaticamente, no ato da diplomação, para a inatividade. [...]
> (Brasil, 1988)

A Lei Maior determina, ao mesmo tempo, que outros casos de inelegibilidade poderão ser determinados por meio de lei complementar, que definirá também os prazos de sua cessação (CF, art. 12, parágrafo 9º).

Ainda que eleito, o candidato poderá ter seu mandado impugnado. Para isso, deverão existir provas efetivas do cometimento dos atos de abuso, corrupção e fraude.

2.9 Partidos políticos

Em se tratando dos partidos políticos, estes também têm sua criação e suas diretrizes previstas na Carta Constitucional, mesmo porque "o sistema de partidos repercute de igual modo no funcionamento do regime presidencial, tornando mais flexíveis as relações entre o presidente e o Congresso, ou concorrendo para abrandar as dimensões imperiais do poder presidencial, em regime de pluripartidarismo" (Horta, 2010, p. 17).

Por sua vez, Moraes (2022, p. 279) afirma que "a Constituição Federal regulamentou os partidos políticos, como instrumentos necessários para a preservação do Estado democrático de direito".

A CF de 1988 determina, em seu art. 17, que "É livre a criação, fusão, incorporação e extinção de partidos políticos", desde que criados dentro dos parâmetros constitucionais e legais, respeitando-se especialmente a soberania nacional, o regime democrático, o pluripartidarismo e os direitos fundamentais da pessoa humana.

Síntese

Neste capítulo, abordamos os tópicos mais relevantes no que se refere ao direito constitucional, os quais envolvem os princípios fundamentais estabelecidos na Constituição de 1988, os direitos e as garantias fundamentais, os direitos sociais e políticos, sobretudo aqueles que diretamente são considerados pelos cidadãos em busca da proteção jurídica.

Realizamos nossa análise com base na reflexão sobre as normas constitucionais vigentes na Lei Suprema de 1988, procurando, sempre que possível, exemplificar os aspectos apresentados.

Questões para revisão

1) Identifique quais dos itens a seguir correspondem a direitos e garantias fundamentais previstos na Constituição Federal de 1988:
   I. Direitos e deveres individuais e coletivos.
   II. Direitos sociais.
   III. Direitos de nacionalidade.
   IV. Direitos políticos.
   V. Partidos políticos.
   Agora, assinale a alternativa correta:
   a. Apenas os itens I e II estão corretos.
   b. Apenas os itens III e IV estão corretos.
   c. Apenas o item V está correto.
   d. Apenas os itens I, II e III estão corretos.
   e. Todos os itens estão corretos.

2) Com relação aos direitos de nacionalidade previstos na Constituição Federal de 1988, é correto afirmar:
   a. São considerados brasileiros natos os estrangeiros de qualquer nacionalidade residentes no Brasil há mais de cinco anos ininterruptos.
   b. São considerados brasileiros naturalizados os originários de países de língua portuguesa, exigindo-se apenas que residam no Brasil.
   c. São considerados brasileiros natos os nascidos no Brasil, mesmo que de pais estrangeiros, desde que estes não estejam a serviço de seu país.

d. São considerados brasileiros naturalizados os estrangeiros de qualquer nacionalidade residentes no Brasil há mais de cinco anos ininterruptos.

e. São considerados brasileiros naturalizados os nascidos no estrangeiro, de pai brasileiro ou mãe brasileira, desde que venham a residir no Brasil.

3) Está entre as condições de elegibilidade definidas pelo parágrafo 3º do art. 14 da Constituição de 1988:
   a. a não obrigatoriedade de nacionalidade brasileira.
   b. o alistamento eleitoral.
   c. a idade mínima de 18 anos para deputado estadual.
   d. a idade mínima de 25 anos para presidente da República.
   e. a ausência de filiação partidária.

4) Defina *Constituição*.

5) Conceitue *direito constitucional*.

Questões para reflexão

1) A Constituição Federal é a maior defensora do povo brasileiro?
2) O direito constitucional é o ramo mais importante do direito?

Para saber mais

Para que você possa aprofundar o estudo sobre os temas examinados neste capítulo, sugerimos a leitura das obras listadas a seguir.

MEIRELLES, H. L.; MENDES, G. F.; WALD, A. **Mandado de segurança e ações constitucionais**. 30. ed. São Paulo: Malheiros, 2019.

MORAES, A. de. **Direito constitucional**. 38. ed. São Paulo: Atlas, 2022.

SILVA, J. A. da. **Curso de direito constitucional positivo**. 43. ed. São Paulo: Malheiros, 2020.

Consultando a legislação

Se você desejar aprofundar seus conhecimentos sobre os assuntos abordados neste capítulo, consulte:

BRASIL. Constituição (1988). **Diário Oficial da União**, Poder Legislativo, Brasília, DF, 5 out. 1988. Disponível em: <http://www.planalto.gov.br/ccivil_03/constituicao/constituicao.htm>. Acesso em: 10 ago. 2022.

BRASIL. Lei n. 9.455, de 07 de abril de 1997. **Diário Oficial da União**, Poder Executivo, Brasília, DF, 8 abr. 1997. Disponível em: <http://www.planalto.gov.br/ccivil_03/leis/l9455.htm>. Acesso em: 10 ago. 2022.

BRASIL. Lei n. 10.406, de 10 de janeiro de 2002. **Diário Oficial da União**, Poder Executivo, Brasília, DF, 11 jan. 2002. Disponível em: <http://www.planalto.gov.br/ccivil_03/leis/2002/l10406.htm>. Acesso em: 10 ago. 2022.

III

Conteúdos do capítulo:

» Conceito e objetivo do direito administrativo.
» Princípios da Administração Pública.
» Conceito de *Administração Pública*.
» Licitação e contratos administrativos.

Após o estudo deste capítulo, você será capaz de:

1. compreender o objetivo do direito administrativo;
2. avaliar a Administração Pública, desde seu conceito e seus princípios, passando pelas suas subdivisões, até a forma como pode ajustar com terceiros a compra de bens e serviços, por meio de licitações e contratos administrativos.

Direito administrativo

3.1 Conceito e objetivo

O direito administrativo é o conjunto de normas jurídicas que regem a atividade administrativa, as entidades, os órgãos e os agentes públicos, com o objetivo de possibilitar o perfeito atendimento das necessidades da coletividade e dos fins desejados pelo Estado.

Em outros termos, como nos ensina Celso Antonio Bandeira de Mello (2021, p. 293), "Direito Administrativo é o ramo autônomo do direito público que "disciplina a função administrativa e os órgãos que a exercem".

Já para Maria Sylvia Zanella Di Pietro (2022, p. 48), direito administrativo é o "ramo do direito público que tem por objeto os órgãos, agentes e pessoas jurídicas administrativas que integram a Administração Pública, a atividade não contenciosa que esta exerce e os bens de que se utiliza para consecução de seus fins, de natureza pública".

Analisando esses dois conceitos, entendemos que esse ramo do direito existe para determinar quem são os integrantes da Administração Pública – órgãos ou agentes, pessoas físicas ou jurídicas –, bem como para regular e regulamentar todas as suas funções e atribuições.

3.2 Princípios da Administração Pública

Segundo Roque Antonio Carrazza (2021, p. 44), "princípio é o começo, alicerce, ponto de partida". Nesta seção, portanto, analisaremos alguns princípios trazidos de forma explícita pela Carta Magna de 1988 e também outros, encontrados implicitamente no diploma constitucional ou mesmo na legislação esparsa e infraconstitucional, todos eles tratados pela doutrina como basilares à inteligência do direito administrativo. Contudo, não desejamos esgotar o assunto, pois existem outros princípios que aqui deixamos de examinar.

3.2.1 Princípio da supremacia do interesse público

Pelo princípio da supremacia do interesse público, fica clara a posição de superioridade jurídica da Administração Pública, visto que deve existir tal supremacia em relação ao interesse dos particulares. Por outro lado, também é correto afirmar que tal superioridade não deve chegar ao total desrespeito dos interesses particulares, até porque a Administração igualmente deve obediência ao direito adquirido e ao ato jurídico perfeito, nos termos do art. 5º, inciso XXXVI, da Constituição Federal (CF) de 1988.

Esse é o entendimento de Mello (2021, p. 60, grifo do original):

> *Poderá haver um interesse público que seja discordante do interesse de **cada um dos membros da sociedade?** Evidentemente, não. Seria inconcebível um interesse do todo que fosse, ao mesmo tempo, contrário ao interesse de cada uma das partes que o compõem. Deveras, corresponderia ao mais cabal contrassenso que o bom para todos fosse o mal de cada um, isto é, que o interesse de todos fosse um anti-interesse de cada um. Embora seja claro que pode haver um interesse público contraposto **a um dado** interesse individual, sem embargo, a toda evidência, não pode existir um interesse público que se choque com os interesses de cada um dos membros da sociedade. Esta simples e intuitiva percepção **basta para exibir a existência de uma relação íntima, indissolúvel, entre o chamado interesse público e os interesses ditos individuais.** É que, na verdade, o interesse público, o interesse do todo, do conjunto social, nada mais é que a **dimensão pública dos interesses***

> *individuais, ou seja, dos interesses de cada indivíduo enquanto partícipe da Sociedade (entificada juridicamente no Estado)*, nisto se abrigando também o **depósito intertemporal destes mesmos interesses**, vale dizer, já agora, encarados eles em sua continuidade histórica, tendo em vista a sucessividade das gerações de seus nacionais.

É evidente, portanto, que o **interesse público** deve ser aquele que abriga a vontade da maioria de determinada coletividade, em detrimento, às vezes, da vontade da minoria. Porém, o que não pode acontecer é o contrário, ou seja, a vontade da minoria prevalecer sobre a vontade da maioria, pois, nesse caso, não estaria sendo aplicado o princípio da supremacia do interesse público.

3.2.2 Princípio da legalidade

O ordenamento jurídico brasileiro está organizado de forma hierárquica, uma vez que nele podemos encontrar normas de hierarquia inferior que devem obediência às normas de hierarquia superior. Tal escala hierárquica é conhecida como **pirâmide de Kelsen** ou **pirâmide kelseniana**, em honra ao jurista e filósofo austríaco Hans Kelsen (1881-1973), tido como um dos pais do positivismo, corrente jusfilosófica que procura explicar o fenômeno jurídico com base no estudo das normas postas ou positivadas pela autoridade soberana de determinada sociedade.

Genericamente falando, encontramos no topo dessa pirâmide abstrata a **Constituição Federal**, como o conjunto de normas mais importantes de nosso ordenamento jurídico; logo abaixo estão as **leis** e, em sua base, as demais normas complementares.

O princípio da legalidade faz parte dos princípios gerais do direito e deve ser aplicado indistintamente por todos os seus ramos. Assim, todos – sociedade e Estado – devem obediência, em primeiro lugar, a todo o ordenamento jurídico.

É bem verdade que a legalidade, para a Administração Pública, é um pouco diferente daquela observada para os particulares, pois, enquanto estes podem fazer tudo aquilo que não está proibido pela lei, a Administração somente tem a permissão de fazer o que a lei expressamente autoriza.

Desse modo, podemos entender que qualquer ato de agente público somente pode ser levado a cabo, ou seja, somente pode ser praticado, mediante autorização legal.

Segundo o mestre Hely Lopes Meirelles (2015, p. 89),

> *a legalidade, como princípio de administração, significa que o administrador público está, em toda a sua atividade funcional, sujeito aos mandamentos da lei e às exigências do bem comum, e deles não se pode afastar ou desviar, sob pena de praticar ato inválido e expor-se a responsabilidade disciplinar, civil e criminal, conforme o caso. Na Administração Pública, não há liberdade nem vontade pessoal. Enquanto na administração particular é lícito fazer tudo o que a lei não proíbe, na Administração Pública só é permitido fazer o que a lei autoriza. A lei para o particular significa "pode fazer assim", para o administrador público significa "deve fazer assim".*

Portanto, dizer que a Administração Pública encontra-se em posição de completa submissão legal significa afirmar que, além de obedecer aos ditames legais, ela somente pode praticar seus atos com a devida autorização expressa em lei.

Assim, decorre desse entendimento que, como requisito essencial, o agente público deve ser revestido de **competência** para a prática de seus atos administrativos.

3.2.3 Princípio da impessoalidade

Sabemos que a Administração Pública deve ter como objetivo primordial o **interesse público**, na busca incessante das melhores alternativas para atender a determinada coletividade, em caráter comum.

Todos os princípios administrativos estão intimamente relacionados, um completando o outro. Assim, o princípio da impessoalidade (ou **da finalidade**) decorre diretamente do princípio da legalidade.

A atuação do agente público com impessoalidade significa que seus atos devem ser sempre realizados com o intuito de satisfazer os interesses coletivos, mesmo que, às vezes, tais atos impliquem um prejuízo ou mesmo um benefício direto de certo interesse particular. Nesse caso, tal interesse deve ter sido alcançado indistintamente, pois a proibição é que seja obtido de maneira premeditada, mesmo como pano de fundo do ato administrativo realizado.

Desse modo, podemos também entender *impessoalidade* como **imparcialidade** e **isonomia**, pois a Administração Pública encontra-se submissa à lei, independentemente de quais sejam os interesses beneficiados ou prejudicados. Agindo assim, em determinadas situações, os próprios interesses do Estado, na condição de pessoa jurídica, também serão resguardados.

Colecionamos algumas disposições da Lei n. 8.112, de 11 de dezembro de 1990 (Brasil, 1990b), o regime jurídico único do serviço público, que visam à proibição de certos atos, entendendo-se que sua prática afronta o princípio da impessoalidade:

> Art. 117. Ao servidor é proibido: [...]
> [...]
> V – promover manifestação de apreço ou desapreço no recinto da repartição;
> [...]

> VII – coagir ou aliciar subordinados no sentido de filiarem-se a associação profissional ou sindical, ou a partido político;
> VIII – manter sob sua chefia imediata, em cargo ou função de confiança, cônjuge, companheiro ou parente até o segundo grau civil;
> IX – valer-se do cargo para lograr proveito pessoal ou de outrem, em detrimento da dignidade da função pública; [...]
> XI – atuar, como procurador ou intermediário, junto a repartições públicas, salvo quando se tratar de benefícios previdenciários ou assistenciais de parentes até o segundo grau, e de cônjuge ou companheiro; [...]
> XVI – utilizar pessoal ou recursos materiais da repartição em serviços ou atividades particulares; [...]. (Brasil, 1990b)

Particularmente sobre a questão do **nepotismo**, que ainda é muito discutida e causa polêmica atualmente, a Lei n. 8.112/1990 proíbe apenas o **nepotismo direto**, ou seja, a designação de cônjuge, companheiro e parentes para cargos públicos em determinado órgão.

Em virtude de tantas discussões acerca do nepotismo, o Supremo Tribunal Federal (STF) editou a Súmula vinculante n. 13, de 21 de agosto de 2008, que amplia essa vedação:

> A nomeação de cônjuge, companheiro ou parente em linha reta, colateral ou por afinidade, até o terceiro grau, inclusive, da autoridade nomeante ou de servidor da mesma pessoa jurídica, investido em cargo de direção, chefia ou assessoramento, para o exercício de cargo em comissão ou de confiança, ou, ainda, de função gratificada na Administração Pública direta e indireta, em qualquer dos Poderes da União, dos Estados, do Distrito Federal e dos municípios, compreendido o ajuste mediante designações recíprocas, viola a Constituição Federal. (STF, 2008)

Assim, a proibição da prática do nepotismo é muito mais abrangente, uma vez que alcança todas as entidades da Administração direta e indireta de todos os entes federativos, ao mesmo tempo que se estende aos parentes de terceiro grau, incluindo situações de **designações recíprocas** – que ocorrem quando um agente público, utilizando-se de sua influência, faz com que outro agente nomeie, em cargo de comissão ou de confiança, alguma pessoa dentro do rol de proibição, em função não subordinada diretamente a ele, prática conhecida como *nepotismo cruzado*.

Nesse mesmo sentido, destacamos a decisão do STF (2020), assim ementada:

> EMENTA: CONSTITUCIONAL E ADMINISTRATIVO. AGRAVO REGIMENTAL EM RECLAMAÇÃO. NEPOTISMO. SÚMULA VINCULANTE N. 13. CONCEITO DE PARENTESCO DO CÓDIGO CIVIL. INAPLICABILIDADE. PRINCÍPIO DA IMPESSOALIDADE. CARGO DE NATUREZA POLÍTICA. SERVIDOR COM VÍNCULO EFETIVO. CONFLITO DE INTERESSE CONFIGURADO. APLICABILIDADE DA SÚMULA. AGRAVO REGIMENTAL A QUE SE NEGA PROVIMENTO.
> 1. O nepotismo subverte os valores que devem pautar o desempenho das funções administrativas. Ao invés de se avaliar a pessoa subordinada à autoridade nomeante por critérios de eficiência, privilegiam-se critérios alheios ao bom desempenho da Administração. 2. A proibição ao nepotismo decorre diretamente dos princípios da impessoalidade, da moralidade e da eficiência e é evidente que eles também incidem sobre os chamados cargos políticos. Quanto mais próximo da legitimidade do voto popular, maior a responsabilidade do governante para afastar qualquer conflito de interesse que possa macular sua atuação. Quanto mais alto o cargo, maior deve ser a exigência pela obediência incondicional à Constituição e a seus princípios. 3.

> Quando a nomeação para cargo ou a designação para função recai sobre servidor que tem relação de parentesco ou relação íntima com a autoridade nomeante, há incidência da Súmula Vinculante n. 13, mesmo se houver vínculo efetivo, pois, nesses casos, tal como se dá com a nomeação de quem não o tem, o exercício do cargo passa a atender critérios que não são exclusivamente públicos e a confiança que se deve ter no desempenho da função pública é prejudicada. 4. O conceito de parentesco para efeitos da incidência da Súmula não coincide com o do Código Civil, pois o problema não é de definir quais são os parentes para efeitos civis, mas definir quais aquelas pessoas que, sob a classe de parentela, tendem a ser escolhidas, não por interesse público, mas por interesse de caráter pessoal. Precedentes. 5. Agravo regimental a que se nega provimento.

Pelo princípio da impessoalidade, podemos entender, portanto, que a Administração Pública deve tratar a todos indistintamente, sem privilégios ou discriminações.

3.2.4 Princípio da moralidade

Não há como pensarmos em *moralidade* sem que nos venham à mente os conceitos de **probidade** e **honestidade**, pois todos esses conceitos estão intimamente relacionados e se complementam.

Para a Administração Pública, trabalhar com moralidade significa desempenhar sua função dentro dos padrões de comportamento estabelecidos pela coletividade, a quem deve atender. Por mais que esses padrões sejam, de certa forma, abstratos – compreendidos em função da ética, do decoro e da boa-fé –, a Administração deve fazer o que for melhor e mais útil para o bem comum.

A CF de 1988 considera as hipóteses de imoralidade – chamada tecnicamente de **improbidade** – como crime, portanto, atos ilegais e sujeitos ao controle judicial.

Assim, segundo a Carta Magna, presumem-se como atos de improbidade:

» a venda de bem público abaixo do valor de mercado;
» a compra de bens acima do valor de mercado (superfaturamento).

Ao analisarmos a Lei n. 8.429, de 2 de junho de 1992 – Lei de Improbidade Administrativa (Brasil, 1992) –, verificamos algumas situações caracterizadas como atos de improbidade administrativa, assim elencadas:

» **Atos de improbidade administrativa que importam enriquecimento ilícito** – "Art. 9º Constitui ato de improbidade administrativa importando em enriquecimento ilícito auferir, mediante a prática de ato doloso, qualquer tipo de vantagem patrimonial indevida em razão do exercício de cargo, de mandato, de função, de emprego ou de atividade nas entidades referidas no art. 1º desta Lei [...]" (Brasil, 1992).
» **Atos de improbidade administrativa que causam prejuízo ao erário** – "Art. 10. Constitui ato de improbidade administrativa que causa lesão ao erário qualquer ação ou omissão dolosa, que enseje, efetiva e comprovadamente, perda patrimonial, desvio, apropriação, malbaratamento ou dilapidação dos bens ou haveres das entidades referidas no art. 1º desta Lei [...]" (Brasil, 1992).
» **Atos de improbidade administrativa que atentam contra os princípios da Administração Pública** – "Art. 11. Constitui ato de improbidade administrativa que atenta contra os princípios da administração pública a ação ou omissão dolosa que viole os deveres de honestidade, da imparcialidade e de legalidade [...]" (Brasil, 1992).

As consequências dos atos de improbidade são estabelecidas no art. 37, parágrafo 4º, da CF de 1988, segundo o qual podem incidir sobre os agentes, sem prejuízo da ação penal cabível:

a. perda da função;
b. suspensão dos direitos políticos;
c. declaração de indisponibilidade dos bens;
d. obrigação de ressarcimento dos prejuízos causados ao erário.

Deixamos claro que o servidor que cometer alguma irregularidade que seja caracterizada como *ato de improbidade* poderá responder tanto na esfera administrativa quanto nas esferas cível e penal.

3.2.5 Princípio da publicidade

Aqui também podemos encontrar algumas diferenças em relação às garantias dadas pelo texto da CF de 1988 aos indivíduos de maneira geral e aos agentes públicos, no que concerne à intimidade e à privacidade. Enquanto os indivíduos podem resguardar parte de sua vida – a qual, se não quiserem, não se tornará conhecida publicamente –, aos agentes essas garantias não são asseguradas quando estão exercendo suas funções públicas. É o **dever de transparência** a que a Administração Pública obriga seus administrados.

Assim, todos os atos praticados pela Administração devem, salvo em algumas situações peculiares, ser **publicados**, pois a coletividade tem o direito de saber o que os agentes públicos estão fazendo, até mesmo para poder contestá-los, se entender que algo não está correto.

Nesse sentido, reza o Decreto n. 1.171, de 22 de junho de 1994 – Código de Ética Profissional do Servidor Público Civil do Poder Executivo Federal –, no Capítulo I de seu anexo:

> [...]
> VII – Salvo os casos de segurança nacional, investigações policiais ou interesse superior do Estado e da Administração Pública, a serem preservados em processo previamente declarado sigiloso, nos termos da lei, a publicidade de qualquer ato administrativo constitui requisito de eficácia e moralidade, ensejando sua omissão comprometimento ético contra o bem comum, imputável a quem a negar. (Brasil, 1994a)

Disso depreendemos que a publicidade dos atos da Administração Pública possibilita que estes sejam **controlados** pelo administrado ou por quem de direito. Ao mesmo tempo, essa publicidade confere **eficácia** aos atos administrativos, obrigando todos os seus destinatários – ou seja, todos os que estejam vinculados a esses atos – a cumpri-los.

Independentemente de ser **interna**, quando destinada a membros ou órgãos do mesmo ente administrativo, ou **externa**, quando destinada à população em geral, a publicidade do ato administrativo deve obedecer à prescrição legal, que normalmente exige que o ato seja publicado no *Diário Oficial* e excepcionalmente por outros meios, como jornais e internet, sob pena de nulidade.

3.2.6 Princípio da eficiência

O princípio da eficiência é o último dos princípios administrativos inseridos explicitamente na CF de 1988, por meio da Emenda Constitucional (EC) n. 19, de 4 de junho de 1998 (Brasil, 1998a).

A eficiência traz consigo os requisitos da **perfeição técnica**, da **produtividade**, da **presteza**, da **qualidade** e da **adequabilidade**, o que nos leva a entender que ela deve ser compreendida como a **relação entre os resultados obtidos e os recursos empregados**. Considerando-se esse princípio, portanto, o agente público deve utilizar o mínimo de recursos possíveis, mas, mesmo assim, garantir o máximo de resultados.

É assim o pensamento do mestre Alexandre de Moraes (2022, p. 343-345) sobre as características do princípio da eficiência:

> a) direcionamento da atividade e dos serviços públicos à efetividade do bem comum, uma vez que a Constituição Federal determina ser objetivo fundamental da República Federativa do Brasil (art. 3º, IV) promover o bem de todos;
> b) imparcialidade – independência de quaisquer interesses privados;
> c) neutralidade – consideração de todos os interesses na resolução de um conflito;
> d) transparência de todas as atividades administrativas, possibilitando amplo conhecimento e participação popular;
> e) participação e aproximação dos serviços públicos da população (princípio da gestão participativa): a EC n. 19/1998 incluiu, no art. 37, § 3º, a previsão de que a lei disciplinará a participação do usuário na Administração Pública;
> f) desburocratização – simplificação e desregulamentação de procedimentos, com a eliminação de exigências desnecessárias; e
> g) busca da qualidade – melhoria constante das atividades administrativas, especialmente dos serviços fornecidos à população.

Reiteramos que aplicar o princípio da eficiência na Administração Pública consiste em fazer com que o agente público faça mais com menos.

3.3 Administração Pública

Neste ponto, trataremos da Administração Pública, seu conceito, suas principais características e suas subdivisões.

3.3.1 Conceito

De forma genérica, *Administração Pública* é o nome dado a todos os órgãos, agentes e pessoas jurídicas que têm como objetivo desempenhar a função administrativa do Estado.

De acordo com o art. 18 da CF de 1988, a organização político-administrativa do Brasil compreende a União, os estados, o Distrito Federal e os municípios, todos autônomos nos termos da própria Constituição.

Com base nessa determinação constitucional, chegamos a uma primeira classificação da Administração Pública, que compreende:

» Administração federal;
» Administração estadual;
» Administração do Distrito Federal;
» Administração municipal.

É importante ainda ressaltar que cada uma dessas esferas está subdividida em **Administração direta** e **Administração indireta**.

3.3.2 Administração Pública direta

Por *Administração Pública direta* entendemos todos os serviços ligados e integrados à estrutura administrativa do chefe do Poder Executivo e de seus ministérios, no âmbito da Administração federal, e, por simetria ou equiparação, aos estados, ao Distrito Federal e aos municípios, que são os chamados *órgãos públicos*.

É no âmbito da Administração Pública direta que encontramos a figura da **desconcentração**, que é a distribuição do serviço dentro da mesma pessoa jurídica. No entendimento desse conceito, *desconcentrar* significa dividir internamente as tarefas do ente público, sem que seja desconsiderada a hierarquia anteriormente constituída.

Para Meirelles (2015, p. 68-69), os órgãos públicos

> São centros de competência instituídos para o desempenho de funções estatais, através de seus agentes, cuja atuação é imputada à pessoa jurídica a que pertencem. São unidades de ação com atribuições específicas na organização estatal [...]. Os órgãos integram a estrutura do Estado e das demais pessoas jurídicas como partes desses corpos vivos, dotados de vontade e capazes de exercer direitos e contrair obrigações para a consecução de seus fins institucionais. Por isso mesmo, os órgãos não têm personalidade jurídica nem vontade própria, que são atributos do corpo e não das partes.

Não tendo personalidade jurídica, os órgãos públicos não têm como assumir direitos e obrigações; assim, quando atuam, não possuem vontade própria e expressam tão somente a vontade do ente ou da entidade a que se vinculam.

Ainda sob o prisma de Meirelles (2015, p. 71-73), apresentamos a seguir uma classificação dos órgãos públicos no que tange posição ocupada na escala governamental ou administrativa:

a. **Órgãos independentes** – São os originários da Constituição, localizados no ápice da pirâmide governamental, sem qualquer subordinação hierárquica ou funcional, e sujeitos somente aos controles constitucionais de um Poder pelo outro. São chamados de *órgãos primários do Estado*. Esses órgãos detêm e exercem as funções políticas, judiciais e quase judiciais outorgadas diretamente pela Constituição, para serem desempenhadas diretamente por seus membros – os **agentes políticos**, distintos de seus servidores, que são **agentes administrativos** –, segundo normas especiais e regimentais. Incluímos nesta classe o Ministério Público Federal e o Ministério Público Estadual, bem como os Tribunais de Contas da União, dos estados e dos municípios, os quais são órgãos funcionalmente independentes. Como exemplos, temos as casas (assembleias) legislativas e as chefias do Poder Executivo das diferentes esferas de governo.

b. **Órgãos autônomos** – São aqueles localizados na cúpula da Administração, imediatamente abaixo dos órgãos independentes e diretamente subordinados a seus chefes. Têm ampla autonomia administrativa, financeira e técnica, caracterizando-se como **órgãos diretivos** com funções precípuas de planejamento, supervisão, coordenação e controle das atividades que constituem sua área de competência. Como exemplos, temos os ministérios, as secretarias estaduais e as municipais.

c. **Órgãos superiores** – Não gozam de autonomia administrativa nem financeira, que são atributos dos órgãos independentes e dos órgãos autônomos a que pertencem. Sua liberdade funcional restringe-se ao planejamento e a soluções técnicas, dentro de sua área de competência, com responsabilidade pela execução, geralmente a cargo de seus órgãos subalternos. Como exemplos, temos os gabinetes, as coordenadorias e os departamentos.

d. **Órgãos subalternos** – Destinam-se à realização de serviços de rotina, tarefas de formalização de atos administrativos, com reduzido poder decisório e predominância de atribuições de execução, como no caso das atividades-meio e do atendimento ao público. Como exemplos, temos as portarias e as seções de expediente.

Salientamos que outras classificações podem ser encontradas, dependendo do autor que escreve sobre o tema.

3.3.3 Administração Pública indireta

Por seu turno, as entidades que fazem parte da Administração Pública indireta são dotadas de personalidade jurídica própria, ou seja, podem assumir direitos e obrigações. De acordo com o art. 4º, inciso II, do Decreto-Lei n. 200, de 25 de fevereiro de 1967, essas entidades compreendem as autarquias, as empresas públicas, as sociedades de economia mista e as fundações públicas (Brasil, 1967).

Por sua vez, a CF de 1988, em seu art. 37, inciso XIX, complementa que "somente por lei específica poderá ser criada autarquia e autorizada a instituição de empresa pública, de sociedade de economia mista e de fundação [...]" (Brasil, 1988).

Observamos aqui a **descentralização do poder**, por meio da qual ocorre uma distribuição de competências, de responsabilidades de uma pessoa jurídica para outra, sendo tais entidades componentes da Administração Pública indireta, dotadas de **autoadministração**.

Ainda que não exista hierarquia entre a Administração direta e os entes descentralizados, o Estado exerce apenas o poder e o dever de fiscalização sobre as entidades que compõem a Administração indireta, as quais examinaremos em detalhes nos tópicos seguintes.

■ Autarquias

Segundo Di Pietro (2022, p. 426), uma autarquia se constitui em "pessoa jurídica de direito público, criada por lei, com capacidade de autoadministração, para o desempenho de serviço público descentralizado, mediante controle administrativo exercido nos limites da lei".

Assim, os servidores das autarquias são ocupantes, pelo menos em princípio, de **cargos públicos**, pelo regime jurídico único, conhecido como *estatutário*. Porém, após a EC n. 19/1998, desvinculou-se o regime de pessoal da Administração Pública direta, e as autarquias passaram a poder contratar também pelo regime de emprego público, regido pela Consolidação das Leis do Trabalho (CLT), desde que previsto em lei.

Com relação ao **regime tributário**, as autarquias também fazem parte do rol de imunidades trazido pela CF de 1988, consoante determinação de seu art. 150, inciso VI, alínea "a", combinado com o parágrafo 2º. Com isso, elas são imunes no que concerne aos impostos sobre seu patrimônio, sua renda e os serviços relacionados às suas finalidades essenciais.

São exemplos de autarquias federais as universidades federais, os conselhos federais das categorias profissionais e as agências reguladoras.

■ Empresas públicas

Empresas públicas são pessoas jurídicas com personalidade de **direito privado**, tendo patrimônio próprio e capital exclusivo da União.

São criadas obrigatoriamente por lei, para a exploração de atividades econômicas que o Estado seja levado a exercer por força de contingência ou de conveniência administrativa. Elas podem revestir-se de qualquer das formas admitidas em direito, como a **sociedade anônima** (S.A.) e a **sociedade por cotas de responsabilidade limitada** (Ltda.).

Muito embora sejam criadas para desenvolver as atividades econômicas previstas no art. 173 da CF de 1988, também podem prestar os serviços públicos estabelecidos pelo art. 175 da Carta Magna.

Seus funcionários são ocupantes de **emprego público** – por isso, para sua investidura, precisam necessariamente ter sido aprovados em concurso público.

O **regime jurídico** dessas empresas é o mesmo das **empresas privadas**, inclusive quanto aos direitos e obrigações civis, comerciais, trabalhistas e tributários, conforme determinação constitucional do art. 173, parágrafo 1º, inciso II, e parágrafo 2º, da CF.

Como exemplos de empresas públicas federais, podemos mencionar a Caixa Econômica Federal (CEF), a Empresa Brasileira de Correios e Telégrafos (ECT) e o Banco Nacional de Desenvolvimento Econômico e Social (BNDES).

Sociedades de economia mista

Sociedades de economia mista são pessoas jurídicas com personalidade de **direito privado**, criadas por lei para a exploração de atividades econômicas, unicamente sob a forma de **sociedade anônima** (S.A.), cujas ações com direito a voto pertencem em sua maioria à União ou a entidade da Administração indireta; porém podem ter também **capital privado**.

Mesmo tendo sua personalidade jurídica de direito privado, elas **não estão sujeitas à falência** regida pela Lei n. 11.101, de 9 de fevereiro de 2005 (Brasil, 2005a).

Da mesma forma que ocorre nas empresas públicas, seu pessoal é ocupante de **emprego público**, tendo a necessidade de ser aprovado em concurso público para investidura.

Como seu **regime jurídico** também é o mesmo das **empresas privadas**, inclusive quanto aos direitos e obrigações civis, comerciais, trabalhistas e tributários, conforme determinação constitucional do art. 173, parágrafo 1º, inciso II, e parágrafo 2º, da CF, podem desenvolver uma **atividade econômica**, dentro daquelas previstas nesse mesmo artigo, além de poderem prestar serviços públicos estabelecidos pelo art. 175 da Carta Magna.

Encontramos exemplos de sociedades de economia mista no âmbito federal, como o Banco do Brasil, a Petróleo Brasileiro (Petrobras) e a Centrais Elétricas Brasileiras (Eletrobras).

■ Fundações públicas

Fundações públicas são pessoas jurídicas com personalidade de **direito privado**, pelo que determina o Decreto-Lei n. 200/1967, em seu art. 5º, inciso IV, embora a doutrina majoritária entenda que também fazem parte do direito público, dependendo de como foram criadas.

Nesse sentido, leciona Di Pietro (2022, p. 414):

> *Quando o Estado institui pessoa jurídica sob a forma de fundação, ele pode atribuir a ela regime jurídico administrativo, com todas as prerrogativas e sujeições que lhe são próprias, ou subordiná-la ao Código Civil, neste último caso, com derrogações por normas de direito público. Em um e outro caso se enquadram na noção categorial do instituto da fundação, como patrimônio personalizado para a consecução de fins que ultrapassam o âmbito da própria entidade.*

Na mesma esteira vai o entendimento do STF (1985), conforme a seguinte decisão:

> [...] nem toda fundação instituída pelo Poder Público é fundação de direito privado. As fundações, instituídas pelo Poder Público, que assumem a gestão de serviço estatal e se submetem a regime administrativo previsto, nos Estados-membros, por leis estaduais, são fundações de direito público, e, portanto, pessoas jurídicas de direito público. Tais fundações são espécie do gênero autarquia, aplicando-se a elas a vedação a que alude o § 2º do art. 99 da Constituição Federal.

Assim, a despeito da polêmica que o tema gera, cremos que a questão depende da lei instituidora da fundação pública, o que determinará se esta se submeterá ao regime jurídico público ou ao privado; contudo, ainda que regida pelo direito privado, sujeitar-se-á a certas normas públicas, no mesmo formato das empresas públicas e das sociedades de economia mista.

As fundações não têm fins lucrativos e são criadas para desenvolver atividades que não exijam execução por órgãos ou entidades de direito público; têm autonomia administrativa, patrimônio próprio gerido pelos respectivos órgãos de direção e funcionamento custeado por recursos do Estado e de outras fontes.

Seus servidores são ocupantes de **cargos públicos** regidos pelo regime jurídico único, conhecido como *estatutário*. Porém, da mesma forma que ocorreu com as autarquias, depois da EC n. 19/1998, o regime de pessoal dessas fundações foi desvinculado da Administração Pública direta, o que permitiu a contratação também pelas normas do emprego público regidas pela CLT, desde que isso seja previsto em lei.

Em relação ao **regime tributário**, as fundações também se beneficiam do rol de imunidades trazido pela CF de 1988, consoante determinação de seu art. 150, inciso VI, alínea "a", combinado com o parágrafo 2º. Elas estão imunes no que concerne aos impostos sobre seu patrimônio, sua renda e os serviços relacionados a suas finalidades essenciais.

3.3.4 Poderes da Administração Pública

Os **poderes administrativos** são, na verdade, **poderes-deveres**, pois são instrumentos colocados à disposição da Administração Pública para que esta realize suas funções com o intuito de satisfazer as necessidades coletivas, atendendo, por conseguinte, ao interesse público.

Dessa forma, esses poderes são **obrigatórios** e **irrenunciáveis**, pois são deveres a serem exercidos dentro dos parâmetros legais, sob pena de **responsabilização**.

Entre os poderes da Administração Pública, destacamos os seguintes:

a. **Poder vinculado** – Também denominado **poder regrado**, determina um único comportamento possível a ser tomado pelo administrador diante de casos concretos. **Vinculado estritamente à lei**, elimina a possibilidade de qualquer juízo pessoal de valor; assim, não se confere aos agentes públicos nenhuma liberdade para um juízo de conveniência e oportunidade, pois, se praticarem algum ato em desconformidade com a lei, este poderá ser considerado inválido. Um exemplo é o ato de desapropriação de um bem particular, que poderá ser perfeitamente legal, inclusive com amparo constitucional, desde que atendidos os requisitos constantes no ordenamento jurídico; caso contrário, se deixar de atender ao previsto na lei, desvinculando-se de seu padrão, poderá ser declarado nulo pela Administração ou pelo Poder Judiciário.

b. **Poder discricionário** – Da mesma forma que ocorre com o poder vinculado, o poder discricionário da Administração

Pública também deve submissão à lei, mas com uma liberdade maior. Nesse caso, os agentes podem atuar conforme seu **juízo de conveniência e oportunidade**, tendo a prerrogativa de escolher, entre pelo menos duas alternativas, aquela que melhor atende ao interesse público. Como exemplo, podemos citar a nomeação para cargo em comissão, caso em que o administrador escolhe uma pessoa de sua confiança, sem precisar realizar qualquer outra seleção, tudo amparado pela lei.

c. **Poder hierárquico** – É o poder dado ao administrador público para **escalonar e distribuir as funções** dentro de seus órgãos e **ordenar as tarefas** aos subalternos, assim como o poder de **rever suas atuações**; existe, portanto, tal como na pirâmide hierárquica do ordenamento jurídico, em que a base deve obrigação ao ápice, uma relação de completa **subordinação**. Um bom exemplo é a estrutura municipal, a qual tem no ápice o prefeito, vindo a seguir o secretário de Saúde, logo abaixo o diretor de Saúde, em seguida o coordenador de Saúde e assim por diante.

d. **Poder disciplinar** – Se o administrador público pode, por meio de seu poder hierárquico, ordenar e escalonar seus órgãos, verificando se os demais agentes estão cumprindo suas funções como determina a lei, poderá também exercer o poder disciplinar que lhe é conferido, o qual lhe dá a **permissão de punir**, de **apenar a prática de infrações** cometidas pelos demais servidores.

e. **Poder regulamentar** – É o poder atribuído ao administrador público para a **edição de portarias, decretos e regulamentos** para melhor atender aos ditames legais.

f. **Poder de polícia** – A Administração Pública pode **restringir, limitar, frenar os direitos e as atividades desenvolvidas pelos particulares**, a bem do interesse público. Tal poder é definido pelo Código Tributário Nacional (CTN) – Lei n. 5.172, de 25 de outubro de 1966 –, em seu art. 78:

> Art. 78. Considera-se poder de polícia atividade da administração pública que, limitando ou disciplinando direito, interesse ou liberdade, regula a prática de ato ou abstenção de fato, em razão de interesse público concernente à segurança, à higiene, à ordem, aos costumes, à disciplina da produção e do mercado, ao exercício de atividades econômicas dependentes de concessão ou autorização do Poder Público, à tranquilidade pública ou ao respeito à propriedade e aos direitos individuais ou coletivos. (Brasil, 1966)

Melhor explica Meirelles (2015, p. 135), ao afirmar que "poder de polícia é a faculdade de que dispõe a Administração Pública para condicionar e restringir o uso e gozo de bens, atividades e direitos individuais, em benefício da coletividade ou do próprio Estado".

Estão postos os poderes-deveres que a Administração Pública possui para que possa praticar melhor seus atos a bem do interesse público.

3.3.5 Atividade administrativa

É definida como *atividade administrativa* toda aquela praticada por meio de **atos administrativos**. Segundo Meirelles (2015, p. 154), "Ato administrativo é toda manifestação unilateral da vontade da Administração Pública que, agindo nessa qualidade, tenha por fim imediato adquirir, resguardar, transferir, modificar, extinguir e declarar direitos, ou impor obrigações aos administrados e a si própria".

É claro que a Administração Pública terá sempre como condição *sine qua non* (ou seja, como condição essencial e primordial) a prática de atos administrativos que visam zelar pelo interesse público.

■ Ato administrativo

Conforme mencionamos, o ato administrativo é a forma pela qual se dá a atividade administrativa. Examinaremos, a seguir, as principais características dos atos administrativos.

■ Requisitos

São os seguintes os principais requisitos dos atos administrativos:

a. **Competência** – Está relacionada ao **sujeito que pratica o ato**. É, por assim dizer, condição para a própria validade do ato administrativo, sendo o primeiro dos elementos a serem analisados no exame de um ato, pois, se praticado por agente incompetente, será inválido. Essa competência resulta de lei e é atribuída pela Administração aos seus agentes públicos, por **quantidade**, como no caso do governador de estado, que tem competência maior do que a de seus secretários, e por **qualidade**, quando o agente apresenta determinada especialidade profissional, como no caso de advogados e médicos. Mediante previsão legal, pode também haver o **deslocamento de competência**, que pode ser **avocada**, quando um superior hierárquico chama para si essa competência e pratica determinado ato que era a princípio de um subalterno, ou **delegada**, quando um superior hierárquico transmite uma competência sua para que outro agente realize o ato.

b. **Finalidade** – O objetivo do ato administrativo será sempre o **interesse público**. Destarte, o agente público estará sempre **vinculado** a essa prática; por conseguinte, não sendo o ato administrativo praticado com essa finalidade, será declarado nulo. Salientamos que a finalidade do ato administrativo deverá estar **indicada na lei**, pois o agente público somente pratica seus atos mediante autorização legal; se assim não for, poderemos estar diante de um claro caso de desvio de poder.

c. **Forma** – É a maneira pela qual se **reveste** o ato administrativo. Sabemos que, para o particular, o ato jurídico poderá ser praticado por meio de uma forma prescrita ou, pelo menos, que não seja proibida em lei. Porém, a forma pela qual o ato administrativo é praticado deve estar indicada na lei. Como regra, o ato deverá ser registrado **por escrito**, podendo, eventualmente, ser utilizada a **forma oral** ou mesmo sinais convencionais, mas apenas em casos extraordinários e em caráter de urgência, sob pena de invalidade do ato. Como exemplos desses casos temos as situações em que o guarda ou policial de trânsito determina a parada de um veículo por meio de um simples sinal.

d. **Motivo** – É o fato que **autoriza** o agente à realização de um ato administrativo. Pode ser **legal** ou **de direito** – quando está vinculado à lei ou é expressamente determinado por ela – ou **discricionário** ou **de fato** – quando depender de critério do administrador, ainda que atenda à previsão legal de **proporcionalidade**, **conveniência** e **oportunidade**. Esclarecemos que o ato discricionário, devidamente motivado, vincula o agente público ao motivo que o originou.

e. **Objeto** – Não podemos confundir o objetivo com o objeto do ato administrativo: enquanto aquele consiste na finalidade, este é o **conteúdo** do ato. É por meio do conteúdo do ato que a Administração Pública manifesta seu poder e sua vontade ou atesta situações preexistentes. Todos os atos administrativos têm como objeto a **criação**, a **modificação**, a **extinção** ou a **certificação de fatos ou circunstâncias** relativos a pessoas ou a coisas, ou mesmo a atividades sujeitas à intervenção ou a qualquer ação do Poder Público.

Esses são os principais requisitos do ato administrativo para que ele tenha validade e eficácia.

■ Atributos

A seguir, vejamos os principais atributos dos atos administrativos:

a. **Imperatividade ou coercibilidade** – Os atos administrativos **obrigam** todos os que estão dentro de seu campo de incidência a cumpri-los, mesmo que possam contrariar certos interesses privados; por isso, são chamados de *cogentes*. Em certas situações, o ato administrativo não se mostra coercitivo, pois isso não se faz necessário. Às vezes, é um mero consentimento, revelado por meio de uma autorização ou de uma permissão, atendendo diretamente a um interesse particular; porém, nesses casos, também a imperatividade determinará os parâmetros e as obrigações a que o particular deverá obedecer dentro do que lhe foi concedido.

b. **Presunção de legitimidade** – Presume-se que o ato administrativo, quando praticado, encontra-se dentro dos **parâmetros legais**, tendo sido autorizado por lei e praticado por agente competente. Contudo, essa presunção é *juris tantum*, ou seja, é **relativa**, podendo ser revista quando o administrado provar que o ato afrontou as determinações legais, requerendo ao Poder Judiciário que o anule ou invalide.

c. **Autoexecutoriedade** – É o poder que tem o ato administrativo de ser executado diretamente pela Administração Pública, sem qualquer pedido ou autorização do Poder Judiciário. Para Marçal Justen Filho (2017, p. 377), a autoexecutoriedade somente deve ser aplicada em **situações excepcionais** e observados os princípios da legalidade e da proporcionalidade. Assim, ela é viável apenas quando não existir alternativa menos lesiva e se houver previsão legal para a prática do ato administrativo.

Assim, é possível notar que os atributos dos atos administrativos existem justamente em função do interesse público que a Administração Pública representa.

■ Modalidades de extinção

As principais modalidades de extinção dos atos administrativos podem ser assim descritas:

a. **Extinção natural** – Ocorre quando o ato cumpre seus efeitos e seus objetivos e naturalmente é extinto.
b. **Retirada** – O ato pode ser retirado por alguns motivos – pela revogação, pela anulação, pela cassação, pela caducidade ou mesmo pela convalidação.
   » **Revogação** – Por motivos de **conveniência e oportunidade**, exercendo sua **discricionariedade**, a Administração pode revogar um ato válido, desde que motivadamente, dando a quem tenha interesse a garantia da ampla defesa e do contraditório. Os efeitos da revogação são *ex nunc*, ou seja, passarão a ter validade a partir da data de sua publicação, permanecendo válidos todos os efeitos produzidos até então.
   » **Anulação ou invalidação** – É a retirada do ato por **razões de ilegalidade**, quando ele apresentar **vícios insanáveis**. Tal anulação pode ser efetuada de ofício pela Administração ou pelo administrado, que pode solicitá-la ao Poder Judiciário. Os efeitos da anulação são *ex tunc*, ou seja, sendo anulado o ato, a medida retroagirá, abrangendo todos os efeitos produzidos pelo ato anulado.

» **Cassação** – É a forma de extinção do ato administrativo que se aplica quando seu beneficiário **descumpre condições** que permitem a manutenção do ato e de seus efeitos. É um ato vinculado e de **natureza sancionatória**, pois pune, de certa forma, quem deixou de cumprir as condições predeterminadas pelo ato cassado.

» **Caducidade ou decaimento** – A retirada de um ato por caducidade acontece quando, supervenientemente, um **novo diploma legal** entrou em vigor, impedindo a permanência de uma situação anteriormente consentida.

» **Convalidação** – Não se trata de extinção propriamente dita do ato administrativo, mas de uma forma de **validar o ato** que tenha algum **vício sanável**, podendo a Administração confirmá-lo no todo ou pelo menos em parte, de modo a convalidá-lo por ratificação, reforma ou conversão.

Por qualquer uma dessas modalidades, o ato administrativo pode ser extinto, em algumas delas com efeito retroativo e em outras com efeitos somente a partir de sua extinção.

3.4 Licitações

O Estado, como Poder Público, tem como maior obrigação a satisfação das necessidades coletivas, ou seja, zelar pelo interesse coletivo, como destacamos anteriormente.

Nesse sentido, colhemos o entendimento de Odete Medauar (2020, p. 229): "a defesa do interesse público levou a atribuição de prerrogativas à Administração, que é parte do contrato, sem sacrifício de direitos pecuniários do particular".

Ocorre que o Estado não se basta para cumprir essa obrigação e necessita, no mais das vezes, da colaboração de terceiros para o fornecimento de serviços e de bens, firmando com aqueles os chamados **contratos administrativos**, regidos e determinados pela legislação em vigor.

Tais contratos, para que possam ser pactuados, devem se submeter a um procedimento administrativo de disputa entre os concorrentes – a **licitação** –, por meio do qual a Administração Pública selecionará, entre todas as propostas apresentadas, aquela que melhor atender ao interesse público, baseando-se nos princípios gerais do direito administrativo e nos princípios especiais das licitações públicas.

O dever de licitar está expressamente prescrito na CF de 1988, em seu art. 37, inciso XXI, nos seguintes termos:

> Art. 37. [...]
> [...]
> XXI – ressalvados os casos especificados na legislação, as obras, serviços, compras e alienações serão contratados mediante processo de licitação pública que assegure igualdade de condições a todos os concorrentes, com cláusulas que estabeleçam obrigações de pagamento, mantidas as condições efetivas da proposta, nos termos da lei, o qual somente permitirá as exigências de qualificação técnica e econômica indispensáveis à garantia do cumprimento das obrigações; [...]. (Brasil, 1988)

De maneira bem clara, o ditame constitucional em evidência determina a obrigatoriedade, pelo menos como regra, de a Administração Pública proceder à licitação quando precisar contratar, com terceiros, obras, serviços, compras e alienações.

3.4.1 Conceito

Podemos conceituar *licitação pública* como um procedimento anterior ao contrato administrativo, composto por uma série de atos, com o objetivo de selecionar a melhor proposta oferecida pelo particular, que futuramente poderá contratar com a Administração Pública.

José dos Santos Carvalho Filho (2022, p. 209-210) define *licitação* como

> *o procedimento administrativo vinculado por meio do qual os entes da Administração Pública e aqueles por ela controlados selecionam a melhor proposta entre as oferecidas pelos vários interessados, com dois objetivos – a celebração de contrato, ou a obtenção do melhor trabalho técnico, artístico ou científico.*

Reforçando o conceito, é importante salientarmos a necessidade que a Administração Pública tem de passar por tal procedimento, para que possa contratar com terceiros a compra de bens e serviços.

3.4.2 Modalidades

As modalidades de licitação são as espécies existentes no ordenamento jurídico que regulamentam os procedimentos licitatórios, cada qual com suas particularidades e peculiaridades definidas pela legislação pertinente.

Entre essas particularidades, podemos citar os **valores** definidos para a concorrência, a tomada de preços e o convite, bem como as situações de **dispensa** e **inexigibilidade** de licitação, entre outras.

Nos tópicos a seguir, examinaremos detidamente cada uma das modalidades de licitação previstas atualmente na legislação brasileira.

▨ Concorrência

Concorrência é a modalidade de licitação que ocorre entre quaisquer interessados que, na fase de habilitação preliminar, apresentem os requisitos mínimos de qualificação exigidos no edital para a execução de seu objeto, conforme preconiza o art. 22, parágrafo 1º, da Lei n. 8.666 de 21 de junho de 1993 – Lei de Licitações (Brasil, 1993a).

■ Tomada de preços

Tomada de preços é a modalidade de licitação que ocorre entre interessados devidamente cadastrados ou que atenderem a todas as condições exigidas para cadastramento, até o terceiro dia anterior à data do recebimento das propostas, observada a necessária qualificação, conforme preceitua o art. 22, parágrafo 2º, da Lei n. 8.666/1993.

■ Convite

Convite é a modalidade de licitação que ocorre entre interessados do ramo pertinente ao seu objeto, cadastrados ou não, escolhidos e convidados em número mínimo de três pela unidade administrativa, a qual afixará, em local apropriado, cópia do instrumento convocatório e o estenderá aos demais cadastrados na correspondente especialidade que manifestarem seu interesse com antecedência de até 24 horas da apresentação das propostas, conforme estabelece o art. 22, parágrafo 3º, da Lei n. 8.666/1993.

■ Concurso

Concurso é a modalidade de licitação que ocorre entre quaisquer interessados para a escolha de trabalho técnico, científico ou artístico, mediante a instituição de prêmios ou remuneração aos vencedores, conforme critérios constantes de edital publicado na imprensa oficial, com antecedência mínima de 45 dias, conforme preconiza o art. 22, parágrafo 4º, da Lei n. 8.666/1993.

■ Leilão

Leilão é a modalidade de licitação que ocorre entre quaisquer interessados para a venda de bens móveis inservíveis para a

Administração, de produtos legalmente apreendidos ou penhorados, ou ainda para a alienação de bens imóveis, prevista no art. 19 da Lei de Licitações, a quem oferecer o maior lance, igual ou superior ao valor da avaliação, conforme prescreve o art. 22, parágrafo 5º, da Lei n. 8.666/1993.

■ Pregão

Pregão é a modalidade de licitação em que a disputa pelo fornecimento de bens ou serviços comuns é realizada em sessão pública, por meio de propostas de preços escritas e lances verbais ou por via eletrônica. Essa modalidade, diferentemente das demais, é regulamentada pela Lei n. 10.520, de 17 de julho de 2002 (Brasil, 2002b).

■ Regime diferenciado de contratações (RDC)

O RDC é outra modalidade de licitação, instituída pela Lei n. 12.462, de 4 de agosto de 2011 (Brasil, 2011a), que tem como objetivos maiores a competitividade e a ampliação da eficiência nas contratações públicas.

Segundo o art. 1º desse mesmo diploma legal, a modalidade é aplicável, pelo menos por enquanto, exclusivamente às licitações e aos contratos necessários à realização:

> Art. 1º [...]
> I – dos Jogos Olímpicos e Paraolímpicos de 2016 [...];
> II – da Copa das Confederações da Federação Internacional de Futebol – Fifa 2013 e da Copa do Mundo Fifa 2014 [...];
> III – de obras de infraestrutura e de contratação de serviços para os aeroportos das capitais dos Estados da Federação distantes até 350 km (trezentos e cinquenta quilômetros) das cidades sedes dos mundiais [...];
> IV – das ações integrantes do Programa de Aceleração do Crescimento (PAC);
> V – das obras e serviços de engenharia no âmbito do Sistema Único de Saúde – SUS;

> VI – das obras e serviços de engenharia para construção, ampliação e reforma e administração de estabelecimentos penais e de unidades de atendimento socioeducativo;
> VII – das ações no âmbito da segurança pública;
> VIII – das obras e serviços de engenharia, relacionadas [sic] a melhorias na mobilidade urbana ou ampliação de infraestrutura logística;
> IX – dos contratos a que se refere o art. 47-A [contratos de locação de bens móveis e imóveis, nos quais o locador realiza prévia aquisição, construção ou reforma substancial, com ou sem aparelhamento de bens, por si mesmo ou por terceiros, do bem especificado pela administração];
> X – das ações em órgãos e entidades dedicados à ciência, à tecnologia e à inovação. (Brasil, 2011a)

Assim, embora o grande diploma legal que regulamenta as licitações continue sendo a Lei n. 8.666/1993, com o advento da Lei n. 12.462/2011, acreditamos que uma nova mentalidade está sendo criada a respeito das licitações públicas no Brasil, especialmente no que concerne à celeridade e à efetividade nas contratações, o que provavelmente refletirá nas demais situações.

3.5 Contratos administrativos

Qualquer que seja o contrato, este é sempre uma convenção estabelecida entre duas ou mais pessoas, para constituir, regular ou extinguir uma relação jurídica entre elas. Considerando isso, entendemos que o contrato administrativo também pode e deve ser pensado dessa maneira.

3.5.1 Conceito

De acordo com Meirelles (2015, p. 217), "Contrato administrativo é o ajuste que a Administração Pública, agindo nessa qualidade, firma com outra entidade administrativa para a consecução de objetivos de interesse público, nas condições estabelecidas pela própria Administração".

Assim, a licitação é o antecedente necessário do contrato administrativo; por outro lado, o contrato é o consequente lógico da licitação (Meirelles, 2015, p. 268).

3.5.2 Requisitos

Para os contratos em geral, são imprescindíveis: acordo de vontades, agente capaz, objeto lícito e forma descrita ou não proibida em lei conforme determina o art. 104 do Código Civil (CC) – Lei n. 10.406, de 10 de janeiro de 2002 (Brasil, 2002a). O contrato administrativo, por sua vez, caracteriza-se ainda pela participação do Poder Público como parte predominante e pela finalidade de atender ao interesse público.

De acordo com o disposto no art. 55 da Lei n. 8.666/1993, são requisitos dos contratos as cláusulas que estabeleçam:

> Art. 55 [...]
> I – o objeto e seus elementos característicos;
> II – o regime de execução ou a forma de fornecimento;
> III – o preço e as condições de pagamento, os critérios, data-base e periodicidade do reajustamento de preços, os critérios de atualização monetária entre a data do adimplemento das obrigações e a do efetivo pagamento;
> IV – os prazos de início de etapas de execução, de conclusão, de entrega, de observação e de recebimento definitivo, conforme o caso;

> V – o crédito pelo qual correrá a despesa, com a indicação da classificação funcional programática e da categoria econômica;
> VI – as garantias oferecidas para assegurar sua plena execução, quando exigidas;
> VII – os direitos e as responsabilidades das partes, as penalidades cabíveis e os valores das multas;
> VIII – os casos de rescisão;
> IX – o reconhecimento dos direitos da Administração, em caso de rescisão administrativa prevista no art. 77 desta Lei;
> X – as condições de importação, a data e a taxa de câmbio para conversão, quando for o caso;
> XI – a vinculação ao edital de licitação ou ao termo que a dispensou ou a inexigiu, ao convite e à proposta do licitante vencedor;
> XII – a legislação aplicável à execução do contrato e especialmente aos casos omissos;
> XIII – a obrigação do contratado de manter, durante toda a execução do contrato, em compatibilidade com as obrigações por ele assumidas, todas as condições de habilitação e qualificação exigidas na licitação. (Brasil, 1993a)

Dessa forma, além das cláusulas obrigatórias de todo e qualquer contrato, o contrato administrativo deve conter outros requisitos exclusivos, os quais descreveremos a seguir.

3.5.3 Características especiais

Os contratos administrativos apresentam as seguintes características, que os distinguem dos contratos comuns realizados entre particulares:

a. **Licitação prévia** – Em regra, os contratos administrativos são obrigatoriamente precedidos de licitação, sob pena de nulidade.
b. **Publicidade** – A validade dos contratos administrativos exige publicidade, de acordo com as normas oficiais.

c. **Prazo determinado** – É proibida a realização de contrato administrativo com prazo indeterminado (Lei n. 8.666/1993, art. 57, § 3º).

d. **Prorrogabilidade** – Findo o prazo do contrato, a administração pode prorrogá-lo, independentemente de nova licitação, mediante termo aditivo, desde que tenha havido previsão no ato convocatório e no plano plurianual.

e. **Cláusulas exorbitantes** – Referem-se a certos privilégios da Administração que a colocam em uma situação de superioridade em relação ao particular contratado. São elas:
» modificação e rescisão unilateral do contrato;
» fiscalização e aplicação de sanções;
» ocupação provisória de móveis e imóveis;
» inaplicabilidade da exceção de contrato não cumprido.

Se a Administração rescindir unilateralmente o contrato, sem culpa do contratado, caberá indenização. Por outro lado, havendo atraso ou inexecução do contrato, poderá a Administração aplicar multas, advertência, suspensão de participação em licitações e contratos etc.

O particular contratado pela Administração não pode interromper a obra ou serviço sob a alegação de não receber por um ou dois meses os pagamentos devidos. Porém, se os pagamentos atrasarem mais de 90 dias, poderá então ser suspenso o cumprimento de suas obrigações, salvo em caso de calamidade pública ou guerra.

3.5.4 Espécies

As principais espécies de contratos administrativos são as seguintes:

a. **Contratos administrativos de direito privado** – São subordinados às regras do direito privado, conforme o art. 62, parágrafo 3º, inciso I, da Lei n. 8.666/1993. Exemplo: contrato de seguro.

b. **Contratos administrativos de delegação** – Têm como objeto a delegação do exercício de competências administrativas a particulares, os quais passam a desempenhar funções tipicamente estatais. Exemplo: contrato de concessão – Lei n. 8.987, de 13 de fevereiro de 1995 (Brasil, 1995).

c. **Contratos administrativos propriamente ditos** – São aqueles cujo objeto é realizado entre o particular e a Administração Pública, nos termos da Lei n. 8.666/1993. Exemplo: compra de materiais.

Assim, esclarecemos que cada espécie de contrato administrativo pode ter sua particularidade.

3.6 Convênios

Os convênios se referem aos acordos de vontade pelos quais o Poder Público firma, com entidades públicas ou privadas, uma associação, visando ao alcance de interesses comuns, diferentemente do conceito de contratos administrativos sobre os quais versamos anteriormente.

Nas palavras de Meirelles (2015, p. 356):

> *Convênios administrativos são acordos firmados por entidades públicas de qualquer espécie, ou entre estas e organizações particulares, para realização de objetivos de interesse comum dos partícipes. Convênio é acordo, mas não é contrato. No contrato, as partes têm interesses comuns e coincidentes. Por outras palavras: no contrato há sempre duas partes (podendo ter mais de dois signatários); uma, que pretende o objeto do ajuste (a obra, o serviço, etc); outra, que pretende a contraprestação correspondente (o preço, ou qualquer outra vantagem), diversamente do que ocorre no convênio, em que não há*

partes, mas unicamente partícipes com as mesmas pretensões. Por essa razão, no convênio, a posição jurídica dos signatários é uma só e idêntica para todos, podendo haver, apenas, diversificação na cooperação de cada um, segundo as suas possibilidades para a consecução do objeto comum, desejado por todos.

Os convênios caracterizam-se pela mútua colaboração entre os participantes, os quais estabelecem uma forma de cooperação que levará à consecução do objetivo expresso no instrumento contratual, como a erradicação do vírus da dengue no Brasil, em determinada região ou mesmo em um estado ou município.

3.7 Consórcios

Os consórcios correspondem a ajustes de vontade firmados por entidades estatais da mesma espécie (municípios, estados-membros), com vistas a interesses comuns. Há neles a aplicação de recursos públicos e, por consequência, estão sob a incidência da Lei n. 8.666/1993, bem como sob a fiscalização pelo Tribunal de Contas responsável.

É assim o entendimento de Meirelles (2015, p. 357): "Consórcios administrativos são acordos firmados entre entidades estatais, autárquicas, fundacionais ou paraestatais, sempre da mesma espécie, para a realização de objetivos de interesse comum dos partícipes".

Bom exemplo de consórcio administrativo é o Consórcio Intermunicipal de Serviços do Vale do Rio Pardo (Cisvale), constituído pelos municípios de Boqueirão do Leão, Candelária, Encruzilhada do Sul, General Câmara, Gramado Xavier, Herveiras, Mato Leitão, Minas do Leão, Pantano Grande, Passo do Sobrado, Rio Pardo, Santa Cruz do Sul, Sinimbu, Vale do Sol, Vale Verde,

Venâncio Aires e Vera Cruz. Fundado em 2005, o Cisvale foi criado para formular diretrizes e viabilizar projetos e programas que atendam aos interesses desses municípios.

Síntese

Neste capítulo, tratamos do direito administrativo, iniciando por seus princípios basilares. Em seguida, abordamos a Administração Pública, que é o foco do direito administrativo. Analisamos o conceito de *Administração Pública*, seus poderes e suas subdivisões, as quais ocorrem quando ela descentraliza e desconcentra seu poder para, assim, desempenhar melhor suas funções.

Também enfocamos as licitações públicas, procedimentos obrigatórios que antecedem os contratos administrativos, bem como suas modalidades e regulamentações.

Por fim, versamos sobre os contratos administrativos, realizados quando a Administração Pública pode efetivamente ajustar com terceiros a compra de bens ou serviços.

Questões para revisão

1) Analise as afirmativas a seguir sobre a licitação:
   I. Assegura a igualdade de condições a todos os concorrentes.
   II. Possibilita que participantes de segmentos diversos concorram juntos na mesma oportunidade.
   III. Não exige qualificação necessária para a participação dos concorrentes.

Agora, assinale a alternativa correta:
a. Apenas a afirmativa I está correta.
b. Apenas as afirmativas I e II estão corretas.
c. Apenas as afirmativas II e III estão corretas.
d. Apenas a afirmativa II está correta.
e. Apenas a afirmativa III está correta.

2) Para Meirelles (2015, p. 217), "Contrato administrativo é o ajuste que a Administração Pública, agindo nessa qualidade, firma com outra entidade administrativa para a consecução de objetivos de interesse público, nas condições estabelecidas pela própria Administração". O contrato administrativo, além de seus requisitos especiais, deve conter alguns requisitos imprescindíveis a todo contrato, entre os quais está:
a. acordo de vontades.
b. agente capaz.
c. objeto lícito.
d. forma prescrita ou não defesa em lei.
e. Todas as alternativas anteriores estão corretas.

3) O ato administrativo pode ser conceituado como "toda manifestação unilateral da vontade da Administração Pública que, agindo nessa qualidade, tenha por fim imediato adquirir, resguardar, transferir, modificar, extinguir e declarar direitos, ou impor obrigações aos administrados ou a si própria" (Meirelles, 2015, p. 154). Entre os requisitos do ato administrativo está:
a. revogação.
b. invalidação.
c. forma.
d. coercibilidade.
e. meta.

4) O direito administrativo é o conjunto dos princípios jurídicos que regem a atividade administrativa, as entidades, os órgãos e os agentes públicos, com o objetivo de possibilitar o perfeito atendimento das necessidades da coletividade e dos fins desejados pelo Estado. Tendo isso em vista, cite os princípios da Administração Pública.

5) Na Administração Pública indireta, as entidades que a integram são dotadas de personalidade jurídica própria, ou seja, podem assumir direitos e obrigações. De acordo com o art. 4º, inciso II, do Decreto-Lei n. 200/1967, quais são essas entidades?

Questões para reflexão

1) Qual é a função mais importante do Estado?
2) A Administração Pública, no desempenho de suas funções, pode fazer o que quiser, no momento em que melhor lhe convier?

Para saber mais

Para que você possa aprofundar o estudo sobre os temas examinados neste capítulo, sugerimos a leitura das obras listadas a seguir.

JUSTEN FILHO, M. **Curso de direito administrativo**. 8. ed.
 Belo Horizonte: Fórum, 2017.
MEIRELLES, H. L. **Direito administrativo brasileiro**. 41. ed.
 São Paulo: Malheiros, 2015.
MELLO, C. A. B. de. **Curso de direito administrativo**. 35. ed.
 São Paulo: Malheiros, 2021.

Consultando a legislação

Se você desejar aprofundar seus conhecimentos sobre os assuntos abordados neste capítulo, consulte:

BRASIL. Constituição (1988). **Diário Oficial da União**, Poder Legislativo, Brasília, DF, 5 out. 1988. Disponível em: <http://www.planalto.gov.br/ccivil_03/constituicao/constituicao.htm>. Acesso em: 10 ago. 2022.

BRASIL. Lei n. 8.112, de 11 de dezembro de 1990. **Diário Oficial da União**, Poder Executivo, Brasília, DF, 11 dez. 1990. Disponível em: <http://www.planalto.gov.br/ccivil_03/leis/l8112cons.htm>. Acesso em: 10 ago. 2022.

BRASIL. Lei n. 8.666, de 21 de junho de 1993. **Diário Oficial da União**, Poder Legislativo, Brasília, DF, 22 jun. 1993. Disponível em: <http://www.planalto.gov.br/ccivil_03/leis/l8666cons.htm>. Acesso em: 10 ago. 2022.

IV

Conteúdos do capítulo:

- » Conceito de *direito civil*.
- » Capacidade civil.
- » Pessoa natural e pessoa jurídica.
- » Direito das obrigações.

Após o estudo deste capítulo, você será capaz de:

1. avaliar o direito civil com base no estudo de alguns institutos constantes na Lei n. 10.406/2002 (novo Código Civil);
2. entender como as pessoas físicas e jurídicas adquirem capacidade civil e personalidade jurídica, bem como identificar as incapacidades civis estabelecidas pelo Código Civil;
3. distinguir as pessoas jurídicas enumeradas pelo Código Civil e entender sua classificação;
4. compreender, no âmbito do estudo do direito das obrigações, os direitos e deveres das partes nos contratos que podem ser realizados entre particulares.

Direito civil

4.1 Conceito

Podemos conceituar *direito civil* como o conjunto de normas que regulamentam as relações entre as pessoas em geral, definindo desde a personalidade jurídica até os direitos e obrigações de cada uma delas.

No Código Civil (CC) brasileiro – regulamentado pela Lei n. 10.406, de 10 de janeiro de 2002 (Brasil, 2002a) –, há uma **parte geral**, que trata das **pessoas**, dos **bens**, dos **fatos** e dos **atos jurídicos**, e uma **parte especial**, que trata do **direito de família**, do **direito das coisas**, do **direito das obrigações** e do **direito das sucessões**.

Neste capítulo, trataremos de alguns de seus institutos.

4.2 Parte Geral do Código Civil

A parte geral do CC dispõe sobre as pessoas, os bens e os fatos jurídicos.

4.2.1 Pessoas naturais

Pessoa natural ou **física** é o próprio ser humano, ou seja, aquele que foi gerado e concebido por uma mulher.

A **personalidade civil** começa a partir do nascimento com vida, embora a lei ponha a salvo, desde a concepção, os direitos do nascituro (CC, art. 2º).

A existência da pessoa natural termina com a **morte** (real), comprovada pelo atestado de óbito ou pela justificação, no caso de catástrofe e não encontro do corpo da pessoa desaparecida. Quanto aos ausentes, sua morte pode ser presumida nos casos em que a lei autoriza a abertura de sucessão definitiva (CC, art. 6º).

■ Morte presumida

Em algumas situações, mesmo que não se tenha a comprovação de que a pessoa faleceu, presume-se sua morte. É o que estabelece o CC em seu art. 7º:

> Art. 7º Pode ser declarada a morte presumida, sem decretação de ausência:
> I – se for extremamente provável a morte de quem estava em perigo de vida;
> II – se alguém, desaparecido em campanha ou feito prisioneiro, não for encontrado até dois anos após o término da guerra.
> Parágrafo único. A declaração da morte presumida, nesses casos, somente poderá ser requerida depois de esgotadas as buscas e averiguações, devendo a sentença fixar a data provável do falecimento. (Brasil, 2002a)

No caso do inciso I que citamos, incluem-se os acidentados, sem que os corpos sejam encontrados.

■ Capacidade civil

A capacidade civil é a aptidão da pessoa física para exercer direitos e assumir obrigações.

Capacidade é a medida da personalidade. Nem todos têm capacidade plena, pois há fatos que a reduzem ou anulam.

Ressaltamos que todos têm **capacidade de direito** (CC, art. 1º), mas nem todos têm a **capacidade de fato** para o exercício dos direitos. Por isso, dizemos que quem tem capacidade de fato e de direito tem **capacidade plena**. As pessoas que têm somente a capacidade de direito necessitam da ajuda de seus responsáveis legais para poder exercer esses direitos, pois são consideradas **incapazes**.

Incapacidade é a restrição legal ao exercício de atos da vida civil e pode ser **absoluta** ou **relativa**.

Quando o CC, em seu art. 2º, define que a personalidade civil se inicia no nascimento com vida, reforça o entendimento de que, ao ser considerada como tal, a pessoa passa a ter direitos e obrigações. Ao mesmo tempo, garante os direitos do nascituro desde sua concepção.

Salientamos que ser titular de direito e obrigações é diferente de ter a capacidade de exercê-los pessoalmente.

Em determinados casos, a lei limita o exercício pessoal de direitos, a depender da idade, da saúde ou do estado mental de certas pessoas, sempre no intuito de protegê-las. Essas pessoas são classificadas em absolutamente ou relativamente incapazes.

De acordo com o art. 3º do CC, são **absolutamente incapazes** de exercer pessoalmente os atos da vida civil os **menores de 16 anos**, ou seja, não podem praticar nenhum ato sozinhos.

A incapacidade absoluta acarreta a proibição total, por si só, do direito. Os atos somente podem ser praticados pelo **responsável** legal do absolutamente incapaz, sob pena de nulidade.

Por outro lado, de acordo com o art. 4º do CC, algumas pessoas são **relativamente incapazes**, ou seja, podem, em determinadas situações, praticar sozinhas os atos da vida civil, mas, para a prática de outros atos, necessitam ser **assistidas** por outra pessoa:

> Art. 4º [...]
> I – os maiores de dezesseis anos e menores de dezoito anos;
> II – os ébrios habituais e os viciados em tóxicos, e os que, por deficiência mental, tenham o discernimento reduzido;
> III – aqueles que, por causa transitória ou permanente, não puderem exprimir sua vontade;
> IV – os pródigos.
> Parágrafo único. A capacidade dos indígenas será regulada por legislação especial. (Brasil, 2002a)

A Lei n. 6.001, de 19 de dezembro de 1973 – Estatuto do Índio Brasil (1973b), preceitua que são nulos os negócios realizados entre um índio e pessoa estranha à comunidade indígena, sem a participação da Fundação Nacional do Índio (Funai).

Reforçando o entendimento, para que os atos praticados pelos incapazes tenham validade, devem ser revestidos de determinados requisitos. Os absolutamente incapazes devem ser **representados** por seus responsáveis legais, sob pena de **nulidade absoluta** dos atos por eles praticados diretamente, enquanto os relativamente incapazes necessitam ser **assistidos** na prática dos atos da vida civil, sob pena de **anulabilidade** dos atos cometidos.

A **menoridade** cessa aos 18 anos completos, momento em que a pessoa se torna habilitada à prática de todos os atos da vida civil.

Cessará, entretanto, para os menores, a incapacidade, pelo instituto da **emancipação**, quando ocorrer qualquer das seguintes hipóteses, de acordo com o art. 5º do CC:

> Art. 5º [...]
> I – pela concessão dos pais, ou de um deles na falta do outro, mediante instrumento público, independentemente de homologação judicial, ou por sentença do juiz, ouvido o tutor, se o menor tiver dezesseis anos completos;
> II – pelo casamento;
> III – pelo exercício de emprego público efetivo;
> IV – pela colação de grau em curso de ensino superior;
> V – pelo estabelecimento civil ou comercial, ou pela existência de relação de emprego, desde que, em função disso, o menor com dezesseis anos completos tenha economia própria. (Brasil, 2002a)

É certo também que a emancipação voluntária, mesmo sendo irrevogável, não isenta os pais da obrigação de indenizar as vítimas dos atos ilícitos praticados pelo menor, isso para que se evitem emancipações maliciosas.

■ Inscrição em registro público

Com a finalidade de assegurar os direitos de terceiros, o legislador, a fim de obter **publicidade** do estado das pessoas, exige **inscrição de determinados atos em registro público**, sendo que a **certidão** extraída dos livros cartorários faz prova plena e segura do estado das pessoas físicas. Conforme estabelece o art. 9º do CC,

> Art. 9º Serão registrados em registro público:
> I – os nascimentos, casamentos e óbitos;
> II – a emancipação por outorga dos pais ou por sentença do juiz;
> III – a interdição por incapacidade absoluta ou relativa;
> IV – a sentença declaratória de ausência e de morte presumida.
> Art. 10. Far-se-á averbação em registro público:
> I – das sentenças que decretarem a nulidade ou anulação do casamento, o divórcio, a separação judicial e o restabelecimento da sociedade conjugal;
> II – dos atos judiciais ou extrajudiciais que declararem ou reconhecerem a filiação. (Brasil, 2002a)

Fica evidente que a falta de registro ou averbação desses documentos ou atos pode ensejar sua nulidade ou mesmo a impossibilidade da prática dos atos da vida civil.

4.2.2 Pessoas jurídicas

Neste tópico, examinaremos as pessoas jurídicas, que são diferentes das pessoas naturais, sendo detentoras de características próprias.

Conceito

As pessoas jurídicas são entes dotados de personalidade jurídica, ou seja, capazes de direitos e obrigações, podendo ser criadas e constituídas por pessoas naturais e/ou por outras pessoas jurídicas, bem como ter patrimônio próprio.

Existência legal das pessoas jurídicas de direito privado

Os atos constitutivos das pessoas jurídicas devem ser levados a registro para que se inicie, então, a existência legal da pessoa jurídica de direito privado.

O registro do **contrato social** das sociedades empresárias é realizado na Junta Comercial; já os **estatutos** e os **atos constitutivos** das demais pessoas jurídicas de direito privado são registrados no cartório de Registro Civil das Pessoas Jurídicas (RCPJ).

De maneira geral, as pessoas jurídicas não necessitam de autorização ou aprovação do Estado para poderem iniciar suas atividades, bastando o registro de seu ato constitutivo no órgão competente. Contudo, a legislação exige, em determinadas situações, uma análise mais profunda realizada pelo Poder Executivo para que possam funcionar, como é o caso das seguradoras, das instituições financeiras e das administradoras de consórcios. Como rege o art. 45 do CC,

> Art. 45. Começa a existência legal das pessoas jurídicas de direito privado com a inscrição do ato constitutivo no respectivo registro, precedida, quando necessário, de autorização ou aprovação do Poder Executivo, averbando-se no registro todas as alterações por que passar o ato constitutivo. Parágrafo único. Decai em 3 (três) anos o direito de anular a constituição das pessoas jurídicas de direito privado, por defeito do ato respectivo, contado o prazo da publicação de sua inscrição no registro. (Brasil, 2002a)

No mais, a vontade de criar as pessoas jurídicas aliada à licitude de objetivos e à observância dos ditames legais, são as condições mínimas para que iniciem suas atividades.

▣ Classificação

O CC, em seu art. 40, classifica as pessoas jurídicas como de direito público, interno ou externo, e de direito privado:

a. **Pessoas jurídicas de direito público externo** – São os países estrangeiros e os organismos internacionais, como a Organização das Nações Unidas (ONU) e a Organização dos Estados Americanos (OEA), conforme o art. 42 do CC.

b. **Pessoas jurídicas de direito público interno** – São a União, os estados, o Distrito Federal, os territórios, os municípios, as autarquias, inclusive as associações públicas e demais entidades de caráter público criadas por lei, de acordo com o art. 41 do CC.

c. **Pessoas jurídicas de direito privado** – São as sociedades civis ou comerciais (empresariais), as associações, as fundações privadas, os partidos políticos, as organizações religiosas e as empresas individuais de responsabilidade limitada (Eireli), assim classificadas pelo art. 44 do CC (Brasil, 2002a):

I. **Associações** são organizações sem fins lucrativos, em regra, que exercem atividades culturais, religiosas, recreativas etc.

II. **Sociedades** são organizações com fins lucrativos, em regra, podendo ser personificadas ou não personificadas.

» **Sociedades não personificadas** (sem personalidade jurídica) são as **sociedades em comum** – as que não têm registro, também conhecidas como *sociedades irregulares ou de fato* (CC, art. 986); as **sociedades em conta de participação** são aquelas que têm um sócio oculto, que não aparece perante terceiros, e um sócio ostensivo, em nome do qual a sociedade é estabelecida.

» **Sociedades personificadas** (com personalidade jurídica) são as que têm registro, constituindo-se, portanto, como pessoas jurídicas. As **simples** (antigas sociedades civis) são as que exercem atividades profissionais ou técnicas, como a de engenharia, médica ou contábil; as **empresariais** são as que exercem atividade econômica organizada para a produção ou a circulação de bens ou serviços, como a sociedade limitada e a anônima. As sociedades simples podem se constituir nos moldes empresariais. O empreendedor rural, por sua vez, também pode organizar-se como empresa.

III. **Fundações** são pessoas jurídicas criadas com um fim específico, com patrimônio próprio instituído por seu criador e administrado por um curador, pois elas não contam com sócios ou proprietários. Podem ser criadas por escritura pública ou testamento, devendo o instituidor doar os meios necessários e especificar o fim a que a fundação se destina, declarando também, se quiser, a maneira de administrá-la (CC, art. 62). As **fundações privadas** somente podem constituir-se para fins religiosos, morais, de saúde ou de assistência, entre outros (CC, art. 62, parágrafo único). Por outro lado, as **fundações públicas**, criadas pelo Poder Público por meio de lei ou escritura autorizada em lei, têm natureza pública, embora lhes seja atribuída personalidade jurídica de direito privado.

IV. As **organizações religiosas** são livres para se organizarem e se estruturarem, a fim de que possam funcionar da maneira que melhor lhes aprouver, não necessitando autorização especial do Poder Público, que é obrigado a reconhecê-las e registrá-las se seus atos constitutivos estiverem dentro dos parâmetros legais.

V. Os **partidos políticos** devem ser organizados e funcionar conforme o disposto em lei específica.

Esse é o rol de pessoas jurídicas de direito privado determinado pelo CC brasileiro de 2002.

▪ Extinção

De maneira genérica, estas são as causas possíveis de extinção das pessoas jurídicas:

a. **Convencional** – Ocorre por deliberação dos próprios sócios.

b. **Legal** – Acontece em razão de motivo determinado na lei que a impeça de continuar.

c. **Administrativa** – Ocorre nos casos em que a pessoa jurídica necessita da aprovação e/ou autorização do Poder Público para poder funcionar e pratica atos nocivos ou contrários aos seus fins.

d. **Natural** – Acontece no caso de morte de seus membros, sem que esteja estipulado em contrato social ou estatuto que a pessoa jurídica pode continuar sob a administração dos sucessores dos sócios.

e. **Judicial** – Quando estiver prevista determinada cláusula de encerramento em seu contrato social ou estatuto e a pessoa jurídica continuar a existir, sua extinção será decidida por sentença.

4.2.3 Domicílio

Neste tópico, abordaremos o domicílio, tanto da pessoa natural quanto da pessoa jurídica.

■ Conceito

Entendemos genericamente por *domicílio* o local onde a pessoa pratica seus atos e/ou negócios jurídicos com habitualidade. É, pois, a **sede jurídica da pessoa**, no qual ela responde por suas obrigações.

■ Domicílio da pessoa natural

O domicílio da pessoa natural é o lugar onde ela estabelece sua **residência com ânimo definitivo** (CC, art. 70).

A noção de *domicílio* é importante para complementar a **qualificação** de uma pessoa, bem como para estabelecer o lugar onde ela deve responder por suas obrigações. Em regra, o devedor deve ser demandado no lugar de seu domicílio.

No entanto, a pessoa natural pode ter mais de um domicílio, o que ocorre quando tem duas ou mais residências onde, alternadamente, vive. Nesse caso, considerar-se-á domicílio qualquer uma delas.

Também será considerado domicílio da pessoa natural o **local onde ela exerce sua profissão**, sendo que, se o exercício dessa profissão se der em vários lugares, cada um deles poderá ser considerado como domicílio.

■ Domicílio das pessoas jurídicas

De acordo com o art. 75 do CC, o domicílio das pessoas jurídicas é o local onde funcionam suas diretorias e administrações ou onde essas pessoas elegem domicílio especial, por meio de estatuto ou atos constitutivos. Se as pessoas jurídicas tiverem vários estabelecimentos localizados em lugares distintos, cada um deles será considerado domicílio para os atos neles praticados.

Se a administração ou diretoria tiver a sede no estrangeiro, seu domicílio será o lugar do estabelecimento situado no Brasil.

O mesmo art. 75 do CC estabelece o Distrito Federal como o domicílio da União, as capitais dos estados como os respectivos domicílios destes e, no caso dos municípios, o local onde funcionar a administração municipal.

▪ Demais domicílios

O CC prevê ainda algumas situações especiais relativas ao domicílio:

a. **Domicílio necessário** – Têm domicílio necessário o incapaz, o servidor público, o militar, o marítimo e o preso. O domicílio do **incapaz** é o mesmo que o de seu representante ou assistente; o do **servidor público**, onde exerce permanentemente suas funções; o do **militar**, onde servir e, sendo da Marinha ou da Aeronáutica, a sede do comando a que se encontrar imediatamente subordinado; o do **marítimo**, onde o navio estiver matriculado; e o do **preso**, o lugar em que cumprir a sentença (CC, art. 76)

b. **Domicílio do agente diplomático** – O agente diplomático do Brasil que, citado no estrangeiro, alegar extraterritorialidade sem designar onde tem seu domicílio poderá ser demandado no Distrito Federal ou no último ponto do território brasileiro onde teve domicílio (CC, art. 77).

c. **Domicílio estabelecido pelos contratantes** – Nos contratos escritos, os contratantes podem especificar domicílio onde se exercitem e cumpram os direitos e obrigações deles resultantes (CC, art. 78).

4.3 Parte Especial do Código Civil

Com relação à Parte Especial do CC, destacamos algumas disposições que a integram:

d. **Direito das obrigações (Livro I)** – Rege a relação dos sujeitos que, entre si, contratam obrigações de fazer, de não fazer ou de dar, o que os torna credores ou devedores dessas mesmas obrigações, determinando seus direitos e deveres.

e. **Direito das coisas (Livro III)** – Diz respeito à relação das pessoas e seu patrimônio, estabelecendo direitos e deveres relacionados à propriedade, à posse e à habitação, entre outros.

f. **Direito de família (Livro IV)** – Determina os direitos e deveres daqueles que formam a família e também rege os institutos que a compõem, como o casamento, o poder familiar, o patrimônio e o regime de bens.

g. **Direito das sucessões (Livro V)** – Esclarece, em termos legais, como deve ser o procedimento de transmissão do patrimônio das pessoas que falecem aos seus sucessores e/ou herdeiros.

Na sequência, trataremos dos institutos que integram a Parte Geral do CC.

4.4 Direito das obrigações

Também regulamentado pelo CC, o **direito das obrigações** é um conjunto de normas que determinam, no âmbito das **relações jurídicas de conteúdo patrimonial**, os direitos e os deveres a serem cumpridos pelos sujeitos que compõem essas relações, conferindo-se especialmente ao credor subsídios para que possa exigir do devedor o cumprimento da obrigação.

Nas palavras de Carlos Roberto Gonçalves (2022, p. 21, grifo do original), "o direito das obrigações tem por objeto determinadas relações jurídicas que alguns denominam *direitos de crédito* e outros chamam *direitos pessoais* ou *obrigacionais*".

Entre as modalidades trazidas pelo CC, encontram-se as **obrigações de dar, de fazer** e **de não fazer**, entre outras, cada qual com suas características.

Neste ponto, é importante questionarmos: O que é uma obrigação? Buscamos novamente o ensinamento de Gonçalves (2022, p. 37):

> *Obrigação é o vínculo jurídico que confere ao credor (sujeito ativo) o direito de exigir do devedor (sujeito passivo) o cumprimento de determinada prestação. Corresponde a uma relação de natureza pessoal, de crédito e débito, de caráter transitório (extingue-se pelo cumprimento), cujo objeto consiste numa prestação economicamente aferível.*

Elucidado o significado de *obrigação*, é necessário esclarecermos também como esta pode ser **transmitida** e como pode ser **extinta**.

4.4.1 Transmissão das obrigações

O CC de 2002 prevê algumas situações em que a pessoa que tenha alguma obrigação, querendo, pode transferi-la para outrem:

a. **Cessão de crédito** – Aquele que for detentor de algum crédito poderá cedê-lo, se não houver nenhum impedimento legal ou qualquer outro óbice. Na cessão de crédito, o credor transfere a um terceiro o direito que possui em relação ao devedor (CC, art. 286). Não é necessária a concordância do devedor, mas ele tem de ser notificado do fato.

b. **Assunção da dívida** – Pela assunção da dívida, um terceiro assume a obrigação do devedor, com o consentimento do credor, conforme dispõe o art. 299 do CC. O devedor exonera-se da dívida e das garantias por ele dadas, salvo se o terceiro já era insolvente, ignorando o credor esse fato, ou se a assunção vier a ser anulada.

4.4.2 Extinção das obrigações

A seguir, apresentamos as causas de extinção das obrigações dispostas nos arts. 304 e seguintes do CC de 2002:

a. **Adimplemento** – É o ato de cumprir a obrigação. Pode a obrigação extinguir-se pelo pagamento ou por outros fatores que descrevemos na sequência.

b. **Pagamento** – É o cumprimento dado a uma obrigação, em dinheiro ou coisa. Será indevido se não houver vínculo obrigacional que o justifique.

c. **Ação de consignação em pagamento** – É o depósito realizado em juízo ou estabelecimento bancário da coisa devida. Poderá ocorrer quando:

» o credor não puder receber o pagamento ou dar quitação ou se recusar a fazê-lo;

» o credor não for receber a coisa no lugar, no tempo e na condição devidos ou não mandar fazê-lo;

» o credor for incapaz de receber, for desconhecido, declarado ausente, residir em lugar incerto ou de acesso perigoso ou difícil;

» houver dúvida sobre quem deva legitimamente receber o objeto do pagamento;

» pender litígio sobre o objeto do pagamento.

d. **Pagamento com sub-rogação** – *Sub-rogar* significa "trocar", "substituir". A sub-rogação pode ser pessoal ou real:
   » **Sub-rogação pessoal** – A dívida é paga por um codevedor ou terceiro interessado.
   » **Sub-rogação real** – Substitui-se a coisa devida. Transferem-se a quem pagou todos os direitos do título ou do contrato contra o devedor principal e os fiadores.
e. **Imputação do pagamento** – *Imputar o pagamento* significa indicar o que se está pagando, no caso de dois ou mais débitos da mesma natureza, líquidos e vencidos, em favor de apenas um credor. Havendo capital e juros a pagar, entende-se que o pagamento refere-se primeiro aos juros vencidos e depois ao capital, salvo estipulação em contrário.
f. **Novação** – É a substituição de uma obrigação por outra. Opera-se pela substituição do sujeito ativo, do sujeito passivo ou do objeto da obrigação. Em qualquer desses casos, surge uma nova relação jurídica, que extingue e substitui a anterior.
g. **Compensação** – É a extinção de uma obrigação pela equivalência recíproca de débitos entre os contratantes. A compensação é matéria de defesa e somente pode ser alegada quando se confrontam débitos líquidos e vencidos.
h. **Transação** – Ocorre quando as partes realizam concessões recíprocas, para evitar ou terminar um litígio.
i. **Confusão** – Ocorre quando o devedor e o credor passam a ser uma só pessoa, extinguindo-se a obrigação.
j. **Remissão** – É o ato pelo qual o credor dispensa graciosamente o devedor de pagar a dívida. É um ato bilateral, pois depende da concordância do devedor. A remissão não pode prejudicar terceiros.

Na sequência, passamos ao estudo dos institutos do inadimplemento das obrigações e da mora.

4.4.3 Inadimplemento das obrigações e mora

Inadimplir consiste em **não cumprir** uma obrigação. O inadimplemento pode ser **absoluto** (impossibilidade total) ou **relativo** (impossibilidade parcial) de cumprir a obrigação. Pode caracterizar-se também pela **mora**.

O sujeito da obrigação estará em mora quanto **atrasar culposamente** o cumprimento do compromisso assumido ou até mesmo quando o cumprir de modo deficiente.

A mora, que pode ser tanto do devedor quanto do credor, pode ocorrer em várias situações, como a partir do vencimento da obrigação ou pela interpelação, que se faz nos casos em que não há vencimento estipulado.

Além dos acréscimos legais que possam ser gerados da obrigação principal, seu descumpridor também pode ser condenado a **indenizar por perdas e danos** os prejuízos que tenha causado por seu ato culposo.

4.4.4 Cláusula penal ou multa convencional

É uma convenção por meio da qual as partes se obrigam a pagar determinada multa no caso de violação do contrato, de acordo com os arts. 408 e seguintes do CC.

Trata-se de uma **obrigação acessória**, que visa garantir o cumprimento completo da obrigação principal ou de alguma cláusula especial ou simplesmente fixar o valor da indenização por perdas e danos em caso de mora.

O CC ainda determina que incide de pleno direito na cláusula penal aquele que deixa de cumprir a obrigação ou se constitui em mora, desde que tenha agido com culpa.

4.4.5 Contratos em geral

O contrato é fonte de obrigação e deve conter alguns requisitos obrigatórios e legais, que são as **partes**, o **objeto** e a **manifestação de vontade**.

Gonçalves (2022, p. 22) explica que "contrato é uma espécie de negócio jurídico que depende, para a sua formação, da participação de pelo menos duas partes. É, portanto, negócio jurídico bilateral ou plurilateral".

Entendemos, então, que é necessária uma análise, mesmo que rápida, sobre a **teoria geral dos contratos**, para que você possa compreendê-los de maneira genérica.

Na qualidade de **negócio jurídico**, o contrato deve atender a algumas condições para que possa ser considerado válido. Por isso, colhemos o que estabelece o CC, em seu art. 104: "A validade do negócio jurídico requer: I – agente capaz; II – objeto lícito, possível, determinado ou determinável; III – forma prescrita ou não defesa em lei" (Brasil, 2002a).

Exigindo que **o agente seja capaz**, a legislação obriga que os contratantes não sejam considerados incapazes relativos ou absolutos, de acordo com as hipóteses previstas nos art. 3º e 4º do próprio CC.

O **objeto** a ser contratado deve estar **dentro da lei**, é claro. Porém, mesmo que não esteja especificado em lei, não deve atentar à moral e aos bons costumes, tampouco à ordem pública. Também deve ser possível determiná-lo, seja por seu gênero, seja por sua quantidade ou qualidade.

Quanto à **forma** do contrato, ela deve ser elaborada segundo uma previsão legal. Se não existir tal previsão, é necessário ao menos que essa forma não seja proibida legalmente.

Essas convenções efetuadas entre as partes, chamadas de *contratos*, pelo menos em nosso ordenamento jurídico, devem ser, portanto, realizadas com base nas determinações legais e na vontade dos sujeitos. Os contratos têm a prerrogativa de **criar, regular, modificar** ou **extinguir relações jurídicas de cunho patrimonial**. A definição de *contrato* elaborada no século passado por Clóvis Beviláqua (1934, p. 245) ainda é bem atual e nos ajuda a entender em que consiste o instituto: "acordo de vontades para o fim de adquirir, resguardar, modificar ou extinguir direitos". Parece, por assim dizer, que os contratos podem tudo, desde que pactuados entre sujeitos capazes, com o consenso das partes e sem impedimento legal.

De acordo com os arts. 421 e seguintes do CC, os contratos, desde seu início, em sua vigência e até sua extinção, devem ser orientados por alguns **princípios**, entre os quais destacamos: o da **liberdade de contratar**, o da **probidade** e **boa-fé**, o da **interpretação mais favorável** ao aderente (quando o contrato de adesão contiver cláusulas ambíguas) e o da **impossibilidade de renúncia antecipada** do contratante aderente quanto a direitos resultantes do negócio.

4.4.6 Formação dos contratos

Como regra, aquele que propõe se obriga a contratar, se pacto ou acordo diferente já não existir da mesma proposta. Esta, por sua vez, deixa de ser obrigatória nos casos trazidos pelo art. 428, inciso I, do CC (por exemplo, se for realizada por telefone e não for aceita de imediato).

4.4.7 Vícios redibitórios

Vícios redibitórios são aqueles **defeitos ocultos** (imperceptíveis) que já existiam no objeto no momento de sua contratação, os quais o tornam impróprio ao uso a que é destinado ou lhe diminuem o valor, de acordo com os arts. 441 e seguintes do CC.

O adquirente tem um prazo de 30 dias para exercer seu direito de reclamar, de rejeitar o bem ou de obter um abatimento no preço, no caso de bens móveis, e de um ano no caso de bens imóveis, contados da efetiva ciência do defeito. Se já estava na posse do bem, o prazo conta-se da alienação, reduzido à metade.

O prazo para a reclamação do vício, em se tratando de bens móveis, poderá ser de 180 dias, contados do momento da ciência, quando, pela natureza do bem, esse vício somente puder ser conhecido depois da aquisição.

Os prazos também podem ser encontrados no Código de Defesa do Consumidor (CDC) – Lei n. 8.078, de 11 de setembro de 1990 (Brasil, 1990a) –, no caso daquelas situações atinentes à relação de consumo.

4.4.8 Evicção

Evicção é a **perda total ou parcial do bem adquirido**, por decisão judicial, em favor de terceiro, que era o verdadeiro dono, consoante determinação dos arts. 447 e seguintes do CC.

Assim, na evicção, encontram-se três sujeitos:

1. o **alienante**, aquele que vendeu o bem e que responde pelos riscos da evicção;
2. o **evicto**, aquele que adquiriu o bem e teve um resultado negativo na demanda judicial manejada pelo terceiro;
3. o **evictor**, aquele terceiro que demandou judicialmente, reivindicando para si o bem contratado pelos outros dois sujeitos, tendo resultado positivo na demanda judicial.

O evicto, adquirente de boa-fé, tem direito de pleitear com o alienante, além da restituição integral de tudo o que tenha pago, indenização pelos prejuízos que tenha sofrido.

Deixamos claro que, se o adquirente já sabia que a coisa era alheia ou litigiosa, perde o direito da evicção.

4.4.9 Extinção dos contratos

Os contratos iniciam-se por consentimento mútuo, baseados em princípios próprios que asseguram sua execução, e extinguem-se de uma ou outra forma, entre aquelas previstas na legislação. Quando se inicia um contrato, os sujeitos esperam que ele seja extinto justamente pela sua **execução**; mas, às vezes, mesmo sem ter alcançado a finalidade que se esperava, o contrato chega a seu fim. Isso ocorre nos casos que analisamos a seguir, elencados pelo CC nos arts. 474 e seguintes:

a. **Distrato** – É uma das formas de extinção do contrato pela qual, por mútuo consentimento, as partes colocam fim ao acordo anteriormente firmado. Dependendo dos casos previstos em lei, ou mesmo se já estiver estipulada no contrato, existe a possibilidade de essa extinção ocorrer unilateralmente, a pedido de apenas uma das partes.

b. **Cláusula resolutiva** – É a extinção do contrato pelo seu não cumprimento ou de alguma de suas cláusulas por uma das partes. Existindo, no contrato, cláusula resolutiva expressa, a extinção se opera de pleno direito; caso contrário, dependerá de interpelação judicial. A parte que se sentir lesada pelo descumprimento das obrigações da outra pode optar por pedir a extinção do contrato ou exigir seu cumprimento, sendo que, em ambas as situações, cabe indenização por perdas e danos.

c. **Exceção de contrato não cumprido** – Os **contratos bilaterais**, também chamados de **sinalagmáticos**, são aqueles em que uma obrigação é causa da outra. Melhor explicando, para que uma parte possa cumprir sua obrigação, necessita que a outra parte tenha cumprido com a sua. Assim, nenhum dos contratantes pode exigir o cumprimento da obrigação do outro antes de ter adimplido a sua.

d. **Resolução por onerosidade excessiva (teoria da imprevisão)** – O contrato de cumprimento a prazo ou prestações sucessivas, cuja execução seja continuada ou diferida, poderá ser rescindido judicialmente se a obrigação de uma das partes se tornar excessivamente onerosa em decorrência de fatos extraordinários e imprevisíveis, com extraordinária vantagem para a outra. A resolução poderá ser evitada se houver consenso, concordando a parte que estiver tendo maiores vantagens em novamente equilibrar as condições do contrato.

Síntese

Neste capítulo, tratamos do direito civil, com base na análise de alguns institutos trazidos pela Lei 10.406/2002, o novo Código Civil.

Abordamos, inicialmente, o conceito de *direito civil* e, em seguida, o de *pessoas naturais*, analisando a capacidade civil e as situações de incapacidade absoluta e relativa.

Na sequência, tratamos sobre as pessoas jurídicas, trazendo a classificação constante no Código Civil e explicando cada uma delas.

Abordamos também o domicílio das pessoas físicas e jurídicas, bem como da forma como se adquire a personalidade jurídica.

Ao final, examinamos o direito das obrigações, procurando evidenciar os direitos e os deveres das partes, especialmente com o estudo dos contratos.

Questões para revisão

1) São consideradas pessoas jurídicas de direito privado pelo Código Civil:
   a. a União e os municípios.
   b. as sociedades e os partidos políticos.
   c. os estados e as instituições religiosas.
   d. as associações e as fundações públicas.
   e. o empresário individual e o Distrito Federal.

2) Com relação à capacidade civil, o Código Civil entende que, em determinadas situações ou condições, as pessoas podem se encontrar em situação de incapacidade absoluta ou relativa. Estão entre os considerados incapazes absolutos:
   a. os prodígios.
   b. os menores de 16 anos.
   c. os ébrios habituais.
   d. os viciados em tóxicos.
   e. os pródigos.

3) Entre as causas de extinção das obrigações, podemos citar:
   a. o inadimplemento.
   b. a cláusula penal.
   c. o pagamento.
   d. a assunção de dívida.
   e. a cessão de direitos.

4) O que se entende por *vício redibitório*?

5) Como se define *contrato*?

Questões para reflexão

1) As pessoas naturais, desde seu nascimento, já têm capacidade civil?
2) Todos os contratos necessitam de forma preestabelecida?

Para saber mais

Para que você possa aprofundar o estudo sobre os temas examinados neste capítulo, sugerimos a leitura das obras listadas a seguir.

BORGES, A. da C. **Lições preliminares de direito civil**: parte geral – obrigações – contratos – atos unilaterais. Goiânia: AB Editora, 2013.

DINIZ, M. H. **Curso de direito civil brasileiro**: teoria das obrigações contratuais e extracontratuais. 34. ed. São Paulo: Saraiva, 2018. v. 3.

RIZZARDO, A. **Contratos**. 20. ed. Rio de Janeiro: Forense, 2022.

Consultando a legislação

Se desejar aprofundar seus conhecimentos sobre os assuntos abordados neste capítulo, consulte:

BRASIL. Constituição (1988). **Diário Oficial da União**, Poder Legislativo, Brasília, DF, 5 out. 1988. Disponível em: <http://www.planalto.gov.br/ccivil_03/constituicao/constituicao.htm>. Acesso em: 10 ago. 2022.

BRASIL. Lei n. 6.001, de 19 de dezembro de 1973. **Diário Oficial da União**, Poder Legislativo, Brasília, DF, 21 dez. 1973. Disponível em: <http://www.planalto.gov.br/ccivil_03/leis/l6001.htm>. Acesso em: 10 ago. 2022.

BRASIL. Lei n. 10.406, de 10 de janeiro de 2002. **Diário Oficial da União**, Poder Executivo, Brasília, DF, 11 jan. 2002. Disponível em: <http://www.planalto.gov.br/ccivil_03/leis/2002/l10406.htm>. Acesso em: 10 ago. 2022.

V

Conteúdos do capítulo:

» Princípios da atividade econômica.
» Conceito e características de empresário, empresa e estabelecimento comercial.
» Sociedades empresárias.

Após o estudo deste capítulo, você será capaz de:

1. reconhecer os mais importantes princípios constitucionais que balizam a atividade econômica no Brasil;
2. identificar as pessoas que são caracterizadas pela legislação como empresários e suas características;
3. compreender a empresa como atividade econômica organizada, com suas peculiaridades;
4. compreender a constituição do estabelecimento empresarial, por meio do estudo do conjunto de bens que o compõem;
5. entender as características das principais espécies de sociedades empresariais que podem ser constituídas de acordo com a legislação existente.

Direito empresarial

5.1 Introdução

A Lei n. 10.406, de 10 de janeiro de 2002 – Código Civil (CC) brasileiro –, em vigor desde janeiro de 2003, provocou grandes mudanças no direito empresarial, trazendo novas regulamentações para as sociedades de maneira geral (Brasil, 2002a).

Revogou de imediato a primeira parte da Lei n. 556, de 25 de junho de 1850, o antigo Código Comercial (Brasil, 1850), que até então adotava a **teoria dos atos do comércio**. Com uma nova mentalidade, trouxe a **teoria da empresa**, entendida por muitos como um verdadeiro avanço, em consonância com o texto constitucional em vigor.

A **empresa**, que era entendida como uma organização explorada pela pessoa física ou jurídica com o objetivo de lucro, passou a ser considerada uma **atividade** praticada no sentido de **produzir, gerar** ou **fazer circular riquezas**.

Além disso, o **empresário** – ou seja, todo aquele que tem como profissão a empresa produtora, prestadora de serviços, comercial ou agropecuária – passou a ter papel fundamental na alavancagem da atividade econômica, com respaldo constitucional.

Assim, o pensamento acerca da empresa e do empresário tem mudado, bem como o enfoque dado a eles no ramo do direito, que vem gradativamente adquirindo outra nomenclatura. No entanto, as características do direito empresarial são milenares e continuam as mesmas, transpondo épocas e adaptando-se a cada momento histórico.

5.2 Princípios constitucionais da atividade econômica

A Constituição Federal (CF) de 1988 determina, em seu art. 170, que a ordem econômica está repousada na valorização do trabalho humano e na livre-iniciativa, com o objetivo de assegurar a todos existência digna, de acordo com o que reza a justiça social (Brasil, 1988). Para que isso seja possível, estabelece alguns princípios, dos quais trataremos a seguir.

5.2.1 Princípio da propriedade privada

Pelo princípio da propriedade privada, entendemos que a pessoa que detém a propriedade, seja quem for, mas especialmente o **empresário**, poderá, dentro dos limites legais, utilizá-la da maneira que lhe aprouver, principalmente para a exploração de sua atividade econômica, sem qualquer interferência ou ingerência do Estado.

Aliás, o direito de utilização da propriedade privada é também garantia constitucional estampada genericamente no art. 5º, inciso XXII, e de forma especial no art. 170 da Constituição de 1988, o qual determina os princípios gerais da atividade econômica.

5.2.2 Princípio da função social da propriedade

Embora possamos vislumbrar o princípio da propriedade privada de forma geral já no inciso XXIII do art. 5º da CF de 1988, somente no art. 170 do texto constitucional é abordada a função social dessa propriedade de modo mais específico, e particularmente no que diz respeito à atividade econômica. De certa forma, o princípio da função social cria uma barreira à aplicação do princípio da propriedade, na medida em que o Poder Público pode intervir na propriedade se ela deixar de cumprir com sua função social.

Entendemos **função social** como a obrigação que a propriedade tem, ao mesmo tempo, de gerar lucro ao empresário e de ser utilizada para garantir o trabalho e dar ao Estado a sua parte, caracterizada pelos tributos devidos, capazes de promover o desenvolvimento econômico do país.

5.2.3 Princípio da livre concorrência

Aqueles que quiserem desenvolver a atividade econômica têm a garantia, pela CF de 1988, de que não sofrerão qualquer interferência ou ingerência do Estado, podendo praticar livremente a atividade escolhida, inclusive concorrendo entre si, desde que dentro dos parâmetros legais.

Assim, o Poder Público não pode criar óbices à exploração de qualquer atividade econômica, senão por motivos justos e legais. Não obstante, deve, sempre que possível, promover incentivos, acima de tudo fiscais, para que os vários segmentos da economia possam se desenvolver, fomentando, dessa forma, a livre concorrência, sadia e justa.

5.2.4 Princípio da defesa do consumidor

Desde a CF de 1988, passando pela Lei n. 8.078, de 11 de setembro de 1990 – Código de Defesa do Consumidor (CDC) –, a defesa do consumidor adquiriu uma importância primordial, pois foram garantidas, a partir de então, inúmeras proteções à parte mais frágil da relação de consumo – o próprio consumidor – em detrimento da parte mais forte – o fornecedor (Brasil, 1990a).

Por esse princípio, entendemos que o empresário, ao explorar sua atividade econômica, deve fazê-lo no sentido principalmente de deixar as tratativas com seu consumidor as mais claras possíveis, fazendo com que as regras da relação possam ser entendidas de imediato, para que este não sofra qualquer dano ou prejuízo.

É claro que o Poder Público também tem sua responsabilidade nesse processo, ao criar diplomas legais suficientes para que essas proteções e garantias tenham eficácia e, ao mesmo tempo, proferir decisões judiciais no sentido de coibir as práticas contrárias.

5.2.5 Princípio da defesa do meio ambiente

Sabemos que se considera, nos dias de hoje, o meio ambiente como o grande bem da humanidade, e isso já é suficiente para que todos devam protegê-lo.

Quando, entretanto, a CF de 1988, em seu art. 170, inciso VI, traz particularmente para a ordem econômica a obrigação da defesa do meio ambiente, é para que esta seja entendida sob dois aspectos, dependendo do impacto que o agente econômico venha a causar ao meio ambiente. Sob um primeiro aspecto, o Estado deve incentivar aqueles que se preocupam com o meio ambiente e o protegem e, sob um segundo aspecto, deve determinar sanções àqueles que o degradam.

5.2.6 Princípio da redução das desigualdades regionais e sociais

O dever maior de reduzir as desigualdades sociais e regionais é do Poder Público, mas sabemos igualmente que o Estado não se basta e deve buscar ajuda na sociedade sempre que necessário.

Por esse princípio, portanto, entendemos que o agente econômico, ao desenvolver sua atividade, também deve ser solidário e zelar pela redução das desigualdades, sempre conforme os ditames legais editados pelo Poder Público, que estabelecerá as regiões ou áreas que merecem um olhar mais atento nesse sentido.

5.2.7 Princípio da busca do pleno emprego

Os empresários visam ao lucro –, e tanto maior será seu lucro quanto menor for o custo – essa é a regra básica da economia.

Contudo, ao mesmo tempo que visa ao lucro, o agente econômico deve estar preocupado em aproveitar ao máximo o capital investido, a mão de obra colocada em sua atividade, a tecnologia e os insumos que possam contribuir para a sua produção.

Assim, pelo princípio da busca do pleno emprego, deve o agente econômico racionalizar a utilização de seu capital, de modo a evitar o esbanjamento ou a perda de insumos, procurando sempre a utilização de novas tecnologias próprias para o aumento de sua produtividade, investindo na capacitação dos recursos humanos que tenha ou venha a ter ao seu dispor e fazendo com que a antiga, mas sempre presente, dicotomia entre o capital e o trabalho possa ser aprimorada cada vez mais.

5.2.8 Princípio do tratamento favorecido para empresas que cumpram certos requisitos

O inciso IX do art. 170 da CF de 1988, que também tratamos como princípio, nada mais é do que o amparo legal para a criação do Estatuto Nacional da Microempresa e da Empresa de Pequeno Porte – Lei Complementar (LC) n. 123, de 14 de dezembro de 2006 (Brasil, 2006) –, que prevê como benefício um tratamento favorecido às microempresas e às empresas de pequeno porte, desde que atendam a determinados parâmetros, entre eles o de que sejam criadas de acordo com a legislação pátria e mantenham sua sede e administração no Brasil.

5.2.9 Princípio da liberdade de exercício de atividade econômica

No *caput* do art. 170, a CF de 1988 assegura que a ordem econômica está fundada na livre-iniciativa, determinando, assim, outro viés da liberdade, desta feita o de conceder a quem assim o queira o direito de livremente explorar a atividade econômica escolhida.

É bem verdade que nenhuma liberdade é absoluta, pois todas estão alicerçadas em direitos e deveres. Isso também ocorre com a liberdade voltada à exploração da atividade econômica, que deve estar atrelada à legislação vigente, embora não necessite, de maneira geral, de autorizações especiais, salvo os casos expressamente previstos em lei.

5.3 Empresa e empresário

O CC não traz a conceituação de *empresa*, que é determinada pela doutrina por meio do conceito de *empresário*, este bem definido pelo *Codex* Civil.

Em seu art. 966, a Lei n. 10.406/2002 assim define *empresário*: "quem exerce profissionalmente atividade econômica organizada para a produção ou a circulação de bens ou de serviços" (Brasil, 2002a).

Corrobora esse entendimento Fabio Ulhoa Coelho (2021, p. 79), ao conceituar *empresário* como "a pessoa que toma a iniciativa de organizar uma atividade econômica de produção ou circulação de bens e serviços. Essa pessoa pode ser tanto a física, que emprega seu dinheiro e organiza a empresa individualmente, como a jurídica, nascida da união de esforço de seus interesses".

Dessa definição a doutrina extraiu o conceito de **empresa**, que é entendida como **atividade econômica organizada**.

Ao mesmo tempo que tratou de definir quem é o empresário, o CC também estabeleceu, no parágrafo único do mesmo art. 966, que "não se considera empresário quem exerce profissão intelectual, de natureza científica, literária ou artística, ainda com o concurso de auxiliares ou colaboradores, salvo se o exercício da profissão constituir elemento de empresa" (Brasil, 2002a).

Assim, entendemos que **empresário** é a pessoa, física ou jurídica, que desempenha a **atividade empresarial**, entendida como atividade econômica organizada para produzir ou fazer circular bens ou serviços, com o objetivo de obter lucro.

Como indicamos anteriormente, rompe-se o entendimento anterior de que a empresa é a organização ou o local onde o empresário desenvolve sua atividade. A empresa torna-se, por conseguinte, **a própria atividade**, organizada economicamente de modo que o empresário possa desenvolvê-la.

5.3.1 Espécies de empresas

Mesmo tendo natureza abstrata, as empresas são classificadas segundo alguns fatores:

a. **Pela atividade desenvolvida**:
   » **Comerciais** – São aquelas utilizadas pelo empresário quando pratica os atos de troca, pois adquire certa mercadoria com o objetivo de revendê-la, para assim obter determinado lucro.
   » **Industriais** – Nas empresas industriais, o empresário também pratica os atos de troca, pois compra para depois revender; mas, antes, adiciona certa qualidade ao produto adquirido – chamado de *matéria-prima* –, transformando-o em seu produto final, pronto para a venda.

- » **Prestadoras de serviços** – Nesse tipo de empresa, o prestador de serviços, qualificado como *empresário* pelo CC, não faz surgir um produto concreto de sua atividade nem mesmo transforma um produto em outro, mas aplica sua mão de obra, fazendo-a significativamente econômica.
- » **Agropecuárias** – Nessas empresas, o empresário exerce uma atividade que está ligada à agricultura e/ou à pecuária, pois se utiliza da terra, retirando dela os bens que serão destinados ao consumo.

b. **Pela qualidade dos sócios:**
- » **Empresa pública** – É criada por lei, diretamente pelo Poder Público, para a exploração de atividade econômica, com patrimônio exclusivamente público. Sua administração também é realizada pelo Estado.
- » **Empresa privada** – É criada por particulares, que constituem seu patrimônio, administrando-a da maneira que bem entenderem.
- » **Sociedade de economia mista** – Da mesma forma que ocorre com a empresa pública, a sociedade de economia mista é criada por lei, mas seu patrimônio é composto com aportes de bens do Estado e de particulares. De qualquer modo, o Poder Público será sempre o sócio majoritário ou pelo menos terá o maior número do capital votante, sendo que a empresa será também administrada por órgão público.

c. **Pela personalidade jurídica do empresário:**
- » **Personificada ou regular** – É a empresa que tem seus atos constitutivos devidamente registrados e arquivados na Junta Comercial.
- » **Não personificada ou de fato** – É o tipo de empresa que não tem atos constitutivos ou não os registrou na

Junta Comercial; dessa forma, somente existe de fato, não de direito.

O CC obriga, em seu art. 967, a inscrição do empresário no órgão competente, especialmente para que ele adquira a qualidade de empresário regular, mas, ao mesmo tempo, não determina sanção direta pela falta de registro, assim como não veda a atividade empresarial na falta de arquivamento de ato constitutivo na Junta Comercial; pelo contrário, considera também como empresários aqueles não personificados.

Para adquirir personalidade jurídica, de acordo com o art. 968 do CC, o empresário individual ou sociedade empresária deve fazer sua inscrição na Junta Comercial, por meio de requerimento que contenha:

> Art. 968. [...]
> I – nome, nacionalidade, domicílio, estado civil e, se casado, o regime de bens;
> II – a firma, com a respectiva assinatura autógrafa que poderá ser substituída pela assinatura autenticada com certificação digital ou meio equivalente que comprove a sua autenticidade, ressalvado o disposto no inciso I do § 1º do art. 4º da Lei Complementar n. 123, de 14 de dezembro de 2006;
> III – o capital;
> IV – o objeto e a sede da empresa. [...] (Brasil, 2002a)

d. **Pelo número de empresários**:
  » **Individual** – É organizada e explorada por uma única pessoa, a qual pode, por sua conta e risco, constituir-se como

empresário individual ou como empresa individual de responsabilidade limitada (Eireli).

» **Coletiva** – É a sociedade empresária, constituída e organizada por mais de uma pessoa física e/ou jurídica.

As categorias de empresa elencadas são as espécies que podem ser criadas de acordo com a previsão legal constante no CC.

5.4 Capacidade civil e empresarial

De acordo com o CC, em seu art. 972, podem exercer a atividade empresarial todos os que estiverem em pleno gozo da capacidade civil e não forem legalmente impedidos.

Ainda consoante determinação do CC, em seu art. 1º, todas as pessoas, desde o nascimento até a sua morte, têm capacidade para serem titulares de direitos e obrigações na ordem civil, o que não significa, contudo, que possam exercer pessoalmente tais direitos, ou seja, a titularidade de direitos é diferente da capacidade para exercê-los pessoalmente.

Em determinados casos, a lei limita o exercício pessoal de direitos, a depender da idade, da saúde ou do estado mental de certas pessoas, sempre no intuito de protegê-las. Assim, elas são classificadas como **absolutamente** ou **relativamente incapazes**, conforme os arts. 3º e 4º do CC.

Ainda com relação à proteção do patrimônio das pessoas, o CC, em seu art. 977, faculta aos cônjuges contratar sociedade, entre si ou com terceiros, desde que não tenham casado no regime de comunhão universal de bens ou no de separação obrigatória, justamente para que a sociedade não venha a comprometer os bens da família.

5.5 Registro público do empresário

A Lei n. 8.934, de 18 de novembro de 1994 (Brasil, 1994b), dispõe sobre o registro público das empresas mercantis e o Decreto n. 1.800, de 30 de janeiro de 1996, a regulamenta (Brasil, 1996a).

Tais diplomas legais informam que o serviço de registro público das empresas mercantis será exercido pelo Sistema Nacional de Registro de Empresas Mercantis (Sinrem), composto pelo Departamento de Registro Empresarial e Integração (Drei) e pelas Juntas Comerciais.

O Drei tem função supletiva no campo administrativo, mas exerce, no campo técnico, função normativa, de supervisão, orientação e coordenação, com competência nacional.

Por seu turno, as Juntas Comerciais têm sede nas capitais dos estados e jurisdição estadual, sendo subordinadas administrativamente a cada estado-membro onde se localizem e, tecnicamente, ao Drei. Com isso, há uma em cada unidade federativa, com as funções de executar os serviços de registro, como a matrícula e seu cancelamento, arquivar os atos constitutivos e autenticar documentos de empresários e profissionais sujeitos à matrícula, como leiloeiros e trapicheiros.

O registro e o arquivamento do ato constitutivo, ou seja, do **requerimento de empresário** (para o empresário individual) ou do **contrato social ou estatuto** (para a sociedade empresária), conferem aos solicitantes a **personalidade jurídica**, sendo-lhes fornecido no ato, pela Junta Comercial, o Número de Identificação de Registro de Empresa (Nire).

Com relação ao Nire, a Lei n. 13.874, de 20 de setembro de 2019 (Brasil, 2019) revogou o parágrafo único da Lei n. 8.934/1994, ou seja, não existe mais a obrigatoriedade desse número para os registros do empresário.

5.6 Obrigações do empresário

Todas as pessoas, físicas e jurídicas, empresárias ou não, têm responsabilidades comuns, que são a defesa do meio ambiente, o pagamento de seus tributos, a defesa da parte mais frágil em qualquer relação em que estejam presentes. Porém, de forma particular, o art. 1.179 do CC obriga o empresário:

a. "a seguir um sistema de contabilidade, mecanizado ou não, com base na escrituração uniforme de seus livros, em correspondência com a documentação respectiva" (Brasil, 2002a);
b. "a levantar anualmente o balanço patrimonial e o de resultado econômico" (Brasil, 2002);
c. a manter o livro diário, tendo-o como indispensável.

Salientamos que outros livros ou documentos, dependendo de cada caso, podem ser exigidos pela lei ao empresário.

5.7 Nome empresarial e nome fantasia

Nome empresarial é o nome adotado pelo empresário, sendo ele individual ou sociedade empresária, com o qual vai exercer a empresa, ou seja, vai realizar sua atividade organizada, assumindo suas obrigações e exigindo seus direitos.

No entender de Coelho (2022, p. 74), "o empresário, seja pessoa física ou jurídica, tem um nome empresarial, que é aquele com se apresenta nas relações de fundo econômico".

Segundo o CC, em seus arts. 1.155 e seguintes, o empresário individual pode adotar como nome empresarial a **firma individual**, ao passo que as sociedades empresárias podem adotar, a **firma** social e a **denominação social** (ou simplesmente a firma ou a denominação).

A **firma individual** é a composta pelo nome civil do empresário, podendo este ainda adicionar expressões que o distingam de outros empresários (por exemplo, Geraldo Alcantara, Geraldo Alcantara-Confecções, Geraldo Alcantara-Bebidas).

O **microempresário** ou **empresário de pequeno porte**, se individual, deve acrescentar ao seu nome civil, por força da lei, a sigla *ME* ou *EPP*, ou ainda a expressão *microempresário* ou *empresário de pequeno porte* (por exemplo, Geraldo Alcantara-Confecções-ME, Geraldo Alcantara-Bebidas-EPP).

A **firma social** é a espécie de nome empresarial que deve ser composta, obrigatoriamente, pelo nome de, pelo menos, um sócio, mas pode conter o nome de alguns ou de todos os sócios, a critério da sociedade, devendo ainda ser acompanhada da expressão *e companhia* ou sua abreviação. Nessa espécie de empresa, a responsabilidade dos sócios é ilimitada, respondendo eles com seu patrimônio pessoal pelos débitos da sociedade (por exemplo, Alcantara & Veneral & Cia. Ltda.).

Com a escolha da espécie **denominação social** como nome empresarial, o empresário pode utilizar qualquer expressão, mas normalmente esta é relacionada à atividade explorada, acompanhada de expressões que identificam o tipo de sociedade, como *S.A.*, *sociedade anônima*, *Ltda.* ou *limitada*. Seu uso é de caráter obrigatório para as sociedades anônimas e facultativo para as demais sociedades empresárias (por exemplo, Lojas Veneral Ltda., Casas Alcantara S.A.).

O empresário pode, se assim desejar, dar um nome ao estabelecimento comercial que seja distinto do nome empresarial. O primeiro será, então, conhecido como seu **nome fantasia**. Para criá-lo, pode ser usada a expressão que o empresário queira, de acordo com seu interesse, para que possa mais facilmente ser identificado pelo público. Mesmo não sendo disciplinado por lei, o nome fantasia pode ser arquivado na Junta Comercial, de forma a proibir seu uso indevido por terceiros (por exemplo, Bar do Juca, Panificadora Doce Mel).

5.8 Estabelecimento comercial

O art. 1.142 do CC define *estabelecimento* como todo conjunto de bens organizados, para o exercício da empresa, por empresário ou sociedade empresária. É também chamado de **fundo de comércio**.

Destacamos, a seguir, os parágrafos desse artigo para que seu entendimento posso ser mais claro.

> § 1º O estabelecimento não se confunde com o local onde se exerce a atividade empresarial, que poderá ser físico ou virtual. (Incluído pela Lei nº 14.382, de 2022)
> § 2º Quando o local onde se exerce a atividade empresarial for virtual, o endereço informado para fins de registro poderá ser, conforme o caso, o endereço do empresário individual ou o de um dos sócios da sociedade empresária. (Incluído pela Lei nº 14.382, de 2022)
> § 3º Quando o local onde se exerce a atividade empresarial for físico, a fixação do horário de funcionamento competirá ao Município, observada a regra geral prevista no inciso II do caput do art. 3º da Lei nº 13.874, de 20 de setembro de 2019. (Incluído pela Lei nº 14.382, de 2022). (Brasil, 2002a, art. 1.142)

Coelho (2022, p. 58) afirma que o estabelecimento comercial é o complexo de bens reunidos pelo empresário para o desenvolvimento de sua atividade econômica. Se é assim, o estabelecimento pode, portanto, ser constituído por **bens tangíveis** e **intangíveis**, organizados da melhor forma para que o exercício da empresa se realize dentro de suas expectativas.

Os bens tangíveis, ou **bens corpóreos**, são aqueles palpáveis, que ocupam espaço no mundo exterior, como o maquinário, o estoque, as mesas e as cadeiras. Por outro lado, os bens intangíveis, ou **incorpóreos**, por não serem palpáveis, são os direitos adquiridos por meio da exploração da atividade empresarial, como o ponto comercial, o crédito, o aviamento e a propriedade industrial.

O **empresário individual** possui como fundo de comércio o conjunto de bens que, embora sejam utilizados no desempenho de sua atividade, integram seu patrimônio privado, confundindo-se com os bens particulares. Segundo nosso ordenamento jurídico, não há uma separação, como ocorre com o patrimônio da sociedade comercial, a qual tem personalidade jurídica distinta da personalidade dos sócios (CC, arts. 966 e seguintes).

Conforme os arts. 1.155 e seguintes do CC, o estabelecimento comercial pode ser vendido (trespasse), alienado, arrendado ou locado. Porém, a alienação realizada em conjunto ou em separado está sujeita, quando o comerciante tem dívidas, ao pagamento dos credores, ou à anuência expressa destes, ou à reserva de bens suficientes para pagamento das dívidas, ou à prévia notificação dos credores sobre a venda e inexistência de oposição destes, em 30 (trinta) dias; caso contrário, a venda configura ato de falência, previsto na Lei n. 11.101, de 9 de fevereiro de 2005 (Brasil, 2005a), e nos arts. 1.145 a 1.149 do CC.

5.8.1 Bens incorpóreos

Entendemos que aqui cabe um estudo particular dos bens incorpóreos do estabelecimento, pois, por mais que eles não ocupem espaço físico, sendo tão somente direitos adquiridos no exercício da atividade, às vezes representam o maior percentual do patrimônio do empresário.

■ Ponto comercial

É o **local**, propriamente, onde o empresário desempenha sua atividade. Contudo, não é em qualquer situação que o empresário pode adquirir o direito ao ponto comercial, pois, para adquiri-lo, devem estar presentes os requisitos previstos no art. 51 da Lei n. 8.245, de 18 de outubro de 1991 (Brasil, 1991b), a saber:

» que o empresário tenha firmado um contrato de locação por cinco anos ou vários contratos ininterruptos que somem cinco anos, sempre por prazo determinado;

» que tenha explorado o mesmo ramo de atividade, com fins lucrativos, nos últimos três anos, ininterruptamente;

» que o locatário comprove sua condição de empresário, legalmente constituído;

» que promova a ação judicial para renovação da locação, no prazo de um ano a seis meses antes do término do contrato.

Explicando melhor, somente o empresário devidamente registrado na Junta Comercial, ou seja, o empresário regular, pode ter direito ao ponto comercial. Mas não basta somente sua regularidade, pois tal direito advém de um contrato de locação firmado por prazo determinado de cinco anos. Sendo inferior a isso, o prazo deve ter sido renovado de maneira ininterrupta, sem que haja qualquer intervalo, e todas as renovações devem somar cinco anos. Ainda, é necessário que o empresário tenha explorado a mesma atividade nos últimos três anos do contrato e que promova uma ação judicial para a sua renovação no prazo de um ano a seis meses antes de seu término, se o locador não concordar em renová-lo.

O empresário deve estar atento, pois, se faltar qualquer um desses requisitos, perderá o direito ao ponto comercial.

■ Créditos

O empresário pode vender seu produto e/ou serviço da maneira que lhe aprouver, à vista ou a prazo. Quando vende a prazo, concede ao seu cliente um **crédito**, confiando que este irá pagá-lo da forma ajustada entre ambos, e adquire, por sua vez, o **direito a um crédito**.

O direito ao crédito normalmente é representado por títulos – tais como a **duplicata**, a **nota promissória** e o **cheque** – que serão utilizados pelo empresário conforme sua necessidade, podendo este mantê-los em carteira ou cedê-los para terceiros por endosso, para que tenha capital de imediato.

■ Aviamento

Aviamento é tudo aquilo que o empresário realiza para atingir seu maior objetivo – o lucro – e que está relacionado à sua clientela, incluindo a simpatia e a forma do atendimento. Basicamente, é o comportamento do empresário em relação aos seus clientes. Inclui a lisura no relacionamento, o produto oferecido, bem como a própria clientela, pois, em determinadas atividades, o que se vende é a relação de clientes. Por exemplo: um restaurante foi vendido e o novo proprietário não vai alterar nada, nem o nome fantasia, nem o local, nem o mobiliário, somente o tipo de alimentação oferecido. Nesse caso, ele não comprou também a relação de clientes?

■ Propriedade industrial

A propriedade industrial é também um bem incorpóreo do estabelecimento empresarial, desta feita produzido pelo intelecto de determinadas pessoas, para que seja aplicado na indústria. Ele pode ter uma proteção distinta da observada para os outros bens do estabelecimento empresarial, respaldada em lei.

A Lei n. 9.279, de 14 de maio de 1996 – Código de Propriedade Industrial (CPI) –, regula a propriedade industrial, determinando os direitos e os deveres aos envolvidos (Brasil, 1996b).

O mesmo diploma legal lista como propriedade industrial a **invenção**, o **modelo de utilidade**, o **desenho industrial** e a **marca**, cada qual com suas particularidades, conferindo também ao seu criador e/ou detentor direitos e proteções.

O Instituto Nacional da Propriedade Industrial (Inpi) é o órgão federal encarregado de atribuir tais proteções e conceder tais direitos. Por meio de um rigoroso processo, esse órgão pode conceder patente aos autores de invenção e modelo de utilidade, bem como certificado de registro aos autores de desenho industrial e marca.

Segundo o art. 8º do CPI, os requisitos para concessão dessas proteções são, genericamente:

» **Novidade** – A propriedade industrial deve estar fora do **estado da técnica** no momento do pedido de proteção, ou seja, o público não pode ter tido acesso anterior a ela, deve desconhecê-la.

» **Atividade inventiva** – Trata-se da **originalidade**, pois o produto não pode ser um simples desdobramento daquilo que já existe e que já é de domínio público.

» **Aplicação industrial** – É tudo aquilo que pode ser utilizado pela indústria ou ser produzido em escala industrial.

Sem que estejam presentes tais requisitos, não é possível atribuir à propriedade industrial a proteção prevista no CPI.

■ Extinção da proteção da propriedade industrial

As proteções trazidas pela Lei n. 9.279/1996 ocorrem no sentido de atribuir ao titular a utilização de seu produto com exclusividade e durante determinado tempo. Expirado esse prazo, o produto permanecerá em **domínio público**, podendo ser explorado por quem desejar.

Desde que atendidas todas as determinações legais, para a invenção, o prazo de proteção é de 20 anos e, para o modelo de utilidade, de 15 anos. Nesses casos, tais proteções não podem ser renovadas e são denominadas **patentes**. Para o desenho industrial e para as marcas, que são passíveis de **registro**, o prazo é de 10 anos, podendo ser renovado sob as regras peculiares de cada caso, estipuladas pelo CPI.

Alertamos que, por outros motivos, as proteções à propriedade industrial também podem se extinguir, como a caducidade, a falta de pagamento da retribuição legal e a renúncia.

5.9 Sociedades

Conforme a definição do art. 981 do CC, as sociedades são constituídas por pessoas (físicas ou jurídicas) que reciprocamente se obrigam a contribuir com bens ou serviços para o exercício de atividade econômica e a partilhar entre si os resultados. Essas pessoas são reconhecidas como sujeitos de direitos e obrigações pelo ordenamento jurídico brasileiro.

A **sociedade empresária**, especificamente, é aquela que "se constitui por um contrato firmado por duas ou mais pessoas físicas ou jurídicas, que conjugam bens e serviços para o exercício da atividade econômica, com finalidade lucrativa" (Almeida, 2018, p. 31).

A Lei n. 10.406/2002, o novo CC, adota a **teoria da empresa**, ao mesmo tempo que amplia a abrangência do direito comercial, fazendo com que seu estudo não se restrinja somente às sociedades empresarias, ou seja, àquelas que exercem atividade própria de empresário, mas também abarque as **sociedades não empresárias**, conhecidas como **sociedades simples**.

A característica mais importante e que motiva a criação e a existência de uma sociedade é o **comportamento dos sócios**, os quais agem com o intuito de conjugar esforços para que, juntos, possam atingir seu objetivo e o fim social previsto, dispondo-se a enfrentar riscos que possam advir, bem como a assumir os resultados do desempenho da atividade, sendo eles positivos ou negativos. Tal característica é tratada pela doutrina como *affectio societatis*, entendida como a vontade de constituir ou de se viver em sociedade.

A **sociedade** é, assim, conforme o art. 44 do CC, uma espécie de **pessoa jurídica de direito privado**, ao lado das associações, das fundações, das organizações religiosas e dos partidos políticos.

5.9.1 Classificação

As sociedades, conforme o CC, são divididas em:

» não personificadas;
» personificadas.

Entre as **não personificadas** estão as sociedades:

» em comum;
» em conta de participação.

Entre as **personificadas** estão as sociedades:

» simples;
» empresárias.

Por fim, entre as **empresárias** estão as sociedades:

» limitadas;
» anônimas;

- » em nome coletivo;
- » em comandita simples;
- » em comandita por ações.

Algumas dessas espécies são mais utilizadas do que outras, razão pela qual analisaremos somente as sociedades simples, as sociedades anônimas e as sociedades limitadas.

■ Sociedades limitadas

A sociedade limitada é composta por apenas uma categoria de sócios, denominados *quotistas*.

O **capital social** desse tipo de sociedade é constituído somando-se os valores das **quotas sociais**, ou seja, é formado pelo aporte que cada sócio faz, retirando-o de seu patrimônio pessoal para integrar o patrimônio social. Esse aporte pode ser feito em dinheiro ou em bens, conferindo-se, assim, direitos e deveres a cada um dos sócios, especialmente o direito/dever de participar do resultado da sociedade, sendo este positivo ou negativo.

Uma das características mais marcantes desse tipo de sociedade é a **limitação da responsabilidade** de cada um dos sócios ao que nela tenha de quotas. Mesmo assim, todos eles respondem **solidariamente** pela integralização do capital social; por isso, ela é também chamada de **sociedade por quotas de responsabilidade limitada**.

A integralização de cada parte subscrita pelo sócio pode ocorrer de uma só vez e de imediato, bem como pode ser feita em parcelas, desde que isso seja aceito pela sociedade. Por ser solidária a responsabilidade dos sócios quanto à integralização do capital social, nos casos em que um deles deixe de adimplir essa obrigação, a sociedade poderá tomar medidas em relação a ele (denominado *sócio remisso*), como tomar para si ou transferir a terceiros a parte não integralizada do sócio, excluindo-o da sociedade e restituindo-lhe aquilo que tiver pago.

De acordo com o art. 1.057 do CC, o sócio pode deixar a sociedade, cedendo ou vendendo suas quotas a quem queira, sócio ou não, mesmo sem a anuência dos demais. Quando o contrato social é omisso quanto a essa possibilidade ou não dispõe o contrário, a cessão ou a venda pode não acontecer, no caso de os titulares de mais de um quarto do capital social se oporem formalmente.

A Lei n. 13.874/2019 inovou, ao inserir no art. 1.052 do Código Civil, dois parágrafos que dão a possibilidade de a sociedade limitada também ser constituída por somente uma pessoa:

> § 1º A sociedade limitada pode ser constituída por 1 (uma) ou mais pessoas.
> § 2º Se for unipessoal, aplicar-se-ão ao documento de constituição do sócio único, no que couber, as disposições sobre o contrato social. (Brasil, 2019, art. 1.052)

■ Administração

Os arts. 1.060 e seguintes do CC determinam que a administração da sociedade limitada pode ser realizada por mais de uma pessoa, sócios ou terceiros, não necessariamente designadas no contrato social, podendo ocorrer por ato separado. O terceiro que for nomeado administrador somente poderá ser investido como tal após a lavratura do termo de posse no livro de atas da administração.

O contrato social pode estipular que todos os sócios exercerão a administração da sociedade, mas, no caso da entrada de um novo sócio, essa atribuição não é automática, devendo constar formalmente no instrumento de alteração do quadro societário, sob pena de o novo sócio não poder exercer a administração da sociedade.

- Deliberações

De acordo com o art. 1.010 do CC, a regra é que as deliberações da sociedade aconteçam por **maioria de votos**, de acordo com o valor das quotas de cada sócio – entendendo-se como maioria absoluta o equivalente a mais da metade do capital –, e que, nos casos de empate, prevalecerá a decisão do maior número de sócios. Ainda assim, se o empate persistir, a decisão ficará a cargo do juiz.

As deliberações são tomadas em reunião ou assembleia, convocada pelos administradores nos casos previstos em lei ou contrato (CC, art. 1.072). Será realizada assembleia sempre e obrigatoriamente quando o número de sócios for superior a dez, mas as formalidades de convocação podem ser dispensadas, se todos os sócios comparecerem diretamente ou declararem, com antecedência e formalmente, conhecerem local, data, hora e ordem do dia.

O art. 1.072 do CC é claro em estipular que tanto a reunião quanto a assembleia podem ser dispensadas, quando todos sócios decidem por escrito a matéria que seria objeto delas.

Em algumas situações, a assembleia deve ser realizada pelo menos uma vez por ano, como para aprovar o balanço patrimonial, para a designação de administradores e em casos de prestação de contas pelos administradores, devendo acontecer nos primeiros quatro meses após o término do exercício social estipulado no contrato social.

- Aumento e redução do capital social

Se não houver outra disposição em lei, depois de integralizadas as quotas, o capital social poderá ser aumentado, modificando-se o contrato social e fornecendo-se aos sócios um prazo de até 30 dias após a deliberação para exercerem seu direito de preferência quanto ao aumento, na proporção das quotas de que sejam titulares. Terminado esse prazo, haverá reunião ou assembleia dos sócios, que, dependendo de cada caso, acontecerá para aprovação e modificação do contrato (CC, art. 1.082).

A sociedade também poderá reduzir seu capital social, mediante modificação do contrato (CC, art. 1.082):

a. depois de integralizado, se houver perdas irreparáveis;
b. se excessivo em relação ao objeto da sociedade.

No caso de perdas irreparáveis, haverá uma diminuição proporcional do valor nominal das quotas, reduzindo-se assim o capital social, no momento do registro da ata da assembleia que a aprovar (CC, art. 1.082).

Se o capital social se tornou excessivo em relação ao objeto da sociedade, a redução poderá ser realizada mediante a devolução do excedente do valor das quotas já integralizadas, proporcionalmente, aos sócios, ou mediante a dispensa da integralização das prestações ainda devidas, com a redução também proporcional do valor nominal das quotas (CC, art. 1.082).

■ Dissolução da sociedade

O art. 1.033 do CC determina as situações em que a sociedade limitada poderá ser dissolvida:

> Art. 1.033. Dissolve-se a sociedade quando ocorrer:
> I – o vencimento do prazo de duração, salvo se, vencido este e sem oposição de sócio, não entrar a sociedade em liquidação, caso em que se prorrogará por tempo indeterminado;
> II – o consenso unânime dos sócios;
> III – a deliberação dos sócios, por maioria absoluta, na sociedade de prazo indeterminado;
> IV – (Revogado pela Lei nº 14.195, de 2021);
> V – a extinção, na forma da lei, de autorização para funcionar. (Brasil, 2002a)

Aquelas sociedades criadas por prazo determinado e que seriam dissolvidas pelo decurso desse termo, não tendo sido liquidadas e não havendo qualquer oposição dos sócios, terão sua validade prorrogada por prazo indeterminado.

Todas as sociedades são compostas por mais de uma pessoa, mas, segundo o art. 1.033, inciso IV, do CC, a sociedade pode existir, pelo prazo máximo de 180 dias, com um único sócio; após esse período, é necessário estabelecer nova composição societária ou sua transformação em empresário individual, sob pena de dissolução.

■ Sociedades anônimas

De imediato, trazemos o entendimento de Almeida (2018, p. 211-212): "sociedade anônima é a pessoa jurídica de direito privado de natureza mercantil, com o capital dividido em ações, sob uma denominação, limitando-se a responsabilidade dos acionistas ao preço de emissão de ações subscritas ou adquiridas".

Regulada pela Lei n. 6.404, de 15 de dezembro de 1976 (Brasil, 1976b), a sociedade anônima tem o **capital social** dividido em **ações** com o mesmo valor, sendo que a **responsabilidade dos sócios** é **limitada** ao preço de emissão das ações subscritas ou adquiridas:

» **Subscrição de ações** – É o compromisso firmado pelo interessado na compra da ação.

» **Aquisição de ações** – É literalmente a compra de ações de um acionista por um terceiro interessado.

Por mais que o CC disponha também sobre as sociedades anônimas, reiteramos que o grande diploma legal que as regulamenta é a Lei 6.404/1976.

Outras características

Trazemos aqui outras características das sociedades anônimas para seu melhor entendimento, todas elas previstas na Lei 6.404/1976:

» Existe a possibilidade de se constituir em **subsidiária integral** como exceção à norma de que toda sociedade deve ser plural, ou seja, ser composta por duas ou mais pessoas. Dessa forma, a sociedade anônima pode ter, como única sócia, outra sociedade anônima.

» Está prevista a obrigação de adotar como nome comercial a espécie **denominação social**, acompanhado das expressões *sociedade anônima* ou *companhia*, ou das siglas *S.A.* ou *Cia*, respectivamente.

» Independentemente da atividade desempenhada, será sempre **sociedade empresária**.

» São emitidos **certificados** na aquisição das ações.

» A estrutura da **administração** se compõe de órgãos como diretoria, conselho de administração e conselho fiscal.

» É possível a nomeação de **terceiros** como diretores.

A seguir, passamos ao estudo das espécies e da constituição dessas sociedades.

Espécies e constituição

Há duas espécies de sociedades anônimas:

» **Abertas** – São aquelas que registram seus valores na Comissão de Valores Mobiliários (CVM) e os negociam no mercado de valores mobiliários.

» **Fechadas** – Não têm registro na CVM, sendo seus valores mobiliários negociados diretamente por seus fundadores, em sua constituição, e pelos diretores, após a constituição.

A partir deste ponto, nossa análise se concentra nos chamados *valores imobiliários*, bem como em suas espécies.

- Valores mobiliários

A Lei n. 6.385, de 7 de dezembro de 1976 (1976a), disciplina o mercado de valores mobiliários e traz um rol, em seu art. 2º, do que considera como valores mobiliários: entre outros, as **ações**, as **partes beneficiárias**, as **debêntures** e os **bônus de subscrição**, que são os títulos que podem ser emitidos e negociados pelas sociedades anônimas, com o objetivo de captar recursos financeiros no mercado.

As **ações**, diferentemente dos demais valores mobiliários, conferem ao seu possuidor a qualidade de **sócio**, podendo este participar da vida da sociedade e, dependendo da espécie de ação que possua, ter privilégios e vantagens em relação aos demais.

- Ação

A ação é um dos valores mobiliários de maior relevância, pois representa parte do capital social de uma companhia. Assim, o titular de qualquer tipo de ação assume a qualidade de sócio.

As ações podem ser classificadas de várias formas distintas – por exemplo, quanto aos direitos que conferem e quanto à circulação.

Com relação aos **direitos** ou **vantagens**, as ações podem ser:

» **Ordinárias** – Determinam direitos comuns a todos os acionistas.

» **Preferenciais** – Podem atribuir aos titulares algumas vantagens, como o direito de receber dividendos antes dos demais e em proporção de 10% a mais em relação às ações ordinárias; mas, ao mesmo tempo, podem restringir outros direitos, como o de votar nas assembleias.

» **De fruição** – Também chamadas de *ações de amortização*, pois são conferidas àqueles que eram detentores de ações ordinárias ou preferenciais e que preferiram realizar seus valores, ou seja, amortizaram junto à companhia seu quinhão, recebendo antecipadamente, transformando suas ações originais em ações de fruição; com isso, seus titulares continuam com todos os direitos que tinham anteriormente, extinguindo-se somente o de participar na partilha do acervo – se houver – no momento de dissolução da sociedade, pois, por óbvio, já receberam sua parte.

Quanto à **circulação**, as ações podem ser:

» **Nominativas** – O nome do titular é expresso no certificado.

» **Escriturais** – Não possuem certificados, pois são mantidas em conta de depósito bancário em nome de seus titulares, em instituições financeiras.

De acordo com seu interesse, determinado por seu estatuto social, a companhia pode retirar do mercado as ações que considerar necessárias, resgatando-as e reembolsando-as a seus titulares, para aumentar o valor de outras ações.

■ Administração

A Lei n. 6.404/1976 estabelece que a administração da sociedade anônima deve ser organizada e suas funções distribuídas entre as entidades que a compõem, como a assembleia geral, o conselho de administração, a diretoria e o conselho fiscal.

■ Sociedades simples

São as **sociedades não empresárias**, aquelas em que duas ou mais pessoas se agrupam, visando ao lucro, mas nas quais não existe o elemento de empresa, ou seja, a atividade econômica organizada. Nesses casos, cada um dos sócios participa diretamente com seu intelecto, de natureza científica, literária ou artística, para produzir os resultados. São as sociedades de médicos, odontólogos, contadores etc.

Além das sociedades não empresárias, também as **cooperativas** devem ser criadas como sociedades simples.

O CC, a partir do art. 997, determina todas as características da sociedade simples, que servem subsidiariamente a todas as demais sociedades no que não lhes forem determinadas as particularidades.

Ressaltamos que a sociedade simples deve se limitar à atividade específica para a qual foi criada, ou seja, a prestação de serviços vinculados à habilidade técnica e intelectual dos sócios, não devendo prestar outros serviços, caso em que poderá configurar-se o elemento de empresa. Nessa situação, ela será transformada em uma sociedade empresária.

Síntese

Tratamos, neste capítulo, do direito empresarial, analisando vários de seus institutos.

Iniciamos nosso estudo trazendo os princípios fundamentais do direito empresarial e os conceitos de *empresa* e *empresário*. Também apresentamos os tipos de empresas que podem ser exploradas pelo empresário.

Na sequência, abordamos como o empresário pode se constituir, individual ou coletivamente, de acordo com as obrigatoriedades legais, incluindo seu registro nos órgãos competentes.

Em seguida, enfocamos o estabelecimento comercial, definido como o complexo de bens que fazem parte da empresa, e, por fim, as sociedades, examinando suas classificações, em especial dois tipos societários: a sociedade limitada e a sociedade anônima.

Questões para revisão

1) Identifique quais dos itens a seguir se constituem em requisitos essenciais para que uma sociedade empresária adquira personalidade jurídica:
   I. Nome.
   II. Nacionalidade.
   III. Domicílio.
   IV. Capital.
   Agora, assinale a alternativa correta:
   a. Apenas o item I está correto.
   b. Apenas o item II está correto.
   c. Apenas os itens III e IV estão corretos.
   d. Apenas o item III está correto.
   e. Todos os itens estão corretos.

2) As sociedades empresárias projetam-se e se distinguem por meio de nome próprio, que pode ser:
   I. Firma.
   II. Denominação.
   III. Nomeação.
   IV. Estabelecimento.
   Agora, assinale a alternativa correta:
   a. Apenas os itens I e II estão corretos.
   b. Apenas os itens III e IV estão corretos.
   c. Apenas os itens I, II e III estão corretos.
   d. Apenas os itens I e IV estão corretos.
   e. Apenas o item IV está correto.

3) Quem tem capacidade empresarial?
   a. Todas as pessoas, indiscriminadamente.
   b. Todos aqueles que estiverem em pleno gozo de sua capacidade civil e não forem legalmente impedidos.

c. Os falidos.
d. Os militares.
e. Os auxiliares do empresário.

4) Conceitue *empresário*.
5) Como se define *estabelecimento comercial*?

Questões para reflexão

1) Por que, em determinadas situações, os cônjuges não podem contrair sociedade entre si?
2) Qualquer tipo de ação adquirida de uma sociedade anônima confere ao seu titular a condição de sócio?

Para saber mais

Para que você possa aprofundar o estudo sobre os temas examinados neste capítulo, sugerimos a leitura das obras listadas a seguir.

BERTOLDI, M. M.; RIBEIRO, M. C. P. **Curso avançado de direito comercial**. 12. ed. São Paulo: RT, 2022.

COELHO, F. U. **Manual de direito comercial**. 33. ed. São Paulo: Saraiva, 2022.

GONÇALVES NETO, A. de A. **Direito de empresa**. 10. ed. São Paulo: RT, 2021.

Consultando a legislação

Se você quiser aprofundar seus conhecimentos sobre os assuntos abordados neste capítulo, consulte:

BRASIL. Constituição (1988). **Diário Oficial da União**, Poder Legislativo, Brasília, DF, 5 out. 1988. Disponível em: <http://www.planalto.gov.br/ccivil_03/constituicao/constituicao.htm>. Acesso em: 10 ago. 2022.

BRASIL. Lei n. 6.404, de 15 de dezembro de 1976. **Diário Oficial da União**, Poder Executivo, Brasília, DF, 17 dez. 1976. Disponível em: <http://www.planalto.gov.br/ccivil_03/leis/l6404consol.htm>. Acesso em: 10 ago. 2022.

BRASIL. Lei n. 10.406, de 10 de janeiro de 2002. **Diário Oficial da União**, Poder Executivo, Brasília, DF, 11 jan. 2002. Disponível em: <http://www.planalto.gov.br/ccivil_03/leis/2002/l10406.htm>. Acesso em: 10 ago. 2022.

VI

Conteúdos do capítulo:

» Conceitos de *direito tributário* e de *tributo*.
» Espécies tributárias.
» Competência e capacidade tributária.
» Princípios constitucionais tributários.
» Hipótese de incidência, fato gerador, obrigação tributária, lançamento e crédito tributário.
» Prescrição e decadência tributária.

Após o estudo deste capítulo, você será capaz de:

1. compreender os mais importantes princípios constitucionais tributários, que delimitam o poder de tributar do Estado;
2. entender o que é a relação tributária, desde a hipótese de incidência até a constituição do crédito tributário;
3. distinguir *competência* de *capacidade tributária*;
4. distinguir *prescrição* de *decadência tributária*.

Direito tributário

6.1 Conceito

Inicialmente, é necessário esclarecermos o conceito de *direito tributário*. Trata-se do ramo do direito voltado a fornecer as diretivas das relações entre o Estado e as pessoas físicas e jurídicas na esfera tributária, ou seja, definir, **na relação entre o sujeito ativo** (fisco) e o **sujeito passivo** (contribuinte, genericamente), **seus direitos e suas obrigações**, por meio da legislação que lhe é pertinente. O direito tributário foi criado especialmente para demarcar os limites do poder de tributar do Estado, evitando-se, assim, os abusos no exercício desse poder.

Salientamos que a **arrecadação tributária** realizada pelo Estado é de essencial importância, sendo indiscutivelmente sua **maior fonte de financiamento**. Essa importância se mostra clara, visto que o Estado tem a obrigação de **satisfazer as necessidades coletivas**, que são inúmeras, como educação, segurança, transporte e saúde.

Ao mesmo tempo que tem a obrigação de satisfazer as necessidades da coletividade, o Estado "convida" a própria sociedade para "ajudá-lo a ajudá-la". É assim que **a maior parceira do Estado**, nesse sentido, é a **sociedade**, na forma de **contribuinte**, pois é a fonte da receita tributária, nas mais diversas ações que pratica.

Entretanto, mesmo que o direito do Estado de tributar a sociedade esteja garantido pela Constituição Federal (CF) de 1988, há determinados princípios que delimitam esse poder, como demonstraremos adiante.

6.2 Tributo

A Lei n. 5.172, de 25 de outubro de 1966 – Código Tributário Nacional (CTN) –, define, em seu art. 3º, que "Tributo é toda prestação pecuniária compulsória, em moeda ou cujo valor nela se possa exprimir, que não constitua sanção de ato ilícito, instituída em lei e cobrada mediante atividade administrativa plenamente vinculada" (Brasil, 1966).

Cremos que tal definição, ao ser analisada friamente, dificulta o entendimento do que é *tributo* e, por isso, preferimos fragmentá-la:

» **"Tributo é toda prestação"** – A **obrigação tributária principal** é o próprio ato de **pagamento do tributo**.

» **"Pecuniária"** – O significado da palavra *pecúnia* é "dinheiro"; assim, pelo menos em tese, o pagamento dos tributos deve ser realizado em **dinheiro**.

» **"Compulsória"** – Tudo o que é compulsório é **obrigatório**; assim, também é obrigatório o pagamento do tributo, não fornecendo a lei qualquer alternativa ao contribuinte depois de ter nascida a obrigação tributária.

» **"Em moeda ou cujo valor nela se possa exprimir"** – Vimos que, em regra, o tributo deve ser pago em dinheiro, ou seja, em **moeda corrente no país**, mas o art. 162 do CTN contempla outras possibilidades, como cheque ou outros casos previstos em lei.

» **"Que não constitua sanção de ato ilícito"** – Entendemos que a hipótese de incidência tributária é sempre uma descrição legal de uma **situação lícita**, não sendo, portanto, sanção ou penalidade pelo cometimento de algum ato ilícito, como é o caso, por exemplo, de uma multa de trânsito, que não é considerada tributo.

» **"Instituída em lei"** – O tributo somente pode ser instituído mediante **autorização legal**, ou seja, por meio de lei, respaldado no princípio constitucional da estrita **legalidade tributária** (CF, art. 150, I), o qual determina que nenhum tributo pode ser exigido ou aumentado sem que a lei o estabeleça.

» **"E cobrada mediante atividade administrativa plenamente vinculada"** – Para que o Estado possa exigir do particular o pagamento do tributo, deve antes constituir seu **crédito tributário**. Isso deve ser feito por meio da atividade administrativa vinculada e obrigatória, denominada **lançamento tributário**, que submete quem não paga o tributo a ser responsabilizado funcionalmente, conforme estabelece o parágrafo único do art. 142 do CTN.

Realizando essa fragmentação do conceito legal de *tributo*, cremos que seu entendimento tenha se tornado mais simples.

6.3 Competência e capacidade tributária

Neste ponto, questionamos: Quem tem competência também tem capacidade? Sabemos que, em geral, no cotidiano, essas palavras são utilizadas com o mesmo sentido, mas, para o direito, elas encerram significados distintos.

6.3.1 Competência tributária

Por *competência tributária* entendemos o poder atribuído pela Carta Magna a determinado ente tributante, para que ele possa legislar sobre certo tributo. Quando falamos em *legislar*, queremos deixar claro que somente podem fazê-lo a União, os estados, o Distrito

Federal e os municípios, pois essas pessoas jurídicas de direito público têm casa legislativa. Tal tarefa é, portanto, tipicamente **política**. É a chamada **competência legislativa plena**.

Se o ente tributante pode legislar sobre determinado tributo, pode, por conseguinte, criá-lo, modificá-lo, majorá-lo e extingui-lo, ou seja, pode fazer o que bem entender com esse tributo, inclusive exigir do particular seu pagamento, mas sempre dentro dos parâmetros legais. Essa é a leitura que fazemos do art. 6º do CTN:

> Art. 6º A atribuição constitucional de competência tributária compreende a competência legislativa plena, ressalvadas as limitações contidas na Constituição Federal, nas constituições dos estados e nas leis orgânicas do Distrito Federal e dos municípios, e observado o disposto nesta Lei. (Brasil, 1966)

A competência tributária é **indelegável** e **irrenunciável**, mesmo que, em determinadas situações, quem tem sua titularidade possa não exercê-la por opção, embora não possa transferi-la a ninguém. O que pode acontecer é a transferência de parte dessa competência, a chamada **capacidade tributária**, que abrange a atribuição de arrecadar ou fiscalizar tributos, entre outras, como mostraremos a seguir.

■ Classificação

Apresentamos aqui a classificação da **competência tributária**, salientando que outros tipos de classificação podem ser encontrados, dependendo do autor estudado.

a. **Competência privativa (CF, arts. 153 a 156)** – A CF de 1988 elenca um rol fechado de impostos para cada um dos entes tributantes, conferindo-lhes competência para legislar privativamente sobre aqueles que lhes cabem. Por exemplo: aos municípios, a competência privativa para instituir o Imposto sobre Serviços (ISS); à União, para instituir o Imposto de Renda (IR); e aos estados e ao Distrito Federal, para instituir o Imposto de Transmissão *Causa Mortis* e Doação (ITCMD). O art. 153 da CF rege:

> Art. 153. Compete à **União** instituir impostos sobre:
> I – **importação** de produtos estrangeiros;
> II – **exportação**, para o exterior, de produtos nacionais ou nacionalizados;
> III – **renda** e proventos de qualquer natureza;
> IV – **produtos industrializados**;
> V – **operações de crédito**, câmbio e seguro, ou relativas a títulos ou valores mobiliários;
> VI – **propriedade territorial rural**;
> VII – grandes fortunas, nos termos de lei complementar.
> [...]
> Art. 155. Compete aos **Estados** e ao **Distrito Federal** instituir impostos sobre:
> I – **transmissão *causa mortis* e doação**, de quaisquer bens ou direitos;
> II – operações relativas à **circulação de mercadorias** e sobre prestações de serviços de transporte interestadual e intermunicipal e de comunicação, ainda que as operações e as prestações se iniciem no exterior;
> III – **propriedade de veículos automotores**.
> [...]
> Art. 156. Compete aos **Municípios** instituir impostos sobre:
> I – **propriedade predial e territorial urbana**;
> II – **transmissão *inter vivos***, a qualquer título, por ato oneroso, de bens imóveis, por natureza ou acessão física, e de direitos reais sobre imóveis, exceto os de garantia, bem como cessão de direitos a sua aquisição;
> III – **serviços de qualquer natureza**, não compreendidos no art. 155, II, definidos em lei complementar. [...] (Brasil, 1988, grifo nosso)

Assim, fica evidente que nenhum ente pode invadir a esfera de atribuições do outro, sob pena de inconstitucionalidade.

b. **Competência comum (CTN, arts. 77 e 81)** – Quanto à competência comum, entendemos que é conferida a todos os entes tributantes, estando relacionada diretamente às **taxas** e às **contribuições de melhoria**, as quais qualquer dos entes pode instituir, sempre dentro da esfera de suas atribuições.

c. **Competência residual (CF, arts. 154, I, e 195, § 4º)** – Somente a União tem essa competência, que se dá apenas por meio de lei complementar e não pode ser cumulativa. Além disso, os impostos criados por essa competência não podem ter fato gerador ou base de cálculo próprios dos impostos discriminados na CF de 1988.

d. **Competência legislativa supletiva ou suplementar (CF, art. 24, § 2º)** – A competência da União para legislar sobre normas gerais não exclui a competência suplementar dos estados para que, dentro da esfera de suas atribuições, editem normas tributárias complementares.

6.3.2 Capacidade tributária

A **capacidade tributária ativa**, ao contrário da competência tributária, é o poder atribuído pela lei às pessoas jurídicas de direito público de **exigir do particular o cumprimento da obrigação tributária**, nos termos do art. 119 do CTN.

Podemos concluir, por óbvio, que a capacidade tributária é **delegável**. Analisando o art. 7º, parágrafo 3º, do CTN, concluímos também que a função de arrecadar um tributo pode ser delegada a uma pessoa jurídica de direito privado, o que não a torna sujeito ativo da obrigação tributária, pois somente terá função arrecadatória. Em outras situações, essa pessoa poderá, além de arrecadar, apropriar-se do produto arrecadado e permanecer com a arrecadação, como é o caso das contribuições parafiscais arrecadadas pelos conselhos regionais representativos de categorias profissionais.

Por outro lado, a **capacidade tributária passiva** é a aptidão dada ao sujeito passivo (pessoas físicas e jurídicas) para **fazer parte da relação jurídico-tributária**, que pode ser de fato ou de direito.

A capacidade tributária é independente da capacidade civil das pessoas naturais, que se inicia com o nascimento com vida. É claro que, sendo incapaz, a pessoa deverá ser representada ou assistida por seu responsável legal, dependo de cada caso.

Da mesma forma ocorre para a pessoa jurídica; porém, nesse caso, a capacidade tributária passiva atinge um parâmetro mais largo, podendo existir mesmo que aquela não tenha personalidade jurídica, ou seja, que não seja constituída legalmente ou de direito, bastando que se configure, de fato, como uma unidade econômica ou profissional (CTN, art. 126).

6.4 Espécies tributárias

A seguir, descrevemos cada uma das espécies tributárias:

a. **Imposto** – Às vezes, é confundido com o próprio conceito de *tributo*, pois, se é imposto, é compulsório. Único entre as espécies tributárias que é não vinculado, o imposto tem também um **caráter genérico**, porquanto o art. 16 do CTN estabelece que, para cobrá-lo, o Estado não necessita praticar qualquer atividade ou serviço em favor do contribuinte.

b. **Taxa** – As taxas, como o imposto, podem ser federais, estaduais ou municipais, pois, dentro da esfera de suas respectivas atribuições, qualquer dos entes tributantes pode instituí-las. Elas têm, como fatos geradores, o exercício regular do poder de polícia ou a utilização, efetiva ou potencial, de serviço público específico e divisível, prestado ao contribuinte ou posto à sua disposição, e pelo menos a algum desses fatos sempre devem estar vinculadas (CTN, art. 77).

c. **Contribuição de melhoria** – Poderá ser instituída sempre que, dentro da esfera de atribuição de determinado ente tributante, uma obra pública for por ele realizada e trouxer uma valorização imobiliária ao particular. Salientamos que tal cobrança tem como parâmetro dois limites, sendo um o **limite total**, entendido como a despesa realizada, e outro o **limite individual**, como o acréscimo de valor que da obra resultar para cada imóvel beneficiado (CTN, art. 81).

d. **Empréstimo compulsório** – É um tributo exclusivo da União, que pode instituí-lo mediante lei complementar para atender a despesas extraordinárias, decorrentes de calamidade pública, de guerra externa ou sua iminência, ou no caso de investimento público de caráter urgente e de relevante interesse nacional, de acordo com o art. 148 da CF de 1988. Sendo empréstimo, é também **restituível** (CTN, art. 15, parágrafo único).

e. **Contribuições especiais** – Como regra, o art. 149 da CF de 1988 determina a competência exclusiva da União para legislar sobre as contribuições especiais, conferindo esse poder aos estados e aos municípios em uma única possibilidade: quando forem utilizadas para custear seu regime próprio de previdência. Nesse caso, eles podem instituí-las e cobrá-las de seus servidores.

O mesmo artigo constitucional subdivide as contribuições especiais em:

» **De intervenção no domínio econômico** – Sabemos que a atividade econômica é destinada, em regra, aos particulares, mas, em determinadas situações, a União precisa intervir em algum setor ou segmento econômico, principalmente para melhorá-lo. Quando assim o faz, para custear sua instrumentalização, pode instituir tal contribuição. Exemplo: Contribuição de Intervenção no Domínio Econômico (Cide) – Petróleo.

» **De interesse de categorias profissionais** – Chamadas de **contribuições parafiscais**, têm o condão de proporcionar fundos às entidades paraestatais que prestam relevantes serviços de interesse público, como o de representar as categorias profissionais, fiscalizando seus membros para que desempenhem suas funções em favor de toda a coletividade. Exemplos: Ordem dos Advogados do Brasil (OAB), Conselho Regional de Medicina (CRM), Conselho Regional de Contabilidade (CRC).

» **Sociais** – Também são denominadas **contribuições para a seguridade social**, pois têm como escopo o custeio de ações que o Estado realiza nessa esfera. Exemplos: contribuição para o Instituto Nacional do Seguro Social (INSS), Programa de Integração Social (PIS), Contribuição para o Financiamento da Seguridade Social (Cofins) e Contribuição Social sobre o Lucro Líquido (CSLL).

Na sequência, examinamos os princípios constitucionais tributários.

6.5 Princípios constitucionais tributários

Para termos a exata compreensão dos princípios constitucionais tributários, é primordial que tenhamos claro o conceito de *princípio*, bem como sua função.

Iniciando pela busca do sentido etimológico da palavra *princípio*, encontramos o termo latino *principium*, que traz a ideia de "começo", "origem".

Após essa constatação, entendemos que o princípio deve ser o norte, ou seja, tudo o que deve ser seguido, servindo de premissa para a devida interpretação, adequação e posterior concretização de qualquer sistema jurídico.

No campo tributário, encontram-se na CF de 1988 alguns princípios, implícitos ou explícitos, que fornecem um adequado alicerce à matéria, mostrando-se como verdadeiros núcleos interpretativos para o estudo e a percepção de todo o sistema tributário nacional.

Trataremos aqui apenas de alguns dos princípios constitucionais tributários, mas salientamos que outros tantos princípios existem no mesmo âmbito e também servem de base interpretativa para o entendimento do direito tributário, além de funcionarem, em sua maioria, como verdadeiras proteções aos cidadãos diante do poder de tributar do Estado.

Conforme o pensamento de Hugo de Brito Machado (2020, p. 33), "tais princípios existem para proteger o cidadão contra os abusos do Poder. Em face do elemento teleológico, portanto, o intérprete, que tem consciência dessa finalidade, busca nesses princípios a efetiva proteção do contribuinte".

6.5.1 Limitações do poder de tributar

Nem mesmo o poder do Estado é absoluto, qualquer que seja ele. As hipóteses de exercício desse poder estão todas na CF e 1988, inclusive aquelas que se referem a quando e onde o Poder Público pode tributar.

O legislador da Carta Magna de 1988, quando entendeu que nela deveria inserir parâmetros que limitassem o poder de tributação do Estado, assim o fez principalmente para fornecer à sociedade de maneira geral uma segurança jurídica, buscando certa estabilidade nas relações entre Estado e contribuinte.

Na esfera tributária, as limitações ao poder de tributar estão contidas em um conjunto de normas, sejam princípios, sejam regras, que determinam as condutas a serem adotadas por aqueles entes políticos investidos de competência tributária plena.

Na lição do professor Luciano Amaro (2021, p. 128-129), "o exercício do poder de tributar supõe o respeito às fronteiras do campo material de incidência definido pela Constituição e a obediência às demais normas constitucionais ou infraconstitucionais que complementam a demarcação desse campo e balizam o exercício daquele poder".

Em outras palavras, essas limitações têm o papel de deixar claro o que pode ser tributado e como será realizada a tributação. Para a doutrina, as situações que caracterizam a não observância dos limites fixados ensejam a inexistência da respectiva competência. Exemplo é oferecido por Amaro (2021, p. 132), o qual afirma que determinada lei, ao pretender tributar uma situação imune, não apenas feriria o preceito constitucional da imunidade, mas também exerceria competência tributária que não lhe é autorizada.

6.5.2 Princípio da estrita legalidade tributária

Estabelece o art. 150 da CF de 1988: "Sem prejuízo de outras garantias asseguradas ao contribuinte, é vedado à União, aos estados, ao Distrito Federal e aos municípios: I – exigir ou aumentar tributos sem lei que o estabeleça [...]" (Brasil, 1988).

O princípio da legalidade tributária estabelece que nenhum tributo pode ser instituído ou majorado a não ser por meio de lei, ou seja, de que somente é possível criar-se nova regra-matriz de incidência ou majorar-se a base de cálculo ou a alíquota por meio de lei regularmente instituída. Da mesma maneira, ficam também adstritos à lei os casos de redução da base de cálculo ou alíquota.

Segundo Amaro (2021, p. 134), esse princípio é multissecular, tendo sido consagrado na Inglaterra, na Magna Carta de 1215, do Rei João Sem Terra, a quem os barões ingleses impuseram a necessidade de obtenção prévia de aprovação dos súditos para a cobrança de tributos (*no taxation without representation*).

E mais: além de obrigatoriamente estar o tributo previsto legalmente, a dita previsão legal, por mais que seja geral e abstrata, deve ser específica e detalhada, contendo todos os elementos do determinado tributo, como salienta Sacha Calmon Coelho (2022, p. 178):

> *A lei fiscal deve conter todos os elementos estruturais do tributo: o fato jurígeno sob o ponto de vista material, espacial, temporal e pessoal (hipótese de incidência) e a consequência jurídica imputada à realização do fato jurígeno (dever jurídico). Equivale dizer que a norma jurídico-tributária não pode ser tirada do ordo juris nem sacada por analogia, deve estar pronta na lei, de forma inequívoca, obrigando o legislador a tipificar os fatos geradores e deveres fiscais.*

É possível também conferir a esse princípio da estrita legalidade tributária uma interpretação um pouco mais especial, analisando-o sob dois pontos: o da legalidade formal e o da legalidade material.

No que concerne à **legalidade formal**, entende-se que a norma tributária deve ser colocada no mundo jurídico de modo a obedecer à tramitação legal a ser adotada para a sua criação; já no que se refere à **legalidade material**, obriga-se que a lei instituidora apresente em seu bojo todos os elementos descritivos do fato jurídico e possível conteúdo obrigacional entre as partes.

A par da obrigatoriedade da reserva legal, a própria CF de 1988 trata de algumas exceções, trazendo, em seu art. 153, parágrafo 1º, a faculdade dada ao Poder Executivo de alterar as alíquotas dos impostos sobre a importação (II) de produtos estrangeiros; sobre a exportação (IE), para o exterior, de produtos nacionais ou nacionalizados; sobre os produtos industrializados (IPI); e sobre as operações de crédito, câmbio e seguro, ou relativas a títulos ou valores mobiliários (IOF), desde que atendidas as condições e os limites da lei. Da mesma forma, no art. 177, parágrafo 4º, inciso I, alínea "b", também é facultado ao Poder Executivo reduzir e restabelecer a alíquota sobre a contribuição de intervenção no domínio econômico, relativa às atividades de importação ou comercialização de petróleo e de seus derivados, gás natural e seus derivados e álcool combustível.

Não podemos nos esquecer de que a Constituição não deu a liberdade ao Poder Executivo de fixar, por ato próprio, as alíquotas de tais tributos, o que deverá ocorrer sempre por meio de lei, como bem ensina Amaro (2021, p. 139):

> *Mesmo em relação aos tributos cujas alíquotas, nas citadas circunstâncias, podem ser alteradas sem lei formal, é preciso sublinhar que sua criação depende, em todos os seus aspectos, de definição em lei (formal), mesmo quanto às alíquotas. Não pode a lei criar o tributo sem lhe precisar a alíquota.*

Em outras palavras, podemos entender, pelo princípio da estrita legalidade tributária, que um tributo somente pode ser criado mediante lei.

6.5.3 Princípio da igualdade tributária

Estabelece o artigo 150, inciso II, da CF:

> Art. 150. Sem prejuízo de outras garantias asseguradas ao contribuinte, é vedado à União, aos estados, ao Distrito Federal e aos municípios:
> [...]
> II – instituir tratamento desigual entre contribuintes que se encontrem em situação equivalente, proibida qualquer distinção em razão de ocupação profissional ou função por eles exercida, independentemente da denominação jurídica dos rendimentos, títulos ou direitos; [...]. (Brasil, 1988)

O que verificamos aqui é, tão somente, a **igualdade formal** dos cidadãos perante a lei, pois esta deve ser geral e abstrata. Assim, todos aqueles que se encontrem em equivalente situação econômica ou jurídica devem ter tratamento igualitário. A tributação deve buscar a justiça social e considerar a capacidade contributiva dos sujeitos passivos. Amaro (2021, p. 158), citando Celso Antonio Bandeira de Mello, afirma que nem "pode o aplicador, diante da lei, discriminar, nem se autoriza o legislador, ao ditar a lei, a fazer discriminações, visando o princípio à garantia do indivíduo, evitando perseguições e favoritismos".

Para um entendimento mais apurado do já consagrado princípio da isonomia tributária, é primordial que sejamos capazes de comparar e distinguir os iguais e os desiguais. Afinal, como afirmava Aristóteles, é preciso "tratar de forma igual os iguais e de forma desigual os desiguais na medida em que se desigualam".

6.5.4 Princípio da capacidade contributiva

Atrelado de maneira íntima ao princípio da igualdade, encontra-se o princípio da capacidade contributiva (CF, art. 145, § 1º). Por meio dele, entendemos que devam ser tratados com igualdade aqueles que tiverem a mesma capacidade contributiva e com desigualdade os que apresentarem riquezas diferentes e, portanto, diferentes capacidades de contribuir.

> Art. 145. A União, os estados, o Distrito Federal e os municípios poderão instituir os seguintes tributos:
> [...]
> §1º Sempre que possível, os impostos terão caráter pessoal e serão graduados segundo a capacidade econômica do contribuinte, facultado à administração tributária, especialmente para conferir efetividade a esses objetivos, identificar, respeitados os direitos individuais e nos termos da lei, o patrimônio, os rendimentos e as atividades econômicas do contribuinte. (Brasil, 1988)

Esse princípio é entendido por muitos como uma consequência do princípio da igualdade, um subprincípio também intimamente ligado ao **princípio do não confisco**, que respalda o direito fundamental da propriedade, previsto na Constituição. Na visão de Roque Antonio Carrazza (2021, p. 99), "A lei deve tratar de modo igual os fatos econômicos que exprimem igual capacidade contributiva e, por oposição, de modo diferenciado os que exprimem capacidade contributiva diversa".

Podemos entender esse princípio como decorrente da necessidade de se criar um equilíbrio ou um nível perfeito de tributação, que permita a todos colaborarem com o Estado, mas na medida de suas possibilidades econômicas, sem exaurir seus recursos pessoais. Dessa forma, todos teriam condições de fazer sua parte, possibilitando ao Estado obter maior eficácia na realização da satisfação das necessidades coletivas.

6.5.5 Princípio da irretroatividade tributária

Determina o art. 150, inciso III, alínea "a", da CF de 1988:

> Art. 150.
> Sem prejuízo de outras garantias asseguradas ao contribuinte, é vedado à União, aos Estados, ao Distrito Federal e aos Municípios:
> [...]
> III – cobrar tributos:
> a) em relação a fatos geradores ocorridos antes do início da vigência da lei que os houver instituído ou aumentado; [...].
> (Brasil, 1988)

O princípio da irretroatividade tributária estabelece que a lei deve anteceder ao fato por ela escolhido como nascedouro do tributo. Com isso, não haverá retroação da lei tributária para alcançar fatos geradores pretéritos, ocorridos na vigência da lei anterior, pois o preceito constitucional expresso no inciso XXXVI do art. 5º, conhecido como **princípio da segurança jurídica**, dita que "a lei não prejudicará o direito adquirido, o ato jurídico perfeito e a coisa julgada" (Brasil, 1988).

6.5.6 Princípio da anterioridade tributária ou da não surpresa

Rege o art. 150, inciso III, alínea "b", da CF de 1988:

> Art. 150. Sem prejuízo de outras garantias asseguradas ao contribuinte, é vedado à União, aos Estados, ao Distrito Federal e aos Municípios:
> [...]
> III – cobrar tributos:
> [...]
> b) no mesmo exercício financeiro em que haja sido publicada a lei que os instituiu ou aumentou; [...]. (Brasil, 1988)

Pelo princípio da anterioridade, não é possível cobrar tributos no mesmo exercício financeiro em que haja sido publicada a lei que os instituiu ou aumentou. No Brasil, o exercício financeiro coincide com o ano civil, de acordo com o art. 165 da CF e com o art. 34 da Lei n. 4.320, de 17 de março de 1964 (Brasil, 1964a). O dispositivo constitucional contém o vocábulo *cobrar*, o que pode ensejar o entendimento, em uma interpretação literal, de que, publicada uma lei em 2020, o tributo somente poderia ser cobrado em 2021, mas poderia ser "exigido" (a partir de 1º de janeiro de 2021) sobre fatos geradores ocorridos em 2020, após a promulgação da lei.

Tal princípio da anterioridade foi inserido pela jurisprudência do Supremo Tribunal Federal (STF) no rol das garantias individuais. Em consequência disso, nenhuma norma, ainda que veiculada por emenda constitucional, poderá abolir esse princípio, por força do disposto no art. 60, parágrafo 4º, inciso IV, da CF de 1988. Entendemos, por conseguinte, que não somente qualquer norma que pretenda acabar com o princípio da anterioridade será considerada inconstitucional, mas também todas aquelas que tenham a intenção de criar alguma outra exceção além daquelas já existentes, que compõem a relação apresentada a seguir.

Não estão sujeitos ao princípio da anterioridade tributária (CF, art. 150, III, § 1º)*:

» Imposto sobre Importação – II (CF, art. 153, I).
» Imposto sobre Exportação – IE (CF, art. 153, II).
» Imposto sobre Produtos Industrializados – IPI (CF, art. 153, IV).

---

* "Art. 150. […] § 1º A vedação do inciso III, *b*, não se aplica aos tributos previstos nos arts. 148, I, 153, I, II, IV e V; e 154, II; e a vedação do inciso III, *c*, não se aplica aos tributos previstos nos arts. 148, I, 153, I, II, III e V; e 154, II, nem à fixação da base de cálculo dos impostos previstos nos arts. 155, III, e 156, I." (Brasil, 1988).

» Imposto sobre Operações Financeiras – IOF (CF, art. 153, V).
» Imposto extraordinário por motivo de guerra externa (CF, art. 154, II).
» Empréstimos compulsórios por motivo de guerra e calamidade pública (CF, art. 148, I).

É importante que você atente para essas exceções, pois o comando geral desse princípio deve ser aplicado a todos os tributos.

6.5.7 Princípio da anterioridade nonagesimal ou noventena, ou da anterioridade mitigada

Estabelece o art. 150, inciso III, alínea "c", da CF de 1988:

> Art. 150.
> Sem prejuízo de outras garantias asseguradas ao contribuinte, é vedado à União, aos Estados, ao Distrito Federal e aos Municípios:
> [...]
> III – cobrar tributos:
> [...]
> c) antes de decorridos 90 (noventa) dias da data em que haja sido publicada a lei que os instituiu ou aumentou, observado o disposto na alínea b; [...]. (Brasil, 1988)

Outro enfoque do princípio da não surpresa tributária vem balizado pelo que se chama de *espera nonagesimal* ou *noventena* para a lei adquirir eficácia.

Dispõe o referido artigo que é vedado cobrar tributos antes de decorridos 90 dias da data em que tenha sido publicada a lei que os instituiu ou aumentou. Anteriormente, a referida situação era aplicável apenas às contribuições sociais, notadamente aquelas destinadas ao financiamento da seguridade social (CF, art. 195, § 6º), mas passou a se referir também aos demais tributos, salvo as exceções de que tratamos a seguir.

Não estão sujeitos ao princípio da anterioridade nonagesimal (CF, art. 150, III, § 1º):

» Imposto sobre Importação – II (CF, art. 153, I).
» Imposto sobre Exportação – IE (CF, art. 153, II).
» Imposto sobre a Renda e Proventos de Qualquer Natureza – IR (CF, art. 153, III).
» Imposto sobre Operações Financeiras - IOF (CF, art. 153, V).
» Imposto extraordinário por motivo de guerra externa (CF, art. 154, II).
» Empréstimos compulsórios por motivo de guerra e calamidade pública (CF, art. 148, I).

Como salientamos no princípio da anterioridade, aqui também é importante que você atente para essas exceções, pois o comando geral desse princípio deve ser aplicado a todos os tributos.

6.5.8 Princípio do não confisco ou vedação ao confisco

Determina o art. 150, inciso IV, da CF de 1988: "Sem prejuízo de outras garantias asseguradas ao contribuinte, é vedado à União, aos estados, ao Distrito Federal e aos municípios: [...] IV – utilizar tributo com efeito de confisco [...]" (Brasil, 1988).

A primeira verificação que fazemos é a de que essa vedação constante na norma constitucional é de caráter genérico e, portanto, deve ser aplicada a toda e qualquer tributação.

Em seguida, é preciso compreender que a instituição do tributo e a consequente cobrança tributária a ser realizada pelo Poder Público (por mais que às vezes deva ser meramente arrecadatória, como é o caso da maioria dos impostos, que não têm vinculação a uma contraprestação do Estado) não podem, em hipótese alguma, afrontar o **direito de propriedade** – também consagrado pela Carta Magna de 1988 em seu art. 5º, inciso XXII –, fazendo com que o contribuinte seja alijado de seu patrimônio em níveis superiores à razão e ao bom senso.

6.5.9 Princípio do livre trânsito de pessoas e bens

Rege o art. 150, inciso V, da CF de 1988:

> Art. 150.
> Sem prejuízo de outras garantias asseguradas ao contribuinte, é vedado à União, aos estados, ao Distrito Federal e aos municípios:
> [...]
> V – estabelecer limitações ao tráfego de pessoas ou bens, por meio de tributos interestaduais ou intermunicipais, ressalvada a cobrança de pedágio pela utilização de vias conservadas pelo Poder Público; [...]. (Brasil, 1988)

Interpretando esse dispositivo constitucional, o princípio do livre trânsito de pessoas e bens determina que, ressalvada a cobrança de pedágio – que deve estar sujeito às mesmas limitações constitucionais previstas para todos os tributos –, não pode nenhum tributo, de natureza interestadual ou intermunicipal, impedir a livre circulação de pessoas e bens.

Porém, é importante trazermos o entendimento do STF (2014) de que o pedágio se trata de preço público e, portanto, não é tributo:

> EMENTA: TRIBUTÁRIO E CONSTITUCIONAL. PEDÁGIO. NATUREZA JURÍDICA DE PREÇO PÚBLICO. DECRETO 34.417/92, DO ESTADO DO RIO GRANDE DO SUL. CONSTITUCIONALIDADE.
> 1. O pedágio cobrado pela efetiva utilização de rodovias conservadas pelo Poder Público, cuja cobrança está autorizada pelo inciso V, parte final, do art. 150 da Constituição de 1988, não tem natureza jurídica de taxa, mas sim de preço público, não estando a sua instituição, consequentemente, sujeita ao princípio da legalidade estrita.
> 2. Ação direta de inconstitucionalidade julgada improcedente.

Tal preceito existe para que o Poder Público não onere ainda mais a locomoção de pessoas ou de bens, como leciona Amaro (2021, p. 169):

> *o gravame tributário seria uma forma de limitar esse tráfego. Em última análise, o que está em causa é a liberdade de locomoção (de pessoas e bens), mais do que a não discriminação de bens e pessoas, a pretexto de irem para outra localidade ou de lá virem; ademais, prestigiam-se a liberdade de comércio e o princípio federativo.*

Por outro lado, lembramos que o Imposto sobre Operações Relativas à Circulação de Mercadorias e sobre Prestações de Serviços (ICMS) se constitui em um imposto que tem a circulação de mercadorias como uma das hipóteses de incidência e pode, de certa forma, ser entendido como exceção a esse princípio do livre trânsito de pessoas e bens.

6.5.10 Princípio da uniformidade geográfica

Estabelece o art. 151, inciso I, da CF de 1988:

> Art. 151. É vedado à União:
> I – instituir tributo que não seja uniforme em todo o território nacional ou que implique distinção ou preferência em relação a Estado, ao Distrito Federal ou a Município, em detrimento de outro, admitida a concessão de incentivos fiscais destinados a promover o equilíbrio do desenvolvimento socioeconômico entre as diferentes regiões do país; [...].
> (Brasil, 1988)

Essa ideia advém do princípio basilar e constitucional do **federalismo**, por meio do qual todos os entes da Federação devem ser tratados de maneira igualitária, para que a própria nação possa ter assegurada sua unidade política e econômica. Ao mesmo tempo, a aplicação do princípio da uniformidade geográfica nada mais é do que a própria aplicação do princípio da estrita igualdade, que analisamos anteriormente. Isso pode ser verificado, de forma especial, no trecho da lei que informa ser "admitida a concessão de incentivos fiscais destinados a promover o equilíbrio do desenvolvimento socioeconômico entre as diferentes regiões do País [...]" (Brasil, 1988).

A lei oferece, pois, um tratamento desigual para os desiguais, na medida de suas desigualdades, autorizando algumas discriminações quando presentes determinados requisitos, quais sejam:

» tratar-se de um incentivo fiscal regional;
» ser a região ou regiões favorecidas mais pobres e menos desenvolvidas.

Tais incentivos, entretanto, jamais podem transformar-se em privilégios para quem, de alguma forma, detém o poder econômico-financeiro nessas mesmas regiões, devendo sempre ocorrer no sentido da promoção do desenvolvimento socioeconômico.

Na visão de Alexandre de Moraes (2022, p. 907),

Ao consagrar o princípio da uniformidade, vedando que a União institua tributo que não seja uniforme em todo o território nacional ou que implique distinção ou preferência em relação ao Estado, ao Distrito Federal ou a Município, o art. 151, I, reforça a igualdade federativa pretendida pelo art. 19, III.

Assim, por mais que a União tenha a obrigação constitucional de tratar uniformemente todos os entes federados, a própria CF de 1988 prevê algumas exceções.

6.5.11 Princípio da não diferenciação da procedência/destino

Estabelece o art. 152 da CF de 1988: "É vedado aos estados, ao Distrito Federal e aos municípios estabelecer diferença tributária entre bens e serviços, de qualquer natureza, em razão de sua procedência ou destino" (Brasil, 1988).

Exatamente a mesma previsão contém o art. 11 do CTN, também conhecido como *princípio da não discriminação tributária*, em razão da procedência ou do destino dos bens.

Por esse princípio, entendemos que é vedado aos estados, ao Distrito Federal e aos municípios da Federação a instituição de diferença tributária entre bens de qualquer natureza, levando em consideração sua procedência ou seu destino.

Notemos que tal limitação tributária não atinge a União, que pode estabelecer diferenças tributárias entre bens e serviços em virtude de sua procedência ou de seu destino, quando se tratar de importação, exportação e fixação de alíquotas interestaduais do ICMS.

6.6 Hipótese de incidência e fato gerador

É salutar denotarmos que a expressão *hipótese de incidência*, muito embora utilizada por boa parte da doutrina como sinônimo de *fato gerador*, na realidade, tem significado diverso e distinto. Basta vermos que uma coisa é a **descrição legal de um fato** e outra é o **acontecimento desse fato**. Ou seja, a hipótese de incidência é a **descrição da situação em que um tributo é devido.**

Machado (2020, p. 127), sobre essa questão terminológica, afirma que

> *diversas têm sido as denominações utilizadas pela doutrina para designar o fato gerador. Entre outras: suporte fático, situação base de fato, fato imponível, fato tributável, hipótese de incidência. No Brasil tem dominado, porém, a expressão fato gerador, que se deve à influência do Direito francês, sobretudo pela divulgação, entre nós, do trabalho de Gaston Jèze, específico sobre o tema.*

A **hipótese de incidência** é um indicativo claro, na lei, de uma **situação necessária e suficiente para que surja, no mundo jurídico, a obrigação tributária**. **Fato gerador**, por sua vez, é a **ocorrência daquilo que está descrito na lei**. Nesse sentido, a hipótese de incidência é a simples descrição, enquanto o fato gerador é a concretização da hipótese, é o acontecimento do que fora previsto.

Assim, podemos questionar: Quando se considera consumado o fato gerador? Segundo o art. 116 do CTN, não dispondo a lei de modo diferente, considera-se ocorrido o fato gerador e existentes seus efeitos:

» **em se tratando de situação de fato,** desde o momento em que se verifiquem as circunstâncias materiais necessárias para que se produzam os efeitos geralmente, ou ordinariamente, delas decorrentes;

» **em se tratando de situação jurídica**, desde o momento em que tal situação jurídica esteja definitivamente constituída, nos termos do direito aplicável.

É claro que, na prática, e principalmente para o leigo, não é uma tarefa das mais fáceis distinguir uma situação de fato de uma situação jurídica, porque nem sempre é possível distinguir um conceito jurídico de um conceito não jurídico. É importante, então, termos sempre a diferenciação ora proposta entre a hipótese de incidência e o fato gerador, porque é até esse ponto que podemos – no mais das vezes, como mostraremos a seguir – realizar um planejamento tributário coerente e robusto o suficiente para que se produzam os resultados pretendidos.

6.7 Obrigação tributária

A **relação tributária**, de modo semelhante a qualquer outra relação jurídica, surge da ocorrência de um fato previsto em uma norma como capaz de produzir determinado efeito. Em virtude do princípio da legalidade, essa norma há de ser uma **lei em sentido estrito**, salvo em se tratando de obrigação acessória.

A **ocorrência do fato gerador** faz com que apareça o **primeiro momento da relação tributária**, que é, consoante determinação do art. 113 do CTN, a **obrigação tributária**:

> Art. 113. A obrigação tributária é principal ou acessória.
> § 1º A obrigação principal surge com a ocorrência do fato gerador, tem por objeto o pagamento de tributo ou penalidade pecuniária e extingue-se juntamente com o crédito dela decorrente.
> § 2º A obrigação acessória decorre da legislação tributária e tem por objeto as prestações, positivas ou negativas, nela previstas no interesse da arrecadação ou da fiscalização dos tributos.
> § 3º A obrigação acessória, pelo simples fato da sua inobservância, converte-se em obrigação principal relativamente à penalidade pecuniária. (Brasil, 1966)

O conteúdo da obrigação tributária ainda não é, por si só, identificável, nem mesmo o sujeito passivo dessa relação é formalizado de imediato. Portanto, o Poder Público, nesse primeiro momento, ainda não é capaz de cobrar seu crédito.

Machado (2020, p. 122) leciona que a obrigação tributária é

> *a relação jurídica em virtude da qual o particular (sujeito passivo) tem o dever de prestar dinheiro ao Estado (sujeito ativo), ou de fazer, não fazer ou tolerar algo no interesse da arrecadação ou da fiscalização dos tributos, e o Estado tem o direito de constituir contra o particular um crédito.*

De acordo com o referido artigo do CTN, instalada a relação jurídica tributária, ao contribuinte são definidos dois tipos de obrigações tributárias: as acessórias e as principais.

A **obrigação principal** advém da própria **ocorrência do fato gerador do tributo**, tendo como objeto o **pagamento do referido tributo** e correspondendo a uma obrigação de dar, qual seja, seu valor pecuniário à Fazenda Pública.

Sobre as obrigações principal e acessória, assim se manifesta Leandro Paulsen (2017, p. 889):

> *o legislador do Código chama de obrigação principal ao vínculo abstrato que une o sujeito ativo ao sujeito passivo, tendo como objeto uma prestação pecuniária. É uma relação jurídica, de cunho patrimonial, estabelecida no consequente da regra-matriz de incidência. Por obrigação tributária acessória, entende-se como sendo aquela que exige do contribuinte um fazer, um não fazer ou até um tolerar. Decorrem da legislação tributária, e têm como principal objetivo viabilizar ao fisco o controle de fatos considerados como relevantes para o surgimento da obrigação principal.*

Se o objeto da obrigação principal é o ato de pagar, como objetos da **obrigação acessória** temos todos os demais, pertinentes à relação tributária, quais sejam: a **escrituração dos livros fiscais**, a **emissão de notas fiscais**, entre outros.

6.8 Crédito tributário

Se a obrigação tributária é o primeiro momento da relação tributária, o art. 139 do CTN prevê, como segundo momento, o crédito tributário, que decorre da obrigação e tem a mesma natureza desta.

Paulo de Barros Carvalho (2021, p. 377) afirma que "crédito tributário é o direito subjetivo de que é portador o sujeito ativo de uma obrigação tributária e que lhe permite exigir o objeto prestacional, representado por uma importância em dinheiro".

Por sua vez, Hugo de Brito Machado (2020, p. 172) define *crédito tributário* como "o vínculo jurídico, de natureza obrigacional, por força do qual o Estado (sujeito ativo) pode exigir do particular, o contribuinte ou responsável (sujeito passivo), o pagamento do tributo ou da penalidade pecuniária (objeto da relação obrigacional)".

O crédito tributário, em um sentido bastante peculiar, pressupõe **liquidez e certeza** como decorrentes do **lançamento**. Por conseguinte, **o crédito tributário somente é constituído com o lançamento**.

Muitos doutrinadores não diferenciam *obrigação tributária* de *crédito tributário*, mas, para que seja possível entender mais facilmente tais institutos, essa distinção é significatva, pois ela servirá de alicerce para o estudo que propomos aqui.

Podemos deixar essa distinção um pouco mais clara utilizando-nos, por analogia, de institutos do direito civil, quando este trata das **obrigações líquidas e ilíquidas**, sendo aquelas casos de **obrigação tributária**, e estas casos de **crédito tributário** (obrigação líquida) devidamente constituído.

6.9 Lançamento tributário

Para que seja constituído o crédito do sujeito ativo (fisco), é necessário que ele, por meio de suas autoridades competentes, desempenhe atividade vinculada e obrigatória, sob pena de crime de responsabilidade funcional, como definido pelo art. 142 do CTN:

> Art. 142. Compete privativamente à autoridade administrativa constituir o crédito tributário pelo lançamento, assim entendido o procedimento administrativo tendente a verificar a ocorrência do fato gerador da obrigação correspondente, determinar a matéria tributável, calcular o montante do tributo devido, identificar o sujeito passivo e, sendo caso, propor a aplicação da penalidade cabível.
> Parágrafo único. A atividade administrativa de lançamento é vinculada e obrigatória, sob pena de responsabilidade funcional. (Brasil, 1966)

A referida atividade consiste no procedimento administrativo tão importante, próprio para averiguar se o fato gerador realmente aconteceu e, a partir daí, calcular o montante devido e determinar o sujeito passivo da obrigação tributária. Ou seja, o **lançamento tributário** é a **nascente do crédito tributário**.

De acordo com o CTN, esse procedimento de constituição do crédito tributário se apresenta em três modalidades:

1. **Direto ou de ofício** – Ocorre quando é realizado por iniciativa da autoridade administrativa, independentemente de qualquer colaboração do sujeito passivo (CTN, art. 149). Exemplos: Imposto sobre a Propriedade de Veículos Automotores (IPVA) e Imposto sobre a Propriedade Predial e Territorial Urbana (IPTU).

2. **Por declaração ou misto** – É o lançamento realizado em face de declaração fornecida pelo contribuinte ou por terceiro, quando um ou outro presta à autoridade administrativa informações relativas à matéria de fato indispensável à sua efetivação (CTN, art. 147). Exemplo: apuração do Imposto de Importação (II) decorrente de declaração do passageiro que desembarca do exterior.

3. **Por homologação** – É o lançamento referente aos tributos cuja legislação atribui ao sujeito passivo o dever de antecipar o pagamento, sem prévio exame da autoridade administrativa, no que concerne à sua determinação. É chamado por boa parte da doutrina de *autolançamento*. Ressaltamos, porém, que ele somente se opera pelo ato em que a autoridade, tomando conhecimento da determinação feita pelo sujeito passivo, expressamente a homologa (CTN, art. 150). Segundo observa Amaro (2021, p. 373, grifo do original), "com isso, proscreve-se, no direito positivo, a ideia de *autolançamento* ou de lançamento feito pelo próprio devedor". Exemplos: Declaração de Débitos e Créditos Tributários Federais (DCTF) e Guia de Informação e Apuração (GIA).

Se tal procedimento – o lançamento tributário – não ocorrer, decairá o direito da Fazenda Pública de constituir seu crédito, não tendo qualquer respaldo legal em contrário.

6.10 Prescrição e decadência

Estabelece o art. 173 do CTN:

> Art. 173. O direito de a Fazenda Pública constituir o crédito tributário extingue-se após 5 (cinco) anos, contados:
> I – do primeiro dia do exercício seguinte àquele em que o lançamento poderia ter sido efetuado;
> II – da data em que se tornar definitiva a decisão que houver anulado, por vício formal, o lançamento anteriormente efetuado.
> Parágrafo único. O direito a que se refere este artigo extingue-se definitivamente com o decurso do prazo nele previsto, contado da data em que tenha sido iniciada a constituição do crédito tributário pela notificação, ao sujeito passivo, de qualquer medida preparatória indispensável ao lançamento. (Brasil, 1966)

Por **decadência** entendemos, mediante a compreensão do referido artigo com seus incisos e parágrafo único, a **extinção do direito da Fazenda Pública de constituir o crédito tributário**, por meio do lançamento, em vista do transcurso do prazo de cinco anos, contados a partir do primeiro dia do exercício seguinte àquele em que o lançamento deveria ter sido efetuado; isso a não ser que se tenha iniciado qualquer medida indispensável ao lançamento, tendo o contribuinte sido devidamente notificado, caso em que o prazo deverá começar a ser contado da data da notificação. Também estará extinto o direito de constituição do crédito tributário pelo mesmo prazo, contado a partir da data em que tiver sido anulado qualquer vício de forma no lançamento tributário efetuado anteriormente.

Ainda sobre a decadência, esclarecemos que também o direito do contribuinte pode decair, dentro do mesmo prazo previsto de cinco anos. Aqui, colhemos o ensinamento de Carvalho (2021, p. 482):

> *A decadência ou caducidade é tida como fato jurídico que faz perecer um direito pelo seu não exercício durante certo lapso de tempo. Para que as relações jurídicas não permaneçam indefinidamente, o sistema positivo estipula certo período a fim de que seus titulares de direitos subjetivos realizem os atos necessários à sua preservação, e perante a inércia manifestada pelo interessado, deixando fluir o tempo, fulmina a existência do direito, decretando-lhe a extinção.*

Por sua vez, **prescrição** é a **perda do direito de ação em relação à cobrança do crédito tributário**, em vista do transcurso do prazo de cinco anos, contados da data do lançamento válido (constituição definitiva do crédito), segundo previsão do art. 174 do CTN:

> Art. 174. A ação para a cobrança do crédito tributário prescreve em cinco anos, contados da data da sua constituição definitiva.
> Parágrafo único. A prescrição se interrompe:
> I – pelo despacho do juiz que ordenar a citação em execução fiscal;
> II – pelo protesto judicial;
> III – por qualquer ato judicial que constitua em mora o devedor;
> IV – por qualquer ato inequívoco ainda que extrajudicial, que importe em reconhecimento do débito pelo devedor.
> (Brasil, 1966)

Machado (2020, p. 223) posiciona-se da seguinte maneira acerca da prescrição no direito tributário: "o CTN, todavia, diz expressamente que a prescrição extingue o crédito tributário (art. 156, V). Assim, nos termos do Código, a prescrição não atinge apenas a ação para cobrança do crédito tributário, mas o próprio crédito, vale dizer, a relação material tributária".

Ainda sobre a prescrição no âmbito tributário, colhemos decisão do Superior Tribunal de Justiça (STJ, 2014), assim ementada:

> TRIBUTÁRIO E PROCESSUAL CIVIL. AGRAVO REGIMENTAL. VIOLAÇÃO DO ART. 535 DO CÓDIGO DE PROCESSO CIVIL. NÃO OCORRÊNCIA. TRIBUTOS SUJEITOS A LANÇAMENTO POR HOMOLOGAÇÃO. DECLARAÇÃO DE IMPORTAÇÃO, GIA OU SIMILAR PREVISTA EM LEI. CONSTITUIÇÃO DO CRÉDITO TRIBUTÁRIO. PRAZO PRESCRICIONAL. REGIME ANTERIOR À VIGÊNCIA DA LC 118/05. INÉRCIA IMPUTADA À EXEQUENTE.
> 1. Não há violação do art. 535 do CPC quando o Tribunal de origem resolve a controvérsia de maneira sólida e fundamentada, apenas não adotando a tese do recorrente.

2. Nos tributos sujeitos a lançamento por homologação, em que o pagamento do tributo é antecipado pelo contribuinte, aplica-se o prazo decadencial previsto no art. 150, § 4º, do CTN, tendo a Fazenda Pública, em regra, cinco anos para homologar o pagamento antecipado, a contar da ocorrência do fato gerador.

3. Todavia, nessa modalidade de lançamento por homologação, quando o contribuinte deixa de declarar e antecipar o pagamento do tributo devido, não há o que ser homologado pelo Fisco, dando espaço à figura do lançamento direto substitutivo a que alude o art. 149 do CTN.

4. Nesses casos de ausência de antecipação do pagamento pelo contribuinte, a mera apresentação de Guia de Informação e Apuração do ICMS – GIA, ou de outra declaração semelhante prevista em lei, tal qual a Declaração de Importação apresentada na espécie, perfaz modalidade de constituição do crédito tributário, e o valor declarado pode ser imediatamente inscrito em dívida ativa, independentemente de qualquer procedimento administrativo de lançamento, ou notificação do contribuinte.

5. Hipótese em que o Tribunal de origem afirmou que o crédito foi constituído no momento em que o contribuinte entregou as declarações de importação e não efetuou o recolhimento do ICMS.

6. Assim, não há se falar em decadência em relação aos valores declarados, mas apenas em prescrição do direito à cobrança, cujo termo inicial do prazo quinquenal é o dia útil seguinte ao do vencimento, quando tornam-se exigíveis, seguindo a inteligência do art. 174 do Código Tributário Nacional.

> 7. Restando incontroverso nos autos que o contribuinte declarou e não recolheu valores relativos ao ICMS, em 12/11/1993 e 2/12/1993, e ocorrida a citação por edital em 23/8/1999, deve a execução fiscal ser extinta por força da prescrição, mormente quando afastada na origem a aplicação da Súmula 106/STJ.
> 8. Agravo regimental a que se nega provimento.

Esclarecemos que tanto a prescrição quanto a decadência tributária são institutos que podem ser utilizados pelo particular e pelo Estado, diante da inércia do outro sujeito da relação tributária.

Síntese

Os tópicos abordados neste capítulo evidenciaram as possibilidades legais que servem, necessária e obrigatoriamente, como parâmetros para o Estado instituir tributos – possibilidades baseadas, sobretudo, nos princípios norteadores do direito tributário.

Tais princípios, conjugados com outros tantos do direito e aplicados em cada caso concreto, fornecem ao contribuinte a segurança jurídica e a certeza de que o poder tributante não pode, de um momento para outro, surpreendê-lo com a cobrança de tributos que nem sequer existiam ou mesmo com a majoração imediata dos já existentes.

Verificamos pontualmente alguns institutos constantes na legislação tributária, que existem para mostrar aos sujeitos envolvidos na relação tributária seus direitos e obrigações, ao mesmo tempo que servem para que possam ser aplicadas as sanções devidas pela falta de cumprimento de tais obrigações, tanto para o sujeito ativo quanto para o passivo.

Mesmo que de forma muito sucinta, procuramos analisar o direito tributário, especialmente no que concerne ao tributo, às espécies tributárias e à relação tributária, com todas as suas particularidades.

Questões para revisão

1) Analise as afirmativas a seguir quanto à competência residual:
   I. Somente a União tem essa competência.
   II. Ocorre somente por meio de lei complementar.
   III. Não pode ser cumulativa.
   IV. Ocorre desde que os impostos criados não tenham fato gerador ou base de cálculo próprios dos impostos discriminados na Constituição Federal.
   Agora, assinale a alternativa correta:
   a. Apenas as afirmativas I e II estão corretas.
   b. Apenas as afirmativas II e III estão corretas.
   c. Apenas as afirmativas III e IV estão corretas.
   d. Apenas as afirmativas I, II e III estão corretas.
   e. Todas as afirmativas estão corretas.

2) Alguns dos princípios tributários estão estampados na Constituição de 1988, no art. 150 e seus incisos. Analise se esse é o caso dos princípios indicados a seguir:
   I. Princípio da anterioridade.
   II. Princípio da capacidade contributiva.
   III. Princípio da estrita legalidade.
   IV. Princípio da uniformidade geográfica.
   Agora, assinale a alternativa correta:
   a. Apenas os itens I, II e III estão corretos.
   b. Apenas os itens I e III estão corretos.
   c. Apenas os itens II e IV estão corretos.

d. Apenas os itens I e IV estão corretos.
e. Todas os itens estão corretos.

3) Indique se as afirmativas a seguir são verdadeiras (V) ou falsas (F):
( ) O fato gerador faz nascer a obrigação tributária.
( ) O crédito tributário é constituído a partir do lançamento tributário.
( ) O pagamento é a obrigação tributária principal.
Agora, assinale a alternativa que identifique a sequência correta:
a. V, V, V.
b. F, V, V.
c. F, F, F.
d. F, F, V.

4) O que você entende por *competência tributária*?
5) O que é capacidade tributária ativa?

Questões para reflexão

1) Para se adquirir a capacidade tributária passiva, é preciso ter capacidade civil?
2) Todo tributo é imposto?

Para saber mais

Para que você possa aprofundar o estudo sobre os temas examinados neste capítulo, sugerimos a leitura das obras listadas a seguir.

CARVALHO, P. de B. **Curso de direito tributário**. 31. ed. São Paulo: Noeses, 2021.

COELHO, S. C. N. **Curso de direito tributário brasileiro**. 18. ed. Rio de Janeiro: Forense, 2022.

MACHADO, H. de B. **Curso de direito tributário**. 41. ed. São Paulo: Malheiros, 2020.

Consultando a legislação

Se você desejar aprofundar seus conhecimentos sobre os assuntos abordados neste capítulo, consulte:

BRASIL. Constituição (1988). **Diário Oficial da União**, Poder Legislativo, Brasília, DF, 5 out. 1988. Disponível em: <http://www.planalto.gov.br/ccivil_03/constituicao/constituicao.htm>. Acesso em: 10 ago. 2022.

BRASIL. Lei n. 4.320, de 17 de março de 1964. **Diário Oficial da União**, Poder Legislativo, Brasília, DF, 23 mar. 1964. Disponível em: <http://www.planalto.gov.br/ccivil_03/leis/l4320.htm>. Acesso em: 10 ago. 2022.

BRASIL. Lei n. 5.172, de 25 de outubro de 1966. **Diário Oficial da União**, Poder Legislativo, Brasília, DF, 27 out. 1966. Disponível em: <http://www.planalto.gov.br/ccivil_03/leis/l5172.htm>. Acesso em: 10 ago. 2022.

VII

Conteúdos do capítulo:

» Princípios do direito do trabalho.
» Relação individual e coletiva de trabalho.
» Contrato individual de trabalho.
» Conteúdo mínimo da relação de emprego.

Após o estudo deste capítulo, você será capaz de:

1. entender os mais importantes princípios do direito do trabalho;
2. distinguir *relação de trabalho* de *relação de emprego*;
3. entender em que consistem as organizações sindicais;
4. compreender os conteúdos mínimos que devem existir em uma relação de emprego, como o contrato individual de trabalho, o salário, os intervalos e as férias.

Direito do trabalho

7.1 Introdução

O direito do trabalho regulamenta as **situações existentes entre os empregados e os empregadores**, em suas relações individuais e coletivas, alicerçadas em regras e princípios implícitos ou explícitos na Constituição Federal (CF) de 1988, na Consolidação das Leis do Trabalho (CLT) – Decreto-Lei n. 5.452, de 1º de maio de 1943 (Brasil, 1943) – e na legislação infraconstitucional.

7.2 Princípios trabalhistas

Vários são os princípios trabalhistas estudados pela doutrina. Examinaremos alguns deles, deixando claro que existem outros que podem ser encontrados em uma leitura mais particular das obras de outros autores.

7.2.1 Princípio da irrenunciabilidade de direitos

As normas do direito do trabalho são **imperiosas**, ou seja, **não podem ser extintas, modificadas ou alteradas** pelos sujeitos da relação trabalhista – em comum acordo ou unilateralmente, pelo empregador ou pelo empregado. É claro que isso se aplica, conforme determina o art. 9º da CLT, quando tais modificações têm como objetivo prejudicar o empregado, pois, quando o beneficiam, são sempre bem-vindas.

Segundo o entendimento de Mauricio Godinho Delgado (2020, p. 195), o princípio da indisponibilidade dos direitos trabalhistas "traduz a inviabilidade técnico-jurídica de poder o empregado despojar-se, por sua simples manifestação de vontade, das vantagens e proteções que lhe asseguram a ordem jurídica e o contrato".

Entendemos, pois, que todas as propostas ou acordos realizados no sentido de desconsiderar os direitos do trabalhador serão considerados **nulos**. Quem tentar fazê-los ou efetivamente concretizá-los, portanto, cometerá afronta à legislação trabalhista.

7.2.2 Princípio da irredutibilidade salarial

Estabelece a CF de 1988, em seu art. 7º, inciso VI, a garantia de "irredutibilidade do salário, salvo o disposto em convenção ou acordo coletivo" (Brasil, 1988).

Novamente com outros termos, é abordado pela doutrina trabalhista um princípio jurídico peculiar ao direito do trabalho, o qual também é chamado de **princípio da inalterabilidade contratual** e tem sua aplicação mais restrita.

A restrição de sua aplicação, no direito do trabalho, deve-se ao fato de que o contrato laboral não poderá ser alterado, tornando-se, portanto, intocável, sempre que tal alteração se der no sentido de prejudicar o empregado. Assim, como regra, nenhum salário poderá ser reduzido, salvo nas vicissitudes que ocorram durante a vigência do contrato de trabalho e que sejam alvo de negociações coletivas.

Trata-se de situações que se apresentam, por vezes, em casos de possibilidade de dispensa em massa, pois o empregador não consegue suportar a carga salarial de seus empregados, com os encargos sociais e tudo o mais que representa financeiramente cada emprego. Então, por meio de uma negociação coletiva com a entidade representativa da categoria, decide-se pela redução do salário de todos os empregados, com o amparo constitucional.

7.2.3 Princípio da continuidade da relação de emprego

O direito do trabalho tutela a permanência do vínculo empregatício, entendendo-se que, como regra, **o prazo de duração do contrato individual de trabalho é indeterminado** e, como exceção, existem contratos a termo.

Tendo como uma de suas finalidades a conservação do vínculo de emprego, o direito do trabalho espera que ela beneficie as duas partes – empregado e empregador.

O empregado, especialmente, que é o maior destinatário de proteção, quanto mais tempo estiver no emprego, mais direitos trabalhistas terá, pois, com certeza, a legislação e as negociações coletivas, que tendem somente a preservá-los, vão gradativamente aprimorando-os. Além disso, o empregado poderá realizar suas próprias conquistas, como as promoções ou as demais vantagens em virtude do tempo de serviço.

Por outro lado, o empregador terá a obrigação de provar o término da relação de emprego, pois, segundo o entendimento do Tribunal Superior do Trabalho (TST), pela Súmula n. 212, de 26 de setembro de 1985, "O ônus de provar o término do contrato de trabalho, quando negadas a prestação de serviço e o despedimento, é do empregador, pois o princípio da continuidade da relação de emprego constitui presunção favorável ao empregado" (TST, 2003b).

A Carta Magna de 1988 determina, em seu art. 7º, inciso I, em outras palavras, **a segurança e a continuidade da relação de emprego**, ao proteger o empregado contra despedida arbitrária ou sem justa causa, prevendo uma indenização compensatória e outros direitos.

7.2.4 Princípio da primazia da realidade

O princípio da primazia da realidade encontra-se bem próximo do princípio da irrenunciabilidade de direitos e, de certa forma, vem a reforçá-lo. Isso ocorre porque, por vezes, o empregado é compelido a trabalhar em tarefas diferentes daquelas para as quais foi contratado.

É bem verdade que, em boa parte dessas situações, isso se configura benéfico e importante para o funcionário, pois ele aprenderá um novo ofício. Porém, o problema se instala quando o desvio de função se torna comum, especialmente quando a nova função desempenhada deveria dar direito a uma remuneração maior do que aquela para a qual o empregado foi contratado e o empregador não o remunera de maneira condizente com a realidade.

Conforme Delgado (2020, p. 201-202), pelo princípio da primazia da realidade, é preciso pesquisar **o que de concreto acontece na prestação de serviços**, independentemente do que tenha sido eventualmente manifestado pelas partes.

A despeito do que tenha sido acordado entre as partes, se o que acontece de fato é uma situação diversa da contratada e, por isso, o empregado está sendo prejudicado, o que tem validade é o que ocorre na realidade, em detrimento do anteriormente contratado.

Para reforçar a compreensão de que, para a legislação trabalhista, o que interessa é o que acontece na realidade, independentemente de qualquer acordo firmado, mesmo por escrito, corroboramos a interpretação de Amauri Mascaro Nascimento (2014, p. 456): "o princípio da realidade visa à priorização da verdade real diante da verdade formal. Entre os documentos sobre a relação de emprego e o modo efetivo como, concretamente, os fatos ocorreram, deve-se reconhecer estes em detrimento dos papéis". Com isso, o empregado pode, quando quiser, requerer o que lhe é devido.

7.2.5 Princípio da proteção ao trabalhador

Relembramos que todos os princípios trabalhistas visam à proteção da parte mais fraca da relação de emprego, que é o trabalhador. Contudo, existe um princípio mais específico quanto a essa questão: o princípio da proteção ao trabalhador.

Compreendemos, genericamente, por esse princípio, que **as normas do direito do trabalho estão todas voltadas a amparar juridicamente a parte mais frágil da relação laboral –, ou seja, o trabalhador**, com o intuito, de certa forma, de mitigar o real desnível existente de fato em tal relação.

O princípio da proteção ao trabalhador normalmente é subdividido pela doutrina em outros três princípios – ou subprincípios – que dele decorrem, um complementando o outro:

1. **Princípio da norma mais favorável** – Por esse princípio, e tendo sempre como norteador o princípio da proteção, o aplicador do direito, sendo o juiz ou não, deve escolher a norma que traga mais benefícios ao obreiro ou que melhor atenda aos seus interesses. Para sua aplicação, é permitida inclusive a eleição de regra hierarquicamente inferior, em detrimento de outra superior dentro da ordem jurídica, se aquela proporcionar uma vantagem ao trabalhador em relação à situação em análise. É claro que a aplicação da norma mais favorável se vincula obrigatoriamente aos ditames legais, dentro dos parâmetros que o ordenamento jurídico determina, para que a segurança jurídica da relação laboral seja preservada. Salientamos ainda que, ao eleger a norma mais favorável, o intérprete ou aplicador deve ter sempre em mente a classe de trabalhadores envolvida, e não somente o direito de determinado trabalhador, considerado especificamente.

2. **Princípio do *in dubio pro operario*** – Diante de uma situação concreta ou da simples leitura de um texto jurídico, se o intérprete tiver dúvidas reais quanto ao seu sentido ou entendimento, deverá optar, entre as possibilidades interpretativas cabíveis, em favor do empregado (Nascimento, 2014, p. 455). Realçamos que tal princípio não é aplicável ao processo trabalhista, como nos ensina Delgado (2020, p. 206):

> *Hoje, a teoria do ônus da prova sedimentada do Direito Processual do Trabalho, e o largo espectro de presunções que caracteriza esse ramo especializado do Direito já franqueiam, pelo desequilíbrio de ônus probatório imposto às partes (em benefício do prestador de serviços), possibilidades mais eficazes de reprodução, no processo, da verdade real. Em consequência, havendo dúvida do juiz em face do conjunto probatório existente e das presunções aplicáveis, ele deverá decidir em desfavor da parte que tenha o ônus da prova naquele tópico duvidoso, e não segundo a diretriz genérica* in dubio pro operario.

Entendemos que, acima de tudo, no caso de haver **dúvidas** quanto ao entendimento do direito em certa situação da relação laboral que se apresente, aquele que tem a obrigação de realizar sua interpretação deverá zelar pela razoabilidade e pela sensatez.

3. **Princípio da condição mais benéfica** – Durante o período de vigência do contrato de trabalho, sabemos que algumas regras podem sofrer alterações. Pelo princípio da condição mais benéfica, a situação prevista em cláusula contratual que for mais vantajosa ao trabalhador deve subsistir a outra que venha a regulamentar a relação laboral, mas que preveja condição menos interessante àquele. O TST editou a Súmula n. 51, de 14 de junho de 1973, nesse sentido, para que não haja

dúvida: "As cláusulas regulamentares, que revoguem ou alterem vantagens deferidas anteriormente, só atingirão os trabalhadores admitidos após a revogação ou alteração do regulamento" (TST, 2005). Importa dizermos que aquilo que já existe e que for mais benéfico ao empregado deve ser preservado, pois é entendido como **direito adquirido**. Fica evidente que não se trata de uma questão conflituosa entre regras; o princípio evidencia sua aplicação em relação às cláusulas contratuais, ou seja, relativa e exclusivamente ao contrato de trabalho ou em relação ao regulamento da empresa empregadora. O princípio indica ainda que o aplicador das normas trabalhistas deverá escolher a condição mais benéfica, em detrimento, às vezes, de uma norma mais moderna, zelando principalmente pelo direito adquirido, respaldado por nosso Diploma Maior, em seu art. 5º, inciso XXXVI.

7.2.6 Princípio da unicidade sindical

A CF de 1988 determina, em seu art. 8º e incisos, a livre associação profissional ou sindical, informando que todos os trabalhadores têm, a seu critério, a liberdade de se associar e de se retirar desse tipo de associação.

Além de outras determinações, proíbe-se a criação de mais de uma entidade, de qualquer nível, que represente a mesma categoria de empregados ou de empregadores em uma mesma base territorial, a qual não pode ser menor do que a área de um município. Chama-se, assim, a entidade criada de **sindicato único**, respaldado no princípio da unicidade sindical.

Esse pensamento é abalizado por Nascimento (2014, p. 1.277): "em abono do sindicato único, afirma-se que promove melhor a unidade do grupo, a sua solidez e a união indispensável para que as suas reivindicações, maciçamente manifestadas, tenham condições de influir".

Essa obrigatoriedade é benéfica aos trabalhadores de qualquer categoria, pois, ao se agruparem em uma mesma base, a força para buscar as melhorias certamente será maior.

7.3 Relação individual de trabalho

Examinaremos, nesta seção, a relação existente entre o empregado e o empregador, que são os sujeitos da relação individual de trabalho.

7.3.1 Sujeitos da relação de emprego

Ao tratarmos da relação individual de trabalho, é importante esclarecermos quem são os sujeitos que integram essa relação.

■ Empregador

Quando define *empregador*, em seu art. 2º, parágrafo 1º, assim determina a CLT:

> Art. 2º Considera-se empregador a empresa, individual ou coletiva, que, assumindo os riscos da atividade econômica, admite, assalaria e dirige a prestação pessoal de serviço.
> § 1º Equiparam-se ao empregador, para os efeitos exclusivos da relação de emprego, os profissionais liberais, as instituições de beneficência, as associações recreativas ou outras instituições sem fins lucrativos, que admitirem trabalhadores como empregados. (Brasil, 1943)

Resumindo, qualquer pessoa pode exercer a função de empregador: pessoa física ou jurídica, empresa individual ou sociedade, profissional liberal ou qualquer tipo de associação ou instituição, mesmo aquelas que não tenham fins lucrativos.

O empregador, como tal, tem alguns poderes de que pode fazer uso dentro da relação de emprego. Porém, ao exercê-los, não pode, é claro, ultrapassar os ditames legais, muito menos prejudicar o empregado, em qualquer situação.

Veja a seguir alguns desses poderes:

a. **Poder de direção** – O empregador tem a prerrogativa de definir de que forma deseja que o empregado desempenhe o serviço, direcionando-o e dirigindo-o para tal intuito.

b. **Poder de organização** – O empregador organizado se utiliza de organogramas funcionais, incluindo um regulamento interno, com normas disciplinares e peculiares à empresa, bem como a descrição dos direitos e deveres dos trabalhadores. Ao mesmo tempo, a empresa pode ser dividida em setores – às vezes, com um setor dependendo do outro –, pois sua produção é em escala e em série. Assim, o empregador exercerá esse poder, organizando todas as tarefas a serem desenvolvidas por seus funcionários.

c. **Poder de controle** – Se o empregador define de que modo o empregado deve trabalhar, também organiza o trabalho e, por conseguinte, verifica se tudo está sendo realizado conforme o que foi determinado, exercendo seu poder de controle.

d. **Poder disciplinar** – Se aquilo que foi previamente determinado não estiver sendo cumprido, o empregador poderá, exercendo seu poder disciplinar, impor certas sanções aos empregados, como uma advertência, a suspensão e até mesmo a dispensa por justa causa.

Dessa forma, o empregador tem alguns poderes que lhe dão prerrogativas para estipular a melhor maneira de realização do trabalho pelo empregado.

◼ Empregado

A CLT trata do empregado em seu art. 3º, parágrafo único, da seguinte forma:

> Art. 3º Considera-se empregado toda pessoa física que prestar serviços de natureza não eventual a empregador, sob a dependência deste e mediante salário.
> Parágrafo único. Não haverá distinções relativas à espécie de emprego e à condição de trabalhador, nem entre o trabalho intelectual, técnico e manual. (Brasil, 1943)

Para reforçar a interpretação legal, colhemos a definição de Delgado (2020, p. 348), para quem "empregado é toda pessoa natural que contrate, tácita ou expressamente, a prestação de seus serviços a um tomador, a este efetuados com pessoalidade, onerosidade, não eventualidade e subordinação".

Aqui, já podemos observar uma peculiaridade: somente pode ser empregado a **pessoa física**, excluindo-se a pessoa jurídica dessa possibilidade.

7.3.2 Relação de emprego

A relação de emprego é uma espécie de **relação de trabalho**. Assim, para que ela se caracterize, algo mais é exigido.

Consoante ao ensinamento de Rosânia de Lima Costa (2019, p. 31),

> *Toda vez que for necessário contratar uma pessoa para cumprir ordens e executar tarefas que lhe foram atribuídas, instruindo sobre a forma de realizá-las, exigir cumprimento de horários e seu comparecimento continuamente ao local de trabalho mediante o pagamento denominado salário, numa autêntica relação vivenciada por empregador/empregado, em que um manda e*

outro executa as ordens, estará estabelecida a relação de emprego (vínculo empregatício) entre empregado e empregador.

A legislação exige o **vínculo empregatício** para que se caracterize a relação de emprego. Porém, podemos questionar: Em que consiste esse vínculo empregatício?

Pois bem, para que exista o vínculo empregatício, quatro requisitos devem obrigatoriamente estar presentes:

1. **Pessoalidade** – Resume-se no fato de que o empregado **não pode se fazer substituir por outra pessoa,** pois o serviço deve ser prestado por ele mesmo, pessoalmente. Se outra pessoa desempenhar suas tarefas constantemente, outro vínculo empregatício será criado.

2. **Habitualidade** – Os serviços, além de serem prestados habitualmente e de forma contínua, devem ter natureza não eventual, considerando-se que a **não eventualidade** e a **continuidade** não são conceitos idênticos. Essa habitualidade sempre foi motivo de sérias discussões doutrinárias e jurisprudenciais, em virtude, principalmente, do número de dias trabalhados na semana que a caracterizam. Todavia, a partir da edição da Lei Complementar n. 150, de 1º de junho de 2015, essa discussão não mais existe, pois a lei assim dispõe em seu art. 1º: "Ao empregado doméstico, assim considerado aquele que presta serviços de forma contínua, subordinada, onerosa e pessoal e de finalidade não lucrativa à pessoa ou à família, no âmbito residencial destas, por mais de 2 (dois) dias por semana, aplica-se o disposto nesta Lei" (Brasil, 2015).

3. **Subordinação** – A subordinação é genérica, ou seja, **o empregado encontra-se sob a dependência social, econômica, técnica e jurídica do empregador.**

Assim, o funcionário está hierarquicamente subordinado ao patrão, pois é este quem assume todos os riscos do negócio. Na visão de Sergio Pinto Martins (2022, p. 140), a subordinação pode ser entendida como "a obrigação que o empregado tem de cumprir as ordens determinadas pelo empregador em decorrência do contrato de trabalho".

4. **Onerosidade** – Se o empregado presta seus serviços, deve ser remunerado. A onerosidade é, pois, a **contrapartida do empregador**, ou seja, o **pagamento pelos serviços prestados pelo empregado**. Assim, nos casos em que o empregador deixa de pagar o salário ao empregado, poderíamos pensar que estaria descaracterizada a relação de emprego pela inexistência da onerosidade, mas não é bem isso o que ocorre. A onerosidade se caracteriza pelo **pacto firmado**, pelo acordo anterior, no qual se estabeleceu a obrigação do empregador de remunerar o empregado pelos serviços prestados. Se o empregador não cumprir com sua obrigação, poderá ser penalizado de outras maneiras, mas o vínculo empregatício não será quebrado por essa falta.

Resumindo o que tratamos neste tópico, a relação de emprego são as **obrigações criadas por meio do contrato individual de trabalho**, que vinculam o empregado ao empregador.

7.3.3 Contrato individual de trabalho

Agora, vamos tratar do contrato individual de trabalho, ou seja, do vínculo que une o empregado ao empregador.

▪ Conceito

O contrato individual de trabalho é o **acordo**, o **pacto firmado entre os sujeitos da relação de emprego** – o empregador e o empregado – no qual consta tudo aquilo que ambos decidiram, com mútuo consentimento e respeitando todas as normas jurídicas.

Perguntamos: Será que esse contrato de trabalho tem forma determinada pela lei? Será que ele pode se dar somente por escrito?

Vejamos: segundo o art. 442 da CLT, o "contrato individual de trabalho é o acordo, tácito ou expresso, correspondente à relação de emprego" (Brasil, 1943).

Em primeiro lugar, vamos interpretar o que diz respeito ao **acordo expresso**, que pode ter duas formas.

A **forma escrita** é a regra, pois a própria CLT, em seu art. 29, determina a obrigatoriedade da anotação na Carteira de Trabalho e Previdência Social (CTPS) do contrato individual de trabalho e de todas as suas alterações, sob pena de sanção administrativa ao empregador. Outra possibilidade é a **forma verbal**, na qual não há qualquer documento escrito.

Por fim, há o **ajuste tácito**, que é exatamente o contrário do expresso. Nesse caso, nada foi falado, concernente à relação de emprego, por nenhum dos sujeitos, seja o empregador, seja o empregado; porém, mesmo assim, verifica-se claramente que a relação está instalada, estando subentendido o vínculo empregatício.

Resumindo toda a nossa explanação, aliamo-nos ao entendimento de Delgado (2020, p. 483), que define *contrato de trabalho* como "o negócio jurídico expresso ou tácito mediante o qual uma pessoa natural obriga-se perante pessoa natural, jurídica ou ente despersonificado a uma prestação pessoal, não eventual, subordinada e onerosa de serviços".

Esclarecemos que é irrelevante a forma de ajuste do contrato individual de trabalho para que ele tenha validade. O que acontece de forma pontual é que, não sendo o contrato celebrado pela forma expressa escrita, o empregado momentaneamente não poderá usufruir de seus direitos, o que não significa que renunciou a eles, pois está alicerçado no princípio da irrenunciabilidade de direitos, já examinado anteriormente.

■ Alterações

Com o contrato individual de trabalho firmado pelas partes, sob uma das formas descritas anteriormente, a relação de emprego está caracterizada.

É claro que, durante a vigência de todo e qualquer contrato de trabalho, várias alterações podem acontecer. A seguir, apresentaremos essas possibilidades de alteração.

■ Alterações obrigatórias

Temos mencionado que, em tese, o que nos obriga a fazer ou deixar de fazer alguma coisa é a **lei**. Novamente aqui essa questão aparece. Quando as alterações no contrato individual de trabalho acontecem obrigatoriamente, independem da vontade das partes, pois a própria lei é que determina tais alterações. As partes do contrato simplesmente têm de alterar o contrato realizado entre ambos, sob pena de infringirem norma legal.

■ Alterações voluntárias

No caso de alterações voluntárias, estas dependem das partes. Em comum acordo, elas podem alterar o contrato firmado entre ambas, desde que isso não cause qualquer prejuízo ao empregado, ao mesmo tempo que não afronte a legislação.

É evidente que o empregado não obterá, unilateralmente, a alteração do contrato, pois não tem essa prerrogativa, sendo que qualquer mudança que deseje efetuar deverá ocorrer com o mútuo consentimento do empregador.

O empregador, por sua vez, tem garantida a possibilidade de alterar o contrato unilateralmente, exercendo seus poderes de direção, organização, controle e disciplina – porém, voltamos a insistir, desde que não cause perdas ao empregado.

▪ Promoção

Acreditamos ser comum o entendimento de que a promoção, como regra, é sempre bem-vinda. Mesmo que seja atrelada a mais responsabilidades, normalmente a promoção vem revestida de vantagens e benefícios, incluindo-se os financeiros.

Existe também, no caso de promoção, divergência doutrinária no sentido de ser ou não obrigatória sua aceitação pelo empregado quando, na empresa, não existir o plano ou quadro organizado de cargos e salários. Caso exista, a recusa do empregado poderá gerar sua dispensa, até mesmo por justa causa.

▪ Rebaixamento

O ordenamento jurídico proíbe qualquer tipo de rebaixamento, seja direto, seja indireto. São incluídas, nesse particular, aquelas situações em que o empregado continua recebendo a remuneração de uma função superior, na qual tinha responsabilidades de chefia, com pessoal subordinado a ele, mas é levado a trabalhar em função distinta, às vezes sozinho, sem maiores responsabilidades. É o chamado **rebaixamento moral**, também vedado.

O rebaixamento é sempre encarado como uma punição ao empregado.

Chamamos atenção para alguns casos particulares, que não são considerados rebaixamento:

a. **Readaptação** – Acontece naquelas situações em que o empregado desenvolvia certa função, mas, em razão de um problema – normalmente tendo como causa um acidente ou uma doença –, não consegue mais desenvolvê-la. É o caso em que o empregador readapta o funcionário em outra função, mantendo, por óbvio, sua remuneração.

b. **Substituição temporária** – Ocorre quando o empregado exerce temporariamente um cargo ou função de confiança, tendo remuneração compatível e, posteriormente, retorna à sua função ou cargo original, conforme determinação do art. 450 da CLT: "Ao empregado chamado a ocupar, em comissão, interinamente, ou em substituição eventual ou temporária, cargo diverso do que exercer na empresa serão garantidas a contagem do tempo naquele serviço, bem como a volta ao cargo anterior" (Brasil, 1943).

c. **Destituição de cargo ou função de confiança** – Acontece quando o empregado é promovido a cargo ou função de confiança e, posteriormente, é destituído desse cargo ou função. Por mais que seja lesiva ao empregado, essa destituição é considerada como lícita, respaldada nos parágrafos 1º e 2º do art. 468 da CLT:

> § 1º Não se considera alteração unilateral a determinação do empregador para que o respectivo empregado reverta ao cargo efetivo, anteriormente ocupado, deixando o exercício de função de confiança.
> § 2º A alteração de que trata o § 1º deste artigo, com ou sem justo motivo, não assegura ao empregado o direito à manutenção do pagamento da gratificação correspondente, que não será incorporada, independentemente do tempo de exercício da respectiva função. (Brasil, 1943).

Examinamos, neste tópico, certas possibilidades de alteração do contrato individual de trabalho, sendo algumas obrigatórias e outras voluntárias.

■ Causas de extinção

O contrato individual de trabalho pode se findar por vários motivos.

Nos **contratos a termo**, ou com prazo de duração determinado, o próprio decurso do prazo é o motivo de finalização, conforme menciona a CLT, em seu art. 479.

Outra possibilidade é o **desaparecimento** de um dos sujeitos da relação laboral, seja por morte, seja pelo desaparecimento propriamente dito de empregado ou empregador – pessoa física –, ou ainda, no caso de ser o empregador uma pessoa jurídica, por sua extinção, conforme disposição da CLT, art. 483, parágrafo 2º.

De resto, e entendemos ser o caso da maioria das rescisões, estas acontecem por iniciativa do empregador ou do empregado. Vemos a necessidade de esmiuçar um pouco mais esses casos, mas, antes, é importante que nos lembremos do **princípio da continuidade da relação de emprego**, pois este já indica que, como regra, o prazo de duração do contrato de trabalho é indeterminado.

Na sequência, vamos tratar então das **rescisões por iniciativa do empregado e do empregado.**

■ Por iniciativa do empregado

O **pedido de demissão** é o mais comum, quando se trata da extinção do contrato por iniciativa do empregado; porém, de certa forma, causa-lhe alguns prejuízos. Ele não terá direito, por exemplo, à indenização, que lhe é assegurada somente nos casos de extinção por iniciativa do empregador e sem justo motivo, conforme o art. 477 da CLT.

Alguns detalhes devem ser analisados pelo empregado quando essa situação ocorrer, como o fato de que deverá fornecer o aviso prévio ao empregador, de acordo com o art. 487 da CLT, e também estará impossibilitado de levantar os valores depositados em sua conta vinculada ao Fundo de Garantia do Tempo de Serviço (FGTS).

Para melhor elucidação, colhemos a interpretação de Nascimento (2014, p. 1129, grifo do original):

> *O vínculo de emprego extingue-se por iniciativa do empregado com o **pedido de demissão**, caso em que não terá direito de movimentar nessa oportunidade os depósitos do FGTS, que serão transferidos para a agência bancária com a qual o seu novo empregador operar.*
>
> *O empregado que pede demissão deve dar aviso prévio ao empregador e, se não o fizer, perde o direito aos salários do respectivo período, podendo o empregador reter o saldo de salário para se compensar.*

Realçamos apenas que o saldo da conta de FGTS do empregado ficará depositado, sendo corrigido mensalmente, rendendo juros e à sua disposição para quando puder ser movimentado.

■ Por iniciativa do empregador

A dispensa do empregado pode se dar por motivo justo ou de forma arbitrária, também chamada *imotivada*.

Quando se der de **forma imotivada**, o empregador estará sujeito às penalidades que examinamos anteriormente, especialmente àquelas incidentes nos depósitos de FGTS.

Questionamos: Como poderia a rescisão contratual acontecer por **motivo justo**?

A própria CLT comanda genericamente em seu art. 482, bem como em outras passagens nas quais trata especialmente de algumas profissões, as situações em que o empregador poderá determinar a extinção da relação laboral, em virtude de **falta grave do empregado**.

Em caráter elucidativo, explicaremos um pouco melhor algumas dessas situações.

O ato de **improbidade**, tratado na alínea "a" do citado artigo, corresponde a toda conduta desonesta praticada pelo empregado, como furto, roubo e adulteração de equipamentos ou documentos, seja por má-fé, seja por abuso de confiança.

Sobre a **condenação criminal**, constante na alínea "d", é importante destacarmos que somente ocorrerá após o trânsito em julgado da decisão, quando nenhum recurso mais for possível.

Com relação à **embriaguez habitual em serviço** – encontrada na alínea "f" –, entendemos que cabe, além de uma explicação mais detalhada, uma ponderação, acompanhada de uma sugestão. Primeiramente, e sem pretendermos ser redundantes, é preciso ressaltar que a embriaguez deve ser **habitual**, e não eventual, ou seja, o empregado deve ter-se transformado em alcoolista ou consumidor de psicotrópicos, e essa constatação deverá ser realizada obrigatoriamente por meio de avaliação feita por um profissional médico. A ponderação e a sugestão aparecem justamente aqui porque, em qualquer uma das situações, o entendimento jurisprudencial vem sendo no sentido de que a embriaguez contínua é considerada como doença, e não como um fato caracterizador de dispensa por justa causa. Portanto, antes de ser dispensado, o trabalhador deve ser tratado, clínica e psicologicamente.

Nesse sentido estabelece a seguinte decisão do TST, assim ementada:

> AGRAVO DE INSTRUMENTO EM RECURSO DE REVISTA. JUSTA CAUSA. NÃO CONFIGURAÇÃO. REINTEGRAÇÃO AO EMPREGO. O Regional consignou que, diante do conjunto probatório acostado aos autos, tornou-se evidente que o reclamante agia sob a influência do alcoolismo crônico, enfermidade registrada na Classificação Internacional das Doenças como um transtorno mental e comportamental (CID 10, F.10). Desse modo, não se vislumbra,

> no caso, ofensa ao art. 482 da CLT, dados os pressupostos fáticos nos quais se lastreou o Tribunal de origem, que, ao analisá-los, concluiu não estarem presentes os requisitos necessários à aplicação da justa causa, ante a peculiaridade dos fatos. Decisão regional em conformidade com a jurisprudência desta Corte. Óbice no art. 896, §4º, da CLT, e da Súmula 333 do TST. Agravo de instrumento conhecido e não provido. (TST, 2014a)

Por fim, devemos mencionar o **abandono de emprego**, presente na alínea "i". Na ausência de um comando legal mais preciso, a jurisprudência do TST (Súmula n. 32, de 27 de novembro de 1970) aponta que a falta injustificada ao serviço por mais de 30 dias faz presumir o abandono de emprego: "Presume-se o abandono de emprego se o trabalhador não retornar ao serviço no prazo de 30 (trinta) dias após a cessação do benefício previdenciário nem justificar o motivo de não o fazer" (TST, 2003a).

É possível que outras atitudes do empregado sugiram o abandono, como o exemplo encontrado em praticamente todas as obras de Delgado (2020, p. 1.142): "é o que verificaria, ilustrativamente, com a comprovação de que o obreiro ingressou em novo emprego, em horário incompatível com o do antigo contrato".

Chamadas pela doutrina de *figuras de justa causa*, as faltas graves do empregado também podem estar configuradas em outros diplomas legais.

■ Dispensa indireta

Trataremos agora da possibilidade que o empregado tem de exigir a rescisão do contrato de trabalho, por motivo justo, nas situações em que o empregador der causa.

Também aqui a CLT traz um rol de possibilidades em seu art. 483, do qual destacamos as situações que ocorrem quando:

- » forem exigidos serviços superiores às forças do empregado, proibidos por lei, que contrariem os bons costumes ou que sejam diferentes dos contratados;
- » o empregado for tratado com rigor excessivo diretamente pelo empregador ou por seus superiores hierárquicos;
- » estiver o empregado correndo manifestamente perigo de mal considerável;
- » o empregador descumprir as obrigações do contrato;
- » o empregador ou seus representantes praticarem, contra o empregado ou pessoas de sua família, ato lesivo da honra e da boa fama;
- » houver ofensa física ao empregado, por parte do empregador ou de seus representantes, excetuando-se os casos de legítima defesa;
- » houver a redução de trabalho, sendo esta por peça ou tarefa, de forma que afete significativamente sua remuneração.

Dependendo da situação, o empregado poderá suspender a prestação dos serviços ou rescindir o contrato, além de requerer as indenizações pertinentes a cada uma delas.

▪ Por acordo

A Lei n. 13.467, de 13 de julho de 2017, regularizou outra situação que era bem comum, a extinção do contrato individual de trabalho mediante acordo entre as partes. Inseriu o art. 484-A na CLT, prevendo esta possibilidade e dispondo sobre seus requisitos:

> Art. 484-A. O contrato de trabalho poderá ser extinto por acordo entre empregado e empregador, caso em que serão devidas as seguintes verbas trabalhistas:
> I - por metade
> a) o aviso prévio, se indenizado; e
> b) a indenização sobre o saldo do Fundo de Garantia do Tempo de Serviço, prevista no § 1º do art. 18 da Lei no 8.036, de 11 de maio de 1990;
> II - na integralidade, as demais verbas trabalhistas.
> § 1º A extinção do contrato prevista no caput deste artigo permite a movimentação da conta vinculada do trabalhador no Fundo de Garantia do Tempo de Serviço na forma do inciso I-A do art. 20 da Lei no 8.036, de 11 de maio de 1990, limitada até 80% (oitenta por cento) do valor dos depósitos.
> § 2º A extinção do contrato por acordo prevista no caput deste artigo não autoriza o ingresso no Programa de Seguro-Desemprego.

Verificamos, pois, a autorização legal de que o contrato individual de trabalho pode ser extinto por acordo entre as partes, mas, nesse caso, o empregado não terá direito ao seguro-desemprego e receberá somente 50% (cinquenta por cento) do aviso-prévio indenizado e da multa indenizatória do FGTS.

7.3.4 Estabilidade provisória

A legislação brasileira garante ao trabalhador que se encontra em determinadas situações a estabilidade provisória em seu emprego, o que impede o empregador de dispensá-lo arbitrariamente, exceto nos casos de justo motivo ou de força maior.

A seguir, passamos a examinar algumas dessas garantias.

▮ Gestante

A mulher trabalhadora tem garantida sua estabilidade laboral quando estiver em estado gravídico. A CF de 1988, no Ato das Disposições Constitucionais Transitórias (ADCT), em seu art. 10, inciso II, alínea "b", confere à empregada gestante a estabilidade provisória, desde a confirmação da gravidez até cinco meses após o parto.

Vários problemas já surgiram em decorrência da dúvida sobre o exato momento em que se inicia a estabilidade da gestante. Existe a interpretação de que esse momento corresponde à data do início da gravidez propriamente dita ou de sua confirmação pelo médico – o que poderá acontecer na mesma semana ou em até três meses –, mas também há o entendimento de que corresponde à data da comunicação da gravidez à empresa.

O entendimento jurisprudencial, hodiernamente, é majoritário no sentido de que a data da confirmação da gravidez é a da própria concepção, definida por laudo médico, conforme decisão assim ementada:

> Gestante. Estabilidade. Concepção e confirmação da gravidez. Interpretação a partir da OJ-SBDI-1 n. 88. Gravidez ocorrida no curso do contrato de trabalho e ciência da empregada e da empresa após o despedimento. Reação imediata da empregada. A confirmação da gravidez não ocorre no momento da declaração médica reconhecendo a gravidez, mas sim na confirmação médica do momento a partir do qual se iniciou a gravidez. Tal interpretação está em conformidade com a finalidade protetiva do legislador. Precedentes. (TRT 10, 2004)

Podemos encontrar, por conseguinte, inúmeros casos de dispensa arbitrária com posterior reintegração ou de pagamento de indenização, em virtude do desconhecimento do estado gravídico de uma funcionária por parte do empregador e, às vezes, até dela mesma.

A situação do empregador se agravou quando foi editada pelo egrégio TST a Súmula n. 244, de 5 de dezembro de 1985 (TST, 2012). Além de garantir à empregada grávida o recebimento de indenização pela dispensa arbitrária, por desconhecimento de seu estado pelo empregador, a súmula assegurou a estabilidade provisória mesmo nas hipóteses de contrato a termo ou por prazo determinado, como é o caso do contrato de experiência.

Reforçando o entendimento da jurisprudência, o legislador alterou a CLT, incluindo o art. 391-A, que define essa estabilidade:

> Art. 391-A. A confirmação do estado de gravidez advindo no curso do contrato de trabalho, ainda que durante o prazo do aviso prévio trabalhado ou indenizado, garante à empregada gestante a estabilidade provisória prevista na alínea *b* do inciso II do art. 10 do Ato das Disposições Constitucionais Transitórias. (Brasil, 1943)

No âmbito das abordagens realizadas, deduzimos, portanto, que, se a confirmação da gravidez se der no período do aviso prévio trabalhado ou indenizado, mesmo que a concepção tenha acontecido após a data de comunicação do aviso, a trabalhadora terá direito à estabilidade.

É importante ressaltarmos também que a estabilidade provisória da gestante não se confunde com **salário-maternidade**, pois são dois períodos e situações distintas, embora tenham a mesma causa. Lembremos que o salário-maternidade será recebido por um prazo de 120 dias e que o tempo de estabilidade provisória dura cinco meses após o parto.

Também terá a mesma estabilidade provisória a trabalhadora que, mesmo não estando grávida, adotar ou obtiver guarda judicial para fins de adoção de criança ou adolescente, garantida pelo art. 392-A da CLT.

Nesse caso, a estabilidade provisória novamente vem atrelada à concessão da licença-maternidade, mas será de cinco meses a partir da data da adoção ou da guarda. Ainda que a legislação confira somente à trabalhadora mulher tal estabilidade, a jurisprudência já vem sinalizando que, nas mesmas condições, terá o empregado homem tal estabilidade.

■ Comissão Interna de Prevenção de Acidentes (Cipa)

A CLT prevê, em seus arts. 162 a 165, a obrigatoriedade do empregador de instituir a Cipa, de acordo com as instruções emanadas pelo Ministério do Trabalho e Previdência (MTP). Este, por sua vez, editou a Norma Regulamentadora n. 5 (NR 5), que regula a criação da referida comissão, determinando, em seu Anexo I, que as empresas com número igual ou superior a 20 funcionários estão obrigadas a institui-la (Brasil, 2021).

Os componentes eleitos dessa comissão interna, chamados de *cipeiros*, gozam de estabilidade provisória desde o registro de sua candidatura até o término de seu mandato, conforme previsto no item 5.4.12, anexo, da NR 5: "É vedada a dispensa arbitrária ou sem justa causa do empregado eleito para cargo de direção da CIPA, desde o registro de sua candidatura até um ano após o final de seu mandato" (Brasil, 2021).

Salientamos que a estabilidade provisória para os membros eleitos da Cipa somente existe nos casos de dispensa imotivada, pois, se eles cometerem alguma infração ou praticarem algum ato que configure justa causa, não terão a garantia de estabilidade.

■ Dirigente sindical

Mais um caso de estabilidade refere-se àqueles que querem trabalhar não apenas para si, mas também por todo um grupo ou categoria. O dirigente sindical é o membro de determinada categoria que foi eleito para desempenhar funções sindicais. Sua estabilidade começa com o registro de sua candidatura e se prorroga por até um ano após o término de seu mandato, de acordo com o art. 543, parágrafo 3º, da CLT: "Fica vedada a dispensa do empregado sindicalizado ou associado, a partir do momento do registro de sua candidatura a cargo de direção ou representação de entidade sindical ou de associação profissional, até 1 (um) ano após o final do seu mandato [...]" (Brasil, 1943). Da mesma maneira, torna-se estável o suplente de cargo eletivo, sendo que, em qualquer caso, a estabilidade não se aplica no caso de cometimento de falta grave.

■ Acidente de trabalho

Inicialmente, é nossa obrigação elucidar o que a legislação entende por *acidente de trabalho*.

A Lei n. 8.213, de 24 de julho de 1991 (Brasil, 1991a), considera a princípio, em seu art. 19, que o acidente de trabalho é aquele acontecido no exercício do labor, o qual tenha provocado lesão corporal ou qualquer perturbação funcional causadora de morte, perda ou, pelo menos, da redução da condição laboral do empregado, permanente ou temporária.

Entretanto, em seguida, a mesma lei, em seu art. 20, equipara ao acidente de trabalho as **doenças profissionais**, ou seja, aquelas contraídas pela particularidade de determinada atividade, e as **doenças do trabalho**, que são adquiridas em razão do desempenho de determinadas funções em condições especiais. Todas elas são devidamente elencadas em um rol elaborado pelo MTP.

O trabalhador pode ficar afastado de seu trabalho em virtude de acidente sofrido ou de doença adquirida, conforme o que abordamos anteriormente. Nesse período, deve receber algum benefício previdenciário.

Recebendo ou não o benefício previdenciário, após sua volta – ou seja, quando for considerado apto ao labor –, terá também garantida certa estabilidade, não podendo seu empregador dispensá-lo, atendendo ao ditame do art. 118 da Lei n. 8.213/1991: "O segurado que sofreu acidente do trabalho tem garantida, pelo prazo mínimo de 12 (doze) meses, a manutenção do seu contrato de trabalho na empresa, após a cessação do auxílio-doença acidentário, independentemente de percepção de auxílio-acidente" (Brasil, 1991a).

Esclarecemos que outras estabilidades provisórias podem ser encontradas na legislação esparsa, bem como nas convenções ou acordos coletivos de trabalho.

7.3.5 Conteúdo mínimo da relação de emprego

Na relação entre o empregado e o empregador, algumas condições básicas ou mínimas devem existir, sustentadas pela legislação, como demonstraremos a seguir.

■ Jornada de trabalho

A CF de 1988 determina, em seu art. 7º, inciso XIII, que a jornada normal de trabalho não pode exceder 8 horas diárias e 44 horas semanais – é a chamada *jornada ordinária de trabalho*.

Contudo, ao mesmo tempo que impõe tais parâmetros, a lei abranda essas exigências, facultando a compensação de horários, bem como a redução da jornada, desde que por meio de negociações coletivas, quando o sindicato da classe estiver presente para viabilizar as discussões; é o que determina o mesmo inciso XIII do art. 7º da CF.

Se horas forem trabalhadas fora da jornada ordinária de trabalho, serão computadas como **horas extraordinárias** trabalhadas, sendo devido ao trabalhador, nesse caso, o adicional de horas extras, que também abordaremos neste estudo.

Acontece que as horas trabalhadas a mais em um dia não necessariamente têm de ser pagas como horas extras, pois, ao possibilitar a compensação de horários, a CF de 1988, no mesmo artigo e inciso mencionados, prevê o sistema de **compensação de horas**, o conhecido **banco de horas**. Em outras palavras, significa que o empregador não precisa pagar, como horas extras, as horas trabalhadas a mais pelo empregado em um dia, mas pode compensá-las por horas trabalhadas a menos em outro dia.

A exigência é apenas que tal acordo seja realizado com a chancela sindical e que a compensação ocorra dentro do prazo de um ano, contado da data em que a hora for trabalhada a mais; se exceder esse prazo, automaticamente se transmudará em hora extraordinariamente trabalhada, sendo devido ao trabalhador o adicional de horas extras.

Com relação à **redução da jornada de trabalho**, algumas categorias já conseguiram que suas jornadas ordinárias ou normais se tornassem menores do que o período máximo exigido pela Carta Magna, como é o caso da classe dos jornalistas e dos bancários. Porém, a maioria ainda segue a regra constitucional.

■ Turnos ininterruptos de revezamento

Às vezes, a atividade empresarial não pode parar e exige que o trabalho seja desenvolvido de maneira ininterrupta.

Contudo, o trabalhador não pode trabalhar ordinariamente mais do que oito horas diárias. Esse é o entendimento geral.

Nesses casos, em que a atividade empresarial não pode parar, o empregador será obrigado a fazer **escalas de trabalho** em turnos ininterruptos, sendo os trabalhadores reunidos em grupos ou turmas de trabalho, os quais terão de laborar em horários distintos. Assim, um empregado poderá, em uma semana, trabalhar no período da manhã, em outra, na parte da tarde e, em uma próxima, no período noturno.

Quando trata de turnos ininterruptos de revezamento, a CF de 1988, em seu art. 7º, inciso XIV, afirma que a jornada diária de trabalho não poderá exceder seis horas, salvo acordo ou convenção coletiva.

É bom deixarmos claro que, se por meio de uma negociação coletiva for fixada uma jornada diária de trabalho de oito horas, essas duas horas a mais não serão computadas como horas extras, pois a jornada será entendida como normal de trabalho. Essa é a determinação do egrégio TST, já devidamente sumulada:

> TURNO ININTERRUPTO DE REVEZAMENTO. FIXAÇÃO DE JORNADA DE TRABALHO MEDIANTE NEGOCIAÇÃO COLETIVA. VALIDADE. (conversão da Orientação Jurisprudencial n. 169 da SBDI-1) Res. 139/2006 – DJ 10, 11 e 13.10.2006. Estabelecida jornada superior a seis horas e limitada a oito horas por meio de regular negociação coletiva, os empregados submetidos a turnos ininterruptos de revezamento não têm direito ao pagamento da 7ª e 8ª horas como extras. (TST, 2006, grifo do original)

Entendemos que, por se tratar de uma situação prejudicial ao trabalhador, os sindicatos dos trabalhadores não deveriam concordar com qualquer acordo que estipule, nos casos de turnos ininterruptos de revezamento, a prorrogação da jornada de seis horas diárias.

Parece-nos que algo está errado nesse aspecto. Somente para reforçar nossa compreensão, trazemos o entendimento de Delgado (2020, p. 855):

A prática jurídica tem evidenciado a ocorrência de divergência importante no que tange à aplicação da regra do art. 7º, XIV, da Constituição. Caso o trabalhador labore em efetivo turno ininterrupto de revezamento, mas não tenha essa circunstância ainda reconhecida por seu empregador (perfazendo, assim, na verdade, labor diário de 8 horas e 44 horas na semana), que parcela ser-lhe-á devida a título de incidência da jornada especial de 6 horas?

Notamos que, realmente, a situação pode provocar polêmicas e discussões, inclusive no que se refere ao valor da hora trabalhada, pois, se ela for extraordinária, esse valor será automaticamente maior.

■ Períodos de descanso

Durante a vigência do contrato individual de trabalho, além de trabalhar efetivamente, o empregado também terá direito a períodos de descanso, sendo alguns remunerados e outros não (respectivamente, as circunstâncias de interrupção e as de suspensão do contrato de trabalho).

Os casos de **interrupção** do contrato de trabalho são todas aquelas situações em que não há trabalho, mas, mesmo assim, o empregador deve, obrigatoriamente, remunerar o empregado. São exemplos os casos de licença-maternidade, licença-paternidade, férias e falecimento do cônjuge.

Por outro lado, as situações de **suspensão** são aquelas nas quais também não há trabalho, mas o empregador não está obrigado a pagar os salários ao seu empregado. São exemplos os casos de suspensão disciplinar propriamente dita, auxílio-doença após o 15º dia e licença não remunerada.

■ **Descanso semanal remunerado (DSR)**
Hodiernamente, o pensamento sobre o DSR tem sido o de que, se o obreiro tem direito ao trabalho, também deve descansar e ter direito ao lazer.

Em uma jornada semanal de trabalho, que não pode exceder 44 horas trabalhadas, o empregado tem o direito a usufruir um dia de descanso – de preferência, aos domingos –, sendo remunerado por seu empregador. Esse é o chamado *repouso semanal remunerado*.

No entanto, entendemos que são necessárias algumas explicações acerca desse descanso, pois ainda é motivo de algumas dúvidas.

Constitucionalmente, encontramos a garantia do repouso semanal remunerado no art. 7º, inciso XV, mas a lei que trata desse repouso é a Lei n. 605, de 5 de janeiro de 1949 (Brasil, 1949), ainda em vigor, da qual depreendemos que todos os empregados têm direito ao repouso de 24 horas consecutivas, preferencialmente aos domingos.

Essas previsões, constitucional e legal, acima de tudo, visam à recuperação do trabalhador em face do trabalho, para que ele possa, física e mentalmente, "recarregar suas baterias" com o convívio social e familiar, além do lazer, com o intuito de poder retornar às suas obrigações laborais em perfeita harmonia.

A regra é, pois, que seja aos domingos, mas não necessariamente. Acontece que, às vezes, a empresa explora alguma atividade que exige – provisória ou permanentemente – que o labor seja realizado aos domingos.

O que fazer nessas situações em que, tanto para o empregador quanto para o empregado, é bom trabalhar e não descansar? Nessas ocasiões, o empregador deve organizar escalas de revezamento, reservando dias de folga durante a semana, além de cumprir outros requisitos e respeitar de tempos em tempos o domingo.

Outra questão aparece aqui: se o funcionário houver faltado injustificadamente pelo menos um dia durante a semana, terá descontada – além do dia sem trabalho – a remuneração do repouso.

A lei também é clara no sentido de que se devem verificar, em cada caso, os limites das exigências técnicas das empresas, assim como a tradição do local em relação a feriados civis e religiosos.

■ Intervalo interjornada

A CLT, em seu art. 66, garante ao trabalhador que, entre duas jornadas diárias de trabalho, ele terá pelo menos 11 horas de descanso.

É o chamado *intervalo interjornada*, um daqueles em que o empregador não se obriga a remunerar o empregado. Porém, alertamos que, se o empregador iniciar outra jornada de trabalho em um período menor do que as 11 horas previstas, terá direito a recebê-las como horas extraordinariamente trabalhadas.

■ Intervalo intrajornada

Dentro da mesma jornada, o empregado também necessita de um tempo de repouso para que possa alimentar-se ou descansar. Novamente, trata-se de um período de descanso não remunerado.

Sabemos que a jornada diária de trabalho não pode ser superior a oito horas, mas pode ser menor do que esse limite. Depende, então, do número de horas trabalhadas para o período de descanso ser menor ou maior.

Para aquelas jornadas diárias acima de seis horas trabalhadas, o intervalo deverá ser de, no mínimo, uma hora de descanso, para repouso ou alimentação, não excedendo a duas horas, salvo acordo ou convenção coletiva de trabalho.

Para as jornadas que não ultrapassem as seis horas, mas que excedam quatro horas labutadas, o intervalo a ser concedido será de quinze minutos.

Se tais intervalos não forem concedidos, o empregador se obrigará a remunerar seu empregado além do período trabalhado, com um acréscimo de 50% sobre o valor da hora normal.

São essas as disposições da CLT, em seu art. 71 e seus parágrafos. A Lei n. 13.467, de 13 de julho de 2017, inseriu da CLT o artigo 611-A, que em seu inciso III, dá a possibilidade de se reduzir o intervalo intrajornada para 30 (trinta) minutos, nas jornadas de trabalho superiores a 6 (seis) horas diárias, desde que seja através de convenção ou acordo coletivo de trabalho.

▪ Remuneração

Por *remuneração* entendemos **todas as verbas recebidas pelo trabalhador, pagas a ele pelo empregador como contraprestação pelos serviços realizados**. Fazem parte da remuneração tanto o salário quanto qualquer adicional, gorjeta etc.

▪ Salário

Se o empregado não tiver outras verbas a receber pelo trabalho realizado, receberá pelo menos o salário. A CLT, quando dispõe sobre a remuneração e o salário, em seus arts. 457 e seguintes, determina as regras para seu pagamento.

A Consolidação estabelece que, independentemente da modalidade do trabalho realizado, seu pagamento não poderá ser realizado em um prazo maior do que um mês, salvo em algumas situações, como o pagamento de gratificações e comissões.

O local previsto para o pagamento é o mesmo em que foi desenvolvido o trabalho, dentro do expediente normal ou logo após seu encerramento, em dia útil e em dinheiro, podendo também ser pago por meio de depósito bancário ou em cheque, desde que esteja disponível até o quinto dia útil do mês subsequente ao trabalhado.

Salientamos que o pagamento do salário em utilidades é permitido pela CLT, desde que atendidos certos requisitos.

Primeiramente, somente parte do salário pode ser pago em utilidades, pois pelo menos 30% do salário mínimo deve ser pago em dinheiro; em segundo lugar, essa parcela não pode ultrapassar 25% para habitação e 20% para alimentação, não sendo possível, em qualquer hipótese, o pagamento em bebidas alcoólicas ou em drogas nocivas.

■ Adicionais

A legislação trabalhista determina que, quando o trabalhador desenvolver seu trabalho em atividades que sejam mais gravosas à sua saúde, deverá obrigatoriamente receber um adicional por tal labor.

O ordenamento jurídico obriga o empregador a pagar ao empregado que trabalhar em determinadas condições cinco adicionais, sendo eles: de insalubridade, de periculosidade, de horas extras, noturno e de transferência. Contudo, isso não significa dizer que qualquer empregado que esteja trabalhando em situações danosas à sua saúde física e/ou mental tenha garantido pela legislação o recebimento de todos esses adicionais. Nem mesmo os que trabalham ao mesmo tempo em situações que propiciem o recebimento de todos esses adicionais vão recebê-los, pois não se podem cumular os adicionais de periculosidade e de insalubridade, desde que se configurem no mesmo fato gerador: esses trabalhadores terão de, a seu critério, escolher aquele entre os dois que melhor os atenda, conforme a determinação do art. 193, parágrafo 2º, da CLT.

Adicional de horas extras

O adicional de horas extras será devido sempre que o empregado trabalhar além da jornada normal de trabalho, que não poderá exceder oito horas diárias.

Lembramos que as horas extraordinariamente trabalhadas não poderão exceder duas horas por dia e dez horas semanais, salvo as exceções previstas na CLT ou nas convenções coletivas de trabalho, de que são exemplos os casos nos quais o serviço precise ser realizado obrigatoriamente em determinado momento, sua conclusão seja inadiável ou sua inexecução possa acarretar algum prejuízo, bem como nas situações de força maior.

A CF de 1988 determina, em seu art. 7º, inciso XVI, que o adicional de horas extras deve ser de pelo menos 50% sobre o valor da hora normal, podendo evidentemente ser maior, conforme o que é possível observar nas diversas convenções coletivas de trabalho, que preveem porcentagens superiores ao mínimo indicado na Constituição.

Adicional noturno

A CLT, quando dispõe sobre o **trabalho noturno**, esclarece que o **período noturno** é compreendido entre as 22 horas de um dia e as 5 horas do dia seguinte, para o trabalho urbano.

Por sua vez, a Lei n. 5.889, de 8 de junho de 1973 (Brasil, 1973a), que regula o trabalho rural, define, em seu art. 7º, que, para os trabalhadores da lavoura, o período noturno é aquele compreendido entre as 21 horas de um dia e as 5 horas do dia seguinte e, para os trabalhadores da pecuária, entre as 20 horas de um dia e as 4 horas do dia seguinte.

Ao mesmo tempo que a legislação trabalhista determina o período noturno, também informa que o trabalhador urbano deve receber, pelo labor nesse período, o adicional de pelo menos 20% sobre o valor da hora diurna, e o trabalhador rural, o adicional de pelo menos 25%.

Outra informação importante acerca do trabalho noturno é que, segundo o parágrafo 1º do art. 73 da CLT, a hora trabalhada dentro do período noturno deve ser computada como de 52 minutos e 30 segundos, mas somente para os trabalhadores urbanos.

Adicional de insalubridade

De acordo com o art. 189 da CLT, a **atividade insalubre** é aquela realizada em ambientes ou em condições que prejudiquem a saúde do trabalhador, além dos limites toleráveis:

> Art. 189. Serão consideradas atividades ou operações insalubres aquelas que, por sua natureza, condições ou métodos de trabalho, exponham os empregados a agentes nocivos à saúde, acima dos limites de tolerância fixados em razão da natureza e da intensidade do agente e do tempo de exposição aos seus efeitos. (Brasil, 1943)

O adicional de insalubridade será devido ao trabalhador sempre que ele realizar suas atividades nessas condições, podendo receber em grau mínimo 10%, em grau médio 20% e em grau máximo 40% do salário mínimo. Salientamos que tais atividades, condições e agentes nocivos são determinados e definidos pelo MTP.

Destacamos que ao menor é proibido o trabalho em atividades ou condições insalubres.

Adicional de periculosidade

Trabalhar em perigo ou em condições que oferecem risco de morte é muito gravoso ao trabalhador. Por isso mesmo, ele merece receber um adicional quando realiza esse tipo de trabalho.

O problema é que nem todos os trabalhadores que labutam em situações de risco iminente têm garantido pela legislação o recebimento do adicional de periculosidade, pois a CLT traz, em seu art. 193, a relação de atividades em que se configura a periculosidade, garantindo somente aos trabalhadores que as desempenham o recebimento do adicional em questão:

> Art. 193. São consideradas atividades ou operações perigosas, na forma da regulamentação aprovada pelo Ministério do Trabalho e Emprego, aquelas que, por sua natureza ou métodos de trabalho, impliquem risco acentuado em virtude de exposição permanente do trabalhador a:
> I – inflamáveis, explosivos ou energia elétrica;
> II – roubos ou outras espécies de violência física nas atividades profissionais de segurança pessoal ou patrimonial.
> [...]
> § 4º São também consideradas perigosas as atividades de trabalhador em motocicleta. (Brasil, 1943)

O trabalhador que obtiver o direito de receber o adicional de periculosidade receberá 30% sobre seu salário a esse título, não se computando quaisquer outras gratificações, prêmios ou participação nos lucros da empresa.

Adicional de transferência

Por *transferência* entendemos a **mudança de domicílio do empregado,** ou seja, a situação em que este tem de deixar sua cidade e ir para outra. É importante dizer que ele não é obrigado a aceitar essa mudança e a transferência somente é válida quando ocorre com sua anuência.

O empregado terá o direito de receber o adicional de transferência no momento em que ela ocorrer, desde que seja provisória. Sendo definitiva, automaticamente será interpretada como mudança de domicílio e o empregado não terá, portanto, esse direito. O adicional de transferência não poderá ser menor que 25% sobre o salário do empregado e deverá ser pago durante o tempo em que durar a transferência, segundo a regra do art. 469, parágrafo 3º, da CLT.

■ Salário-mínimo

Estabelece a CF de 1988, em seu art. 7º, inciso IV, que o salário mínimo corresponde ao **valor que qualquer trabalhador deve receber e que consiga prover minimamente suas necessidades básicas e de sua prole**:

> Art. 7º [...]
> [...]
> IV – salário mínimo, fixado em lei, nacionalmente unificado, capaz de atender a suas necessidades vitais básicas e às de sua família com moradia, alimentação, educação, saúde, lazer, vestuário, higiene, transporte e previdência social, com reajustes periódicos que lhe preservem o poder aquisitivo, sendo vedada sua vinculação para qualquer fim; [...].
> (Brasil, 1988)

Sabemos que o valor do salário mínimo ainda é insuficiente, embora, nos últimos anos, ele tenha sido reajustado sempre em proporções maiores do que a inflação do período.

O **salário mínimo federal** é estipulado pelo governo federal e tem validade para todo o território nacional, excetuando-se os estados que instituírem o chamado **salário mínimo regional**, nos quais deverá ser maior.

■ Piso salarial

O piso salarial é o **valor mínimo que o trabalhador deve receber ao desempenhar determinada função**.

Ao contrário do salário mínimo, que tem previsão na Constituição, o piso salarial, pelo menos como regra, é estipulado por meio de convenções coletivas de trabalho, nas quais os sindicatos das categorias profissionais e econômicas (de empregados e de empregadores), em comum acordo, chegam a um consenso, determinando o valor mínimo que cada função e/ou cargo daquela categoria deverá ter como piso salarial.

De acordo com Nascimento (2014, p. 831, grifo do original),

> podem os sindicatos negociar por convenção coletiva ou obter por sentença em dissídio coletivo um **piso salarial**, que é uma forma de salário mínimo, caso em que será o mínimo que pode ser pago à categoria de trabalhadores representada pelo sindicato, cujas normas coletivas preveem piso salarial.

Afirmamos que a regra é que o piso salarial seja estipulado por convenções coletivas de trabalho, mas ele também poderá ser instituído por lei, pois os estados da Federação, respaldados no art. 22 da CF de 1988 e na Lei Complementar n. 103, de 14 de julho de 2000, (Brasil, 2000), têm garantida a possibilidade de editarem norma relativa ao piso salarial, já denominado *salário mínimo regional*.

Salientamos que o salário mínimo regional poderá ser criado por lei estadual, mas somente abrangerá os empregados ou categorias que ainda não tenham piso salarial.

Temos, então, que o piso salarial é o valor mínimo a ser pago pelo empregador ao empregado de determinada categoria profissional, independentemente de como tenha sido criado.

■ Faltas

Entendemos, é claro, que a obrigação maior do empregado é cumprir com o acordado, bem como trabalhar dentro dos horários e jornadas preestabelecidos. Às vezes, porém, pode acontecer que ele tenha de faltar ao trabalho.

É possível deduzir que seria muito difícil para o empregado se, em todas as situações em que necessitasse faltar ao trabalho, o empregador tivesse a faculdade de descontar os dias não trabalhados.

Foi com esse pensamento que o legislador especificou algumas situações em que o empregado poderá justificar a falta ao trabalho, não tendo, portanto, qualquer prejuízo financeiro.

- Faltas justificadas

As chamadas *faltas justificadas* ou *justificáveis* são aquelas que ocorrem nas situações em que o empregado se encontra impossibilitado de comparecer ao trabalho. Se isso for devidamente comprovado, não poderá o empregador descontar os dias não trabalhados.

A CLT traz um rol de situações, em seu art. 473, que conferem ao empregado o direito de faltar ao trabalho sem que lhe seja descontado qualquer valor:

> Art. 473. O empregado poderá deixar de comparecer ao serviço sem prejuízo do salário:
>
> I – até 2 (dois) dias consecutivos, em caso de falecimento do cônjuge, ascendente, descendente, irmão ou pessoa que, declarada em sua carteira de trabalho e previdência social, viva sob sua dependência econômica;
>
> II – até 3 (três) dias consecutivos, em virtude de casamento;
>
> III – por cinco dias consecutivos, em caso de nascimento de filho;
>
> IV – por um dia, em cada 12 (doze) meses de trabalho, em caso de doação voluntária de sangue devidamente comprovada;
>
> V – até 2 (dois) dias consecutivos ou não, para o fim de se alistar eleitor, nos termos da lei respectiva;
>
> VI – no período de tempo em que tiver de cumprir as exigências do Serviço Militar referidas na letra "c" do art. 65 da Lei nº 4.375, de 17 de agosto de 1964 (Lei do Serviço Militar);
>
> VII – nos dias em que estiver comprovadamente realizando provas de exame vestibular para ingresso em estabelecimento de ensino superior;

> VIII – pelo tempo que se fizer necessário, quando tiver que comparecer a juízo;
> IX – pelo tempo que se fizer necessário, quando, na qualidade de representante de entidade sindical, estiver participando de reunião oficial de organismo internacional do qual o Brasil seja membro.
> X – dispensa do horário de trabalho pelo tempo necessário para acompanhar sua esposa ou companheira em até seis consultas médicas, ou exames complementares, durante o período de gravidez;
> XI – por 1 (um) dia por ano para acompanhar filho de até 6 (seis) anos em consulta médica.
> XII - até 3 (três) dias, em cada 12 (doze) meses de trabalho, em caso de realização de exames preventivos de câncer devidamente comprovada. (Brasil, 1943)

Salientamos que na legislação esparsa podem existir outras possibilidades de faltas justificadas. Se não houver tal previsão, é prerrogativa do empregador descontar ou não o dia não trabalhado e não justificado.

■ Faltas não justificadas

As faltas injustificáveis são aquelas que não apresentam qualquer amparo pela legislação ou pelas convenções ou acordos coletivos e conferem ao empregador o direito de descontar os dias não trabalhados, o que também ocasiona outros reflexos.

De imediato, trazemos a previsão do art. 6º da Lei n. 605/1949, que trata do descanso semanal remunerado determinado que "Não será devida a remuneração quando, sem motivo justificado, o empregado não tiver trabalhado durante toda a semana anterior, cumprindo integralmente o seu horário de trabalho" (Brasil, 1949).

Quando o legislador inseriu a expressão *durante toda a semana anterior*, deixou claro que, para ser possível ao empregado ter um dia de descanso remunerado, obrigatoriamente ele deverá ter trabalhado, na íntegra, a semana que antecedeu esse descanso.

Assim, se pelo menos um dia não foi trabalhado, muito menos justificado, perde o empregado, por conseguinte, o repouso semanal remunerado.

Na relação dos motivos ou figuras de justa causa, ou seja, aquelas situações que conferem ao empregador a oportunidade de extinguir o contrato de trabalho por falta grave do empregado, encontramos a **desídia**, que, em bom português e particularmente pela legislação trabalhista, pode ser considerada, entre outras coisas, como **negligência, preguiça, desleixo** ou **descaso**.

Outrossim, as faltas injustificadas e constantes também podem caracterizar o **abandono de emprego**.

É bem verdade que essas são situações com interpretação eminentemente subjetiva. A lei não é determinante nesse aspecto de configuração, sendo que o mais sensato consiste em atender à orientação da doutrina e da jurisprudência, no sentido de dar oportunidade ao empregado de se redimir, advertindo-o e, até mesmo, em uma sequência lógica, suspendendo-o. Somente quando não existir outra solução é que se deve optar pela dispensa motivada pela falta grave.

▊ Férias

Por serem um dos **períodos de descanso remunerado**, também as férias são asseguradas pela CF de 1988, nesse caso, com um **adicional**. É o que garante o inciso XVII de seu art. 7º, ao estabelecer que o trabalhador tem direito a gozar de férias anuais, recebendo ainda pelo menos um terço a mais do que seu salário normal.

Qualquer período concedido ao descanso do obreiro destina-se a que dele faça uso no sentido de repor suas energias, ter um convívio maior com sua família e com sua coletividade, desvinculando-se por completo dos afazeres laborais.

Nesse sentido, Delgado (2020, p. 914) expõe: "as férias atendem, inquestionavelmente, a todos os objetivos justificadores dos demais intervalos e descansos trabalhistas, quais sejam, metas de saúde e segurança laborativas e de reinserção familiar, comunitária e política do trabalhador".

Com todos esses objetivos, as férias são uma **garantia constitucional**, assegurando-se ao trabalhador, como mencionado, no art. 7º, inciso XVII, da CF de 1988, o "gozo de férias anuais remuneradas com, pelo menos, um terço a mais do que o salário normal" (Brasil, 1988).

Durante um período de até 30 dias, o empregado estará ausente do trabalho e, assim mesmo, terá garantido seu salário, sendo ainda tal período computado, para todos os efeitos, como tempo de serviço.

Dizemos *até 30 dias* porque, dependendo de alguns fatores, o período poderá ser menor. Por exemplo, se o trabalhador tiver, dentro do ano, mais do que cinco faltas injustificadas, o tempo destinado às férias será menor. Assim define o art. 130 da CLT:

> Art. 130. Após cada período de 12 (doze) meses de vigência do contrato de trabalho, o empregado terá direito a férias, na seguinte proporção:
> I – 30 (trinta) dias corridos, quando não houver faltado ao serviço mais de 5 (cinco) vezes;
> II – 24 (vinte e quatro) dias corridos, quando houver tido de 6 (seis) a 14 (quatorze) faltas;
> III – 18 (dezoito) dias corridos, quando houver tido de 15 (quinze) a 23 (vinte e três) faltas;
> IV – 12 (doze) dias corridos, quando houver tido de 24 (vinte e quatro) a 32 (trinta e duas) faltas.
> § 1º É vedado descontar, do período de férias, as faltas do empregado ao serviço.
> § 2º O período das férias será computado, para todos os efeitos, como tempo de serviço. (Brasil, 1943)

Uma regra adicional estabelece que os empregados que tiverem sido contratados há menos de 12 meses gozarão de **férias proporcionais**, quando forem concedidas coletivamente a critério do empregador, iniciando-se para aqueles, a partir de então, um novo período aquisitivo.

Outra situação que pode ser perfeitamente legal é a possibilidade de o empregado "vender" parte de suas férias – no máximo dez dias, que correspondem a um terço do total –, garantida pelo art. 143 da CLT.

Na hipótese em que o trabalhador transforma em remuneração uma parte de suas férias, tendo de trabalhar o período acordado, configura-se o **abono pecuniário**, ou **abono de férias**.

Outra garantia que o empregado tem, para poder gozar suas férias com maior tranquilidade, independentemente de ter vendido parte delas, é o chamado **terço constitucional**, ao qual nos referimos no início deste tópico.

Mais um detalhe para o qual chamamos atenção se refere a **quando** esse direito às férias poderá ser exercido pelo funcionário. Terá direito adquirido a 30 dias de férias o empregado que tiver trabalhado durante um ano. Porém, **é prerrogativa do empregador conceder essas férias** no período que entender ser mais interessante para seus negócios.

É proibido ao empregador descontar do período de férias as faltas do empregado ao serviço.

As férias deverão ser concedidas em um único período, podendo excepcionalmente ocorrer em três períodos para alguns trabalhadores, desde que concordem, sendo respeitado sempre, para todos os efeitos, o mínimo de 14 dias seguidos em um período, e de cinco dias nos demais, segundo a determinação do art. 134, parágrafo 1º, da CLT.

É por isso mesmo que existem, nesse particular, dois períodos distintos: o primeiro é o **período aquisitivo**, aquele que abordamos anteriormente. O segundo é o **período concessivo**, que se inicia no primeiro dia após o período aquisitivo, quando terá o empregador um ano para conceder as férias ao empregado. Se assim não acontecer, o empregador terá de pagar uma multa pecuniária no mesmo valor do que deveria receber o empregado se, no tempo certo, tivesse gozado suas férias; portanto, este receberá duas vezes, de acordo com o *caput* do art. 134 da CLT.

■ Décimo terceiro salário

A CF de 1988 garante ao obreiro, em seu art. 7º, inciso VIII, um "décimo terceiro salário com base na remuneração integral ou no valor da aposentadoria" (Brasil, 1988).

Normalmente, essa gratificação correspondia a uma cesta de alimentos, que não se relacionava necessariamente à comemoração natalina. As **gratificações**, literalmente, têm o sentido de **retribuir** a alguém por alguma coisa que tenha feito e normalmente são espontâneas.

Em virtude dessa tradição, o legislador, por meio da Lei n. 4.090, de 13 de julho de 1962 (Brasil, 1962), criou a **gratificação natalina**, tornando-a obrigatória e fazendo com que a cesta de alimentos se transformasse em numerário. Hoje, ela é tratada como o **décimo terceiro salário**.

O pagamento dessa gratificação, conforme previsto na citada lei, deve ocorrer no **mês de dezembro** de cada ano, integralmente ou fracionada, de acordo com os meses trabalhados.

Entretanto, houve várias reivindicações dos empregadores no sentido de facilitar esse pagamento, porque, no mês de dezembro, deveriam desembolsar dois salários para cada empregado, além dos encargos sociais, o que certamente traria um transtorno em seu fluxo de caixa. A Lei n. 4.749, de 12 de agosto de 1965 (Brasil, 1965), facilitou esse pagamento, conferindo a possibilidade de o empregador pagar o décimo terceiro salário em **duas parcelas**.

A primeira parcela, que deve corresponder a 50% do salário recebido pelo empregado no mês anterior, pode ser paga entre os meses de fevereiro e novembro, de uma só vez. A segunda parcela deve ser paga, impreterivelmente, até o dia 20 de dezembro.

■ Aviso prévio

No caso do aviso prévio, trata-se, a nosso ver, de uma proteção direta não apenas ao empregado, mas também ao empregador, para fazer com que a relação de emprego instalada anteriormente se conserve até o final com respeito mútuo.

Esse instituto pode se caracterizar ou se concretizar de diversas formas. Porém, acima de tudo, consiste em uma **comunicação dada por um dos sujeitos da relação laboral ao outro, com antecedência, sobre sua vontade de não mais continuar com o contrato estabelecido por ambos**, dando-lhe certo prazo para suprir as necessidades que possam advir dessa ruptura contratual. No dizer de Delgado (2020, p. 1.119),

> *é instituto de natureza multidimensional, que cumpre as funções de declarar à parte contratual adversa a vontade unilateral de um dos sujeitos contratuais no sentido de romper, sem justa causa, o pacto, fixando, ainda, prazo tipificado para a respectiva extinção, com o correspondente pagamento do período do aviso.*

O aviso prévio é, assim, o prazo para que o empregador possa encontrar um novo funcionário que desempenhe a atividade anteriormente ocupada por outro e o prazo para que o empregado possa procurar e encontrar outro serviço.

A CLT determina, em seu art. 487, que, se não houver qualquer outro prazo estipulado, a parte que quiser rescindir o contrato, sem justo motivo, deverá avisar a outra com a antecedência mínima de 8 dias, se o pagamento do salário ocorrer semanalmente ou em tempo menor. O aviso prévio será de 30 dias, porém, nos casos em que o empregado recebe o salário por quinzena ou mensalmente ou tem mais de 12 meses de serviço na empresa.

Além disso, o diploma legal laboral prevê que a jornada de trabalho no período do aviso prévio deve ser diferenciada daquela até então exercida pelo empregado, sendo reduzida em duas horas diárias:

> Art. 488. O horário normal de trabalho do empregado, durante o prazo do aviso, e se a rescisão tiver sido promovida pelo empregador, será reduzido de 2 (duas) horas diárias, sem prejuízo do salário integral.
> Parágrafo único. É facultado ao empregado trabalhar sem a redução das 2 (duas) horas diárias previstas neste artigo, caso em que poderá faltar ao serviço, sem prejuízo do salário integral, por 1 (um) dia, na hipótese do inciso I, e por 7 (sete) dias corridos, na hipótese do inciso II do art. 487 desta Consolidação. (Brasil, 1943)

Ressaltamos que a opção de se transformar a redução de duas horas diárias em dias corridos ao final do prazo do aviso é prerrogativa do empregado e não pode, em hipótese alguma, ser imposta pelo empregador.

Também é importante deixarmos claro que essa redução da jornada diária somente acontecerá quando o aviso prévio ocorrer por iniciativa do empregador. Se for do empregado, este terá de cumprir a jornada normal de trabalho.

É bem verdade que nenhum dos sujeitos da relação de emprego precisa permanecer, obrigatoriamente, com o outro durante o período de aviso prévio. Aquele que notificou com antecedência o outro sobre sua vontade de não mais permanecer com a relação laboral pode indenizar a outra parte e liberar-se do convívio pelo prazo que estamos analisando. Essa é a leitura que realizamos dos parágrafos 1º e 2º do art. 487 da CLT:

> Art. 487. [...]
> [...]
> § 1º A falta do aviso prévio por parte do empregador dá ao empregado o direito aos salários correspondentes ao prazo do aviso, garantida sempre a integração desse período no seu tempo de serviço.
> § 2º A falta de aviso prévio por parte do empregado dá ao empregador o direito de descontar os salários correspondentes ao prazo respectivo. (Brasil, 1943)

Também é possível a **reconsideração** por parte daquele que proporcionou o aviso prévio; se aceita pela outra parte, prosseguirá o contrato de trabalho normalmente como se nada tivesse acontecido, mas esse aceite é faculdade da parte contrária, e não uma obrigação.

Outra peculiaridade do aviso prévio foi trazida pela Lei n. 12.506, de 11 de outubro de 2011, que, além de reafirmar, em seu art. 1º, "que será concedido na proporção de 30 (trinta) dias aos empregados que contem até 1 (um) ano de serviço na mesma empresa", determina, em seu parágrafo único, que "Ao aviso prévio previsto neste artigo serão acrescidos 3 (três) dias por ano de serviço prestado na mesma empresa, até o máximo de 60 (sessenta) dias, perfazendo um total de até 90 (noventa) dias" (Brasil, 2011b).

Para esclarecermos melhor essa nova determinação legal, trazemos a lição de Valentin Carrion (2022, p. 462):

> *A nova lei, 12.506/11 (em apêndice), que vem regulamentar o aviso prévio proporcional, previsto na CF/88, art. 7º, XXI, depois de 23 anos de sua edição, fala em direito do empregado, e não em reciprocidade. O empregado tem direito ao aviso prévio de 30 dias mais 3 dias por ano trabalhado. A lei não fala em direito do empregador, portanto, devemos utilizar o prazo de 30 dias (CLT, art. 487, II) quando é o empregado que rescinde o contrato.*

Em outros termos, além dos 30 dias já existentes para o aviso prévio, deverão ser somados 3 dias a cada ano trabalhado. Porém, há um teto de 60 dias que, somado ao prazo já existente, poderá perfazer um total de 90 dias. É preciso salientar ainda que essa proporcionalidade somente acontece quando o aviso prévio é fornecido pelo empregador ao empregado. Quando é o empregado quem comunica ao empregador, o prazo continua sendo de 30 dias.

7.4 Relação coletiva de trabalho

Examinamos anteriormente a relação individual de trabalho; agora, passaremos ao estudo da relação coletiva de trabalho.

7.4.1 Autonomia e liberdade sindical

As garantias trabalhistas previstas na CF de 1988 alcançam também a **esfera coletiva,** ao definirem a **liberdade de associação** tanto para os empregados quanto para os empregadores.

Juntamente com o **direito coletivo** vem, em primeiro lugar, mais um **direito individual,** o de **livre associação,** que confere ao empregado a garantia de poder ingressar em sua entidade representativa de classe.

O *caput* do art. 8º da CF de 1988 determina que é livre a associação profissional ou sindical, deixando o entendimento de que se refere somente às associações de **empregados** ou de **categorias profissionais.** Entendemos, porém, que é apenas dada uma **ênfase maior a essa garantia**, pois a liberdade de associação é também conferida **à classe econômica,** ou seja, aos **empregadores,** como mostraremos a seguir.

Primeiramente, no inciso I do art. 8º, o ditame constitucional assegura a abertura de qualquer sindicato, sem que seja necessária a autorização do Estado. É claro que a referência nesse ponto é à autorização especial, pois o sindicato deve, como qualquer outra associação, ter o registro de seus atos no órgão competente, incluindo os constitutivos, para dar publicidade sobre aquilo que faz à sociedade de maneira geral.

O mesmo inciso veda categoricamente a interferência e a intervenção do Poder Público nas entidades sindicais. Aqui, deixamos claro que, como em qualquer outra situação, isso deve ser respeitado desde que tais entidades estejam atuando conforme os parâmetros legais.

Logo na sequência, o artigo traz, em seu inciso V, a determinação de que ninguém será obrigado a se filiar ou a se manter filiado a qualquer sindicato, ou seja, querendo, o participante de determinada categoria pode ingressar nos quadros de seu sindicato, permanecer durante o período que desejar e sair quando assim pretender.

O trabalhador que participa diretamente de seu sindicato tem privilégios em relação aos não participantes. Assim ocorre em toda e qualquer associação que beneficia seus associados. Até mesmo o aposentado tem o direito de manter sua filiação, podendo votar e ser votado nas organizações sindicais.

Cada entidade de classe, em qualquer nível, deve ser comandada por integrantes daquela classe. Seus dirigentes devem ser escolhidos em chapas compostas por vários cargos, desde o de presidente até os dos suplentes, em eleições especialmente convocadas para esse fim.

7.4.2 Organização sindical

As **garantias trabalhistas** previstas na CF de 1988 alcançam também a esfera coletiva.

Colecionamos a posição sempre esclarecedora de Nascimento (2014, p. 1.302), que assim entende: "sindicato é uma organização social constituída para, segundo um princípio de autonomia privada coletiva, defender interesses trabalhistas e econômicos nas relações coletivas entre os grupos sociais".

Deparamo-nos com mais uma vitória obtida pelos trabalhadores e – já há muito tempo – estendida também aos empregadores.

A partir do momento em que os trabalhadores adquiriram o direito de se associar para criar uma entidade composta por membros da mesma categoria, com objetivos exatamente iguais, "falando a mesma língua", obtiveram inúmeras conquistas, que beneficiaram todos os seus integrantes.

Nos dias atuais, é possível perceber que essas entidades de classe têm funções variadas. De imediato, a CF de 1988 informa em seu art. 8º, inciso III, que é obrigação dos sindicatos a defesa dos direitos e interesses coletivos ou individuais da categoria – a qual pode acontecer nas esferas judiciais ou administrativas. As demais funções podem ser encontradas especialmente do Decreto-Lei n. 5.452/1943 (CLT), que define os deveres do sindicato no art. 514.

Podemos compreender, por assim dizer, que a função precípua do sindicato é a **defesa da classe**. Porém, atreladas a essa importante função, outras aparecem para complementá-la.

A **função negocial** é evidenciada claramente nas situações de negociação coletiva, momento em que a classe de trabalhadores e a classe econômica conferem a suas entidades representativas o poder de ajustar as melhores condições de trabalho ou de remuneração entre si.

Tal ajuste é extensivo a toda a categoria, independentemente de associação. Além disso, somente para relembrar, a Lei Maior reconhece as convenções e os acordos coletivos de trabalho em seu art. 7º, inciso XXVI.

Outra função que também tem pertinência é a **assistencial**, no sentido de que os sindicatos são obrigados a prestar os serviços mais variados (educação, saúde, assistência social e jurídica, criação de cooperativas – até mesmo de crédito –, entre outros), diretamente ou por meio de convênios múltiplos, inclusive com o Poder Público.

Entre as funções do sindicato encontramos ainda a de **arrecadação**, que confere à entidade o direito de cobrar da categoria os valores necessários para que possa, acima de tudo, representá-la mais condignamente e também lhe proporcionar uma assistência mais eficaz. Sabemos que vários tipos de contribuições são criadas pelos ou para os sindicatos, entre elas a **sindical**, a **assistencial** e a **confederativa**.

Por outro lado, podemos questionar: Quem está obrigado a pagá-las? Todos aqueles que fazem parte da categoria ou somente os associados?

Comecemos com as previsões constitucionais. O inciso IV do art. 8º da CF de 1988 assim define: "[...] a assembleia geral fixará a contribuição que, em se tratando de categoria profissional, será descontada em folha, para custeio do sistema confederativo da representação sindical respectiva, independentemente da contribuição prevista em lei" (Brasil, 1988).

Na análise do inciso em comento, podemos entender que pelo menos duas contribuições estão em debate. Salientamos que todas essas contribuições cabem tanto para as categorias profissionais quanto para as econômicas.

A **contribuição confederativa** deve ser criada pela assembleia geral do sindicato, justamente para custear todo o sistema.

É pacífico em toda a jurisprudência dos Tribunais Regionais do Trabalho (TRTs), assim como do TST, que a contribuição confederativa, desde que instituída por convenções coletivas de trabalho, é devida, mas tão somente àqueles que são regularmente associados às suas entidades de classe. Quanto a isso não existem discussões, como indica o Precedente Normativo (PN) n. 119, de 2 de junho de 1998, do TST (2014b):

> A Constituição da República, em seus artigos 5º, XX e 8º, V, assegura o direito de livre associação e sindicalização. É ofensiva a essa modalidade de liberdade cláusula constante de acordo, convenção coletiva ou sentença normativa estabelecendo contribuição em favor de entidade sindical a título de taxa para custeio do sistema confederativo, assistencial, revigoramento ou fortalecimento sindical e outras da mesma espécie, obrigando trabalhadores não sindicalizados. Sendo nulas as estipulações que inobservem tal restrição, tornam-se passíveis de devolução os valores irregularmente descontados.

Seguindo com os tipos de contribuições, trazemos ao estudo a **contribuição assistencial**, também chamada de *taxa assistencial* ou de *taxa de reversão*.

Assim como a contribuição confederativa, ela deve ser criada por meio de negociações coletivas, das quais o sindicato participe, e pode servir para cobrir custos adicionais eventualmente contraídos.

Nesse caso, por mais que o sindicato tenha participado de negociações que serão aproveitadas por toda a classe, pois a própria CF de 1988 determina que é obrigatória a participação dos sindicatos nas negociações coletivas de trabalho, também pela interpretação do mesmo PN, entende-se como não obrigatória a contribuição dos não associados.

Destacamos, agora, o final do inciso IV do art. 8º da CF de 1988: "independentemente da contribuição prevista em lei" (Brasil, 1988).

Quando a regra constitucional chama atenção para a contribuição prevista em lei, está se referindo à **contribuição sindical propriamente**. Até antes da vigência da Lei n. 13.467, de 13 de julho de 2017, era a única contribuição compulsória, sendo que todos os que pertenciam à categoria eram obrigados a recolhê-la, independentemente de associação. Esta era a previsão legal do Decreto-Lei n. 5.452, de 1º de maio de 1943 (CLT), em seus arts. 578 e 579. Acontece que tais dispositivos da CLT foram alterados pela Reforma Trabalhista, estando assim dispostos:

> Art. 578. As contribuições devidas aos sindicatos pelos participantes das categorias econômicas ou profissionais ou das profissões liberais representadas pelas referidas entidades serão, sob a denominação de contribuição sindical, pagas, recolhidas e aplicadas na forma estabelecida neste Capítulo, desde que prévia e expressamente autorizadas.
>
> Art. 579. O desconto da contribuição sindical está condicionado à autorização prévia e expressa dos que participarem de uma determinada categoria econômica ou profissional, ou de uma profissão liberal, em favor do sindicato representativo da mesma categoria ou profissão ou, inexistindo este, na conformidade do disposto no art. 591 desta Consolidação. (Brasil, 1943)

Portanto, não existe mais a obrigatoriedade da contribuição, pelo contrário, somente poderá ser cobrada, mediante prévia e expressa autorização. Essa contribuição, desde que autorizada, deve ser paga uma vez por ano e corresponde a um dia de salário, no caso do empregado, descontado pelo empregador diretamente na folha de pagamento, no mês de março de cada ano, ou um valor determinado por lei, no caso dos trabalhadores autônomos ou profissionais liberais (CLT, arts. 578 e seguintes).

No caso da categoria econômica, o valor da contribuição é calculado em razão do capital social de cada empresa.

7.4.3 Negociações coletivas

As negociações coletivas são genericamente entendidas como todos os procedimentos realizados entre as entidades representativas dos empregados e dos empregadores, com o intuito de determinar as condições de trabalho pertinentes às categorias envolvidas e que, uma vez ajustadas, vinculam todos os participantes.

De acordo com Alice Monteiro de Barros (2017, p. 1.325),

> na negociação coletiva, nenhum interesse de classe deverá prevalecer sobre o interesse público, não podendo, entretanto, ser transacionados preceitos que resguardam a saúde do obreiro, como os relativos à higiene e segurança do trabalho, e também os que se referem à integridade moral, situando-se aqui o direito à honra, à intimidade, à boa fama, à privacidade.

As determinações acordadas nas negociações coletivas têm o poder de **normatizar** toda a relação entre os grupos e incidem diretamente sobre todos os contratos individuais de trabalho, salvo se algum já não apresentar melhores condições.

Delgado (2020, p. 1.277) enaltece a negociação coletiva, afirmando:

> A importância da negociação coletiva trabalhista transcende o próprio Direito do Trabalho. A experiência histórica dos principais países ocidentais demonstrou, desde o século XIX, que uma diversificada e atuante dinâmica de negociação coletiva no cenário das relações laborativas sempre influenciou, positivamente, a estruturação mais democrática do conjunto social.

A CLT, em seu art. 611, trata de duas espécies de normas coletivas, que podem ser formuladas ao término da negociação coletiva. São estas a convenção coletiva e o acordo coletivo de trabalho.

A Lei n. 13.467, de 13 de julho de 2017, deu mais força às negociações coletivas incluindo o artigo 611-A na CLT, informando que essas negociações terão prevalência à lei, nas situações ali elencadas.

Art. 611-A. A convenção coletiva e o acordo coletivo de trabalho têm prevalência sobre a lei quando, entre outros, dispuserem sobre:

I – pacto quanto à jornada de trabalho, observados os limites constitucionais;

II – banco de horas anual;

III – intervalo intrajornada, respeitado o limite mínimo de trinta minutos para jornadas superiores a seis horas;

IV – adesão ao Programa Seguro-Emprego (PSE), de que trata a Lei no 13.189, de 19 de novembro de 2015;

V – plano de cargos, salários e funções compatíveis com a condição pessoal do empregado, bem como identificação dos cargos que se enquadram como funções de confiança;

VI – regulamento empresarial;

VII – representante dos trabalhadores no local de trabalho;

VIII – teletrabalho, regime de sobreaviso, e trabalho intermitente;

IX – remuneração por produtividade, incluídas as gorjetas percebidas pelo empregado, e remuneração por desempenho individual;

X – modalidade de registro de jornada de trabalho;

XI – troca do dia de feriado;

XII – enquadramento do grau de insalubridade;

XIII – prorrogação de jornada em ambientes insalubres, sem licença prévia das autoridades competentes do Ministério do Trabalho;

XIV – prêmios de incentivo em bens ou serviços, eventualmente concedidos em programas de incentivo;

XV – participação nos lucros ou resultados da empresa.

Ao mesmo tempo em que, impõe no art. 611-B, as situações que constituem objeto ilícito, mesmo determinadas em acordo ou convenção coletiva de trabalho.

▪ Convenção coletiva de trabalho

A CLT define *convenção coletiva de trabalho* (CCT), no *caput* do art. 611, como "o acordo de caráter normativo, pelo qual dois ou mais sindicatos representativos de categorias econômicas e profissionais estipulam condições de trabalho aplicáveis, no âmbito das respectivas representações, às relações individuais de trabalho" (Brasil, 1943).

No entender de Carrion (2022, p. 543), "a convenção coletiva prevê direitos e obrigações para os contratos individuais em vigor ou que venham a ser celebrados. Como se diz, é mais uma lei do que um contrato".

Vemos, pois, uma das particularidades da CCT: após uma negociação coletiva entre as entidades representativas de ambas as categorias – a profissional e a econômica –, estas definem, por meio da convenção, tudo aquilo que deverá integrar os contratos individuais de trabalho relativos à classe que representam, tanto os que estejam em vigor até aquele momento quanto aqueles que vierem a ser celebrados.

▪ Acordo coletivo de trabalho

A CLT, no parágrafo 1º do art. 611, faculta às entidades de classe representativas dos empregados a possibilidade de firmarem acordos coletivos de trabalho (ACTs) com uma ou mais empresas da categoria econômica correspondente, para estipular condições de trabalho que digam respeito somente a essa ou a essas empresas e seus empregados.

Esclarecemos que não existe hierarquia entre as convenções e os acordos, pois são normas distintas. No entanto, a convenção coletiva é mais abrangente, pois regula as condições de trabalho de toda uma categoria. O acordo coletivo é mais restrito, uma vez que regula somente as condições atinentes aos trabalhadores de determinada(s) empresa(s) e seu(s) empregador(es).

Síntese

Neste capítulo, abordamos os princípios mais importantes do direito do trabalho, que servem de norte para o entendimento de toda a legislação trabalhista, especialmente no que concerne aos direitos do empregado.

Analisamos o contrato individual de trabalho, apresentando as várias formas pelas quais ele pode ser ajustado e esmiuçamos a relação individual de trabalho, desde os requisitos para que possa ser caracterizada até o entendimento de quem são seus sujeitos, com suas peculiaridades.

Examinamos ainda algumas das situações que existem como conteúdo mínimo da relação de emprego, como salário, adicionais e férias.

Por fim, tratamos da relação coletiva de trabalho, com a análise das organizações sindicais e das negociações coletivas de trabalho.

Questões para revisão

1) Conforme o art. 442 da CLT, o "contrato individual de trabalho é o acordo, tácito ou expresso, correspondente à relação de emprego" (Brasil, 1943). O mesmo artigo admite ainda que:
   a. o contrato de experiência poderá exceder de 90 dias.
   b. é lícita a alteração das respectivas condições do contrato individual de trabalho por mútuo consentimento, desde que não resulte em prejuízos para o empregado.
   c. os direitos oriundos da existência do contrato de trabalho não subsistirão em caso de falência, concordata ou dissolução da empresa.

d. o contrato individual de trabalho pode ser acordado tácita ou expressamente, verbalmente ou por escrito e apenas por prazo determinado.

e. somente terá validade o contrato de trabalho ajustado por escrito e devidamente anotado na CTPS.

2) A CLT determina que a todo empregado é anualmente garantido o gozo de um período de férias, sem prejuízo de sua remuneração. Não se encontra em suas previsões que:

a. o período das férias será computado, para todos os efeitos, como tempo de serviço.

b. é facultado ao empregado converter um terço do período de férias a que tiver direito em abono pecuniário.

c. durante as férias, é facultado ao empregado prestar serviços a outro empregador, independentemente de contrato.

d. em caso de férias coletivas na empresa, os empregados contratados há menos de 12 meses gozarão de férias proporcionais.

e. é proibido descontar, do período de férias, as faltas do empregado ao serviço.

3) A convenção coletiva de trabalho é uma das possibilidades de negociação coletiva e ocorre uma vez por ano, na data-base da categoria. Nessa data, reajustes, pisos salariais, benefícios, direitos e deveres de empregadores e trabalhadores são objeto de negociações. Para a celebração de convenção coletiva de trabalho, por força do art. 611 da CLT, é obrigatória:

a. a participação dos empregados da empresa.

b. a participação somente do sindicato patronal.

c. a participação dos diretores da empresa.

d. a participação dos diretores e dos empregados.

e. a participação do sindicato patronal e do sindicato profissional.

4) Entre os princípios do direito do trabalho, encontra-se o princípio da primazia da realidade. Discorra sobre esse princípio.

5) O que você entende por *período concessivo de férias*?

Questões para reflexão

1) Todas as relações de trabalho são relações de emprego?
2) O contrato de trabalho pode ser verbal; mas, se assim for, o empregado terá menos direitos?

Para saber mais

Para que você possa aprofundar o estudo sobre os temas examinados neste capítulo, sugerimos a leitura das obras listadas a seguir.

CARRION, V. **Comentários à Consolidação das Leis do Trabalho**. 46. ed. São Paulo: Saraiva, 2022.

DELGADO, M. G. **Curso de direito do trabalho**. 19. ed. São Paulo: LTr, 2020.

NASCIMENTO, A. M. **Curso de direito do trabalho**. 29. ed. São Paulo: Saraiva, 2014.

Consultando a legislação

Se você desejar aprofundar seus conhecimentos sobre os assuntos abordados neste capítulo, consulte:

BRASIL. Constituição (1988). **Diário Oficial da União**, Poder Legislativo, Brasília, DF, 5 out. 1988. Disponível em: <http://www.planalto.gov.br/ccivil_03/constituicao/constituicao.htm>. Acesso em: 10 ago. 2022.

BRASIL. Decreto-Lei n. 5.452, de 1º de maio de 1943. **Diário Oficial da União**, Poder Executivo, Rio de Janeiro, RJ, 9 ago. 1943. Disponível em: <http://www.planalto.gov.br/ccivil_03/decreto-lei/del5452.htm>. Acesso em: 10 ago. 2022.

BRASIL. Lei n. 8.213, de 24 de julho de 1991. **Diário Oficial da União**, Poder Executivo, Brasília, DF, 25 jul. 1991. Disponível em: <http://www.planalto.gov.br/ccivil_03/leis/l8213cons.htm>. Acesso em: 10 ago. 2022.

VIII

Direito da seguridade social

Conteúdos do capítulo:

» Seguridade social.
» Beneficiários da previdência social.
» Benefícios da previdência social.

Após o estudo deste capítulo, você será capaz de:

1. compreender em que consiste a seguridade social;
2. identificar os beneficiários da previdência social;
3. entender cada um dos benefícios previdenciários.

8.1 Seguridade social

A Constituição Federal (CF) de 1988 afirma, em seu art. 194, que a seguridade social abrange um **conjunto integrado de ações** que são de todos, ou seja, do Estado e da sociedade de forma geral (Brasil, 1988). A sociedade a custeia direta ou indiretamente, incluindo-se os recursos advindos dos orçamentos de todas as pessoas políticas de direito público (União, estados, Distrito Federal e municípios), e tais ações visam assegurar à população os direitos relativos à **saúde**, à **previdência** e à **assistência social**.

A sociedade é dinâmica e, por isso, exige, com o passar do tempo, que o Estado também se modernize, passando a ter uma responsabilidade pela assistência às pessoas desprovidas de renda e, por fim, criando um sistema securitário, coletivo e compulsório.

Entendemos, pois, que o **direito da seguridade social** é mais amplo e está alicerçado sobre três grandes pilares, estabelecidos pela CF de 1988: saúde, previdência social e assistência social.

O **direito à saúde**, que é definido nos arts. 196 e seguintes da CF de 1988, é de todos, sendo que o dever de prestá-la da melhor maneira possível é do Estado. Isso é garantido por meio de políticas sociais e econômicas que devem ter como objetivo primeiro a redução do risco de doenças e de outros danos que possam ser causados ao indivíduo, de forma a proporcionar a todos, de maneira indistinta e igualitária, o acesso às ações e aos serviços para sua promoção, proteção e recuperação.

A **assistência social** é prestada aos mais necessitados ou a quem dela necessitar, mesmo àqueles que não tiverem realizado qualquer contribuição para o sistema de seguridade social, conforme determina o art. 203 da CF de 1988.

Por sua vez, a **previdência social** é organizada sob a forma de um **regime geral**, cuja filiação é obrigatória, sendo exigida de seus filiados determinada contribuição, segundo os critérios estabelecidos em lei, conforme a disposição do art. 201 da CF de 1988. Em nossa abordagem, daremos ênfase maior à previdência social, ao analisar os **benefícios previdenciários** postos e dispostos a quem tiver esse direito, bem como ao identificar os beneficiários que podem usufruir deles, de acordo com o Regime Geral de Previdência Social (RGPS).

Como bem sintetiza Maria Ferreira dos Santos (2022, p. 132),

> *O Regime Geral da Previdência Social (RGPS) está regulado pela Lei n. 8.212 (Plano de Custeio da Seguridade Social – PCCS) e pela Lei n. 8.213 (Plano de Benefícios da Previdência Social – PBPS), ambas de 24.07.1991, regulamentadas pelo Decreto n. 3.048, de 06.05.1999 (Regulamento da Previdência Social – RPS).*

Trataremos, pois, das determinações do RGPS, deixando claro que existem os regimes próprios de previdência, destinados aos servidores públicos federais, estaduais e municipais, por meio de seus estatutos.

8.2 Beneficiários da previdência social

Antes de verificamos os benefícios previdenciários que são oferecidos pela previdência social, temos de examinar as pessoas que podem deles se beneficiar.

A Lei n. 8.213, de 24 de julho de 1991 (Brasil, 1991a), classifica os beneficiários em **segurados** – também chamados de **contribuintes** – e **dependentes**. Entre os segurados, existem os **obrigatórios** e os **facultativos**, mas todos devem ser sempre pessoas físicas.

Assim, na classe dos **segurados**, encontram-se alguns que estão obrigados a se filiar à previdência social, qualquer que seja sua atividade, enquanto a outros é facultado o ingresso, pois não há tal obrigatoriedade.

O **segurado obrigatório** não tem como se eximir da responsabilidade de ser um contribuinte da previdência social. Porém, em contrapartida, ele também adquire o direito de usufruir de seus benefícios.

Segundo Amauri Mascaro Nascimento (2014, p. 584),

> *Há atividades tipificadas em lei determinantes, automaticamente, da condição de segurado. Basta alguém desempenhar uma dessas atividades para que, em consequência, sem relação com qualquer circunstância, tenha, obrigatória e independentemente da sua vontade, a condição de segurado da previdência social.*

Como segurados obrigatórios, o mesmo diploma legal elenca algumas categorias, assim dispostas:

» empregado;
» empregado doméstico;
» contribuinte individual;
» trabalhador avulso;
» segurado especial.

Em cada uma dessas categorias, há várias situações nas quais o segurado pode se inserir.

Na condição de **segurados facultativos**, encontram-se todos aqueles que não estão no rol de segurados obrigatórios, que sejam maiores de 14 anos de idade e que queiram filiar-se ao RGPS, mediante contribuição. Como exemplos, podemos citar as donas de casa e os estudantes.

Para possibilitar uma melhor compreensão do conceito, novamente citamos Nascimento (2014, p. 585):

> Há segurados facultativos, não obrigatoriamente inscritos ou contribuintes, mas que podem, por sua vontade, incluir-se nessa condição, desde que não estejam cobertos por outro regime previdenciário e não se incluam na categoria de segurado obrigatório, como a dona de casa, o estudante etc.

Também podem ser beneficiários os **dependentes** dos contribuintes, que, é claro, somente exercerão tal qualidade na falta do segurado principal.

O art. 16 da Lei n. 8.213/1991 divide em três classes os dependentes, respectivamente chamados de 1^a, 2^a e 3ª classes:

> Art. 16. São beneficiários do Regime Geral de Previdência Social, na condição de dependentes do segurado:
> I – o cônjuge, a companheira, o companheiro e o filho não emancipado, de qualquer condição, menor de 21 (vinte e um) anos ou inválido ou que tenha deficiência intelectual ou mental ou deficiência grave;
> II – os pais;
> III – o irmão de qualquer condição menor de 21 (vinte e um) anos ou inválido ou que tenha deficiência intelectual ou mental ou deficiência grave; [...]. (Brasil, 1991a)

Ao mesmo tempo, a lei deixa claros alguns requisitos, tais como:

» O dependente de 1ª classe tem dependência econômica presumida, enquanto os de 2^a e 3ª classes devem prová-la.
» A ordem de vocação é determinada no momento do evento gerador, ou seja, depende daquilo que tenha acontecido com o segurado, tendo este morrido ou sido recolhido à prisão.

» Classe superior exclui classe inferior; assim, nunca haverá dependentes de classes diferentes compartilhando os benefícios, sendo que os de mesma classe concorrem entre si.
» Quando um dependente perde essa condição, sua cota acresce aos demais da mesma classe.
» Se não existir dependente de 1ª classe que se habilite, o de 2ª classe poderá habilitar-se e, na falta deste, poderá proceder da mesma forma o de 3ª classe, restando claro que, se posteriormente aparecer um dependente de classe superior, o benefício concedido ao dependente de classe inferior será cancelado.
» Terminada a classe na qual o benefício está sendo pago, ele é automaticamente extinto.

Alguns benefícios são ofertados ao segurado, enquanto outros o são aos dependentes.

Trataremos, primeiramente, dos benefícios que podem ter os segurados.

Ressaltamos que após a entrada em vigor da Reforma Previdenciária, instituída pela Emenda Constitucional n. 103, de 12 de novembro de 2019, que alterou a Carta Magna de 1988, alguns benefícios previdenciários sofreram alterações e aqui, estudaremos somente alguns deles.

É importante também deixar claro que, mesmo tendo sido alteradas algumas regras, para aqueles que já tinham implementado seus direitos embasados nas normas antigas não é preciso se preocupar, pois são direitos já adquiridos.

As novas regras somente deverão ser observadas para aqueles que ainda não adquiriram seus direitos, mesmo já estejam participando como segurados do Regime Geral de Previdência Social (RGPS), como também, para aqueles que ingressarem no sistema após a vigência da referida emenda constitucional.

8.3 Benefícios da previdência social

Examinaremos agora os benefícios previdenciários de que os beneficiários podem fazer uso, atendendo a certo requisitos, conforme as disposições da Lei n. 8.213/1991 e do Decreto n. 3.048, de 6 de maio de 1999 (Brasil, 1999).

8.3.1 Aposentadoria voluntária

Esse benefício é concedido àquele que atingiu idade mais avançada e é merecedor de certa tranquilidade. Porém, com relação aos requisitos que devem ser preenchidos pelos beneficiários, especialmente após a vigência da Emenda Constitucional n. 103, de 12 de novembro de 2019, tais como:

» Trabalhadores urbanos do sexo masculino podem se aposentar aos 65 anos e do sexo feminino, aos 62 anos de idade.

» Trabalhadores rurais do sexo masculino podem se aposentar aos 60 anos e do sexo feminino, aos 55 anos de idade.

A legislação exige, ao mesmo tempo, uma carência 240 contribuições mensais para os trabalhadores urbanos do sexo masculino e 180 contribuições mensais para as trabalhadoras urbanas do sexo feminino. Assim, mesmo atingindo a idade mínima, a pessoa deve comprovar esse número mínimo de contribuições para ter direito à aposentadoria.

Os trabalhadores rurais têm de provar, com documentos, 180 meses de trabalho no campo.

Outra situação trazida pelo Decreto n. 3.048/1999, que aprova o Regulamento da Previdência Social (RPS), em seu art. 181-B, é a seguinte: "As aposentadorias por idade, tempo de contribuição e especial concedidas pela previdência social, na forma deste

Regulamento, são irreversíveis e irrenunciáveis" (Brasil, 1999). Assim, tendo recebido o primeiro pagamento, o segurado não mais poderá desistir do benefício.

8.3.2 Aposentadoria por incapacidade permanente

No caso de aposentadoria por incapacidade permanente, a situação é outra, pois esse benefício será concedido àquela pessoa que, por doença ou acidente, for considerada, mediante exame da perícia médica da previdência social, incapacitada para o labor que vinha desempenhando ou para qualquer outro serviço que lhe garanta o sustento. São as disposições da Lei n. 8.213/1991, encontradas nos arts. 42 e seguintes.

O segurado que estiver recebendo esse benefício terá de passar, obrigatoriamente, por exame médico pericial a cada dois anos, sob pena de ter seu benefício suspenso.

A aposentadoria por invalidez deixará de ser paga quando o trabalhador for considerado apto para o labor, mediante perícia médica, podendo, então, retornar ao trabalho.

É importante destacarmos que, ao se filiar à previdência social, quem já é portador de uma doença ou de alguma lesão que possa gerar esse benefício não terá direito a ele, a não ser nas situações em que vier a se tornar incapaz em virtude do agravamento da doença ou lesão.

Também para a aposentadoria por invalidez é exigida uma carência de, no mínimo, 12 meses de contribuição, mas somente para os casos de doença, segundo o art. 25, inciso I, da Lei n. 8.213/1991. Nas situações de acidente, basta estar inscrito na previdência social; assim, não há carência.

8.3.3 Aposentadoria do professor

Professores do sexo masculino com 60 anos de idade e do sexo feminino com 57 anos podem requerer sua aposentadoria desde que tenham um tempo de contribuição de 25 anos.

Ainda como requisito para conseguirem tal benefício, devem ter cumprido funções de magistério em estabelecimentos de educação básica (educação infantil, ensino fundamental e médio).

8.3.4 Aposentadoria especial

A própria designação *aposentadoria especial* indica que esse benefício apresenta alguma característica diferenciada. E assim é.

As disposições para a concessão da aposentadoria especial estão na Lei n. 8.213/1991, nos arts. 57 e seguintes. Segundo a lei, esse tipo de benefício pode ser concedido ao trabalhador que tenha labutado em condições mais danosas ou mais gravosas à sua saúde física ou mental. Por isso mesmo é que ele deve comprovar sua efetiva exposição aos agentes físicos, biológicos ou associação de agentes prejudiciais pelo período exigido para a concessão do benefício. Dependendo do caso, o período pode ser de 15, 20 ou 25 anos.

Essa comprovação deve ser realizada por meio de um formulário próprio – o **perfil profissiográfico previdenciário (PPP)** –, que deve ser preenchido pelo empregador, tendo como base o **laudo técnico de condições ambientais de trabalho (LTCA)**, expedido por médico do trabalho ou engenheiro de segurança do trabalho. Salientamos que o empregador é obrigado a fornecer cópia autêntica do PPP ao trabalhador em caso de demissão.

Como novas regras, será necessário ter uma idade mínima, além do tempo de atividade especial:

- » 55 anos de idade + 15 anos de atividade especial, para as atividades de alto risco;
- » 58 anos de idade + 20 anos de atividade especial, para as atividades de médio risco;
- » 60 anos de idade + 25 anos de atividade especial, para as atividades de baixo risco.

Alertamos ainda que, também para obter a aposentadoria especial, o trabalhador deve comprovar um mínimo de 180 contribuições mensais; nesse caso, a aposentadoria se torna igualmente irreversível e irrenunciável após o primeiro pagamento.

8.3.5 Auxílio-doença

O auxílio-doença apresenta algumas situações parecidas com os incidentes na aposentadoria por invalidez e, por vezes, é considerado o primeiro passo para obtê-la.

Como benefício previdenciário propriamente dito, o auxílio somente se evidenciará quando o trabalhador estiver impedido de trabalhar por doença ou acidente por mais de 15 dias consecutivos, conforme dispõe a Lei n. 8.213/1991, nos arts. 59 e seguintes. Se não ultrapassar os 15 dias, a obrigação de remunerá-lo será de seu empregador, que poderá passar essa responsabilidade para a previdência social somente a partir do 16º dia de seu afastamento do trabalho.

Exatamente como na aposentadoria por invalidez, é exigida uma carência de, no mínimo, 12 meses de contribuição, mas somente para os casos de doença. Nas situações de acidente, basta o trabalhador estar inscrito na previdência social e, é claro, comprovar a incapacidade em exame médico pericial, realizado pela própria previdência.

Nos casos de doenças graves, como hanseníase, neoplasia maligna (câncer) e mal de Parkinson, todas elas definidas em lei, a carência não será exigida.

Da mesma forma, o benefício deixará de ser pago quando o trabalhador for considerado apto para o labor, mediante perícia médica, podendo retornar ao trabalho, ou quando o benefício se transformar em aposentadoria por invalidez.

É importante lembrarmos que – exatamente como ocorre na aposentadoria por invalidez –, se, ao se filiar à previdência social, o trabalhador já era portador de doença ou de alguma lesão que possa gerar esse benefício, não terá direito a ele, a não ser quando a incapacidade for resultante do agravamento da doença ou lesão.

8.3.6 Auxílio-acidente

O auxílio-acidente pode ser pago ao trabalhador quando ele sofrer algum acidente e ficar com sequelas que reduzam sua capacidade de trabalho.

O detalhe é que esse auxílio somente será concedido ao trabalhador que estiver recebendo o auxílio-doença, caracterizando-se como uma indenização concedida ao segurado, de acordo com o art. 86 da Lei n. 8.213/1991:

> Art. 86. O auxílio-acidente será concedido, como indenização, ao segurado quando, após consolidação das lesões decorrentes de acidente de qualquer natureza, resultarem sequelas que impliquem redução da capacidade para o trabalho que habitualmente exerça. (Brasil, 1991a)

Fica clara a necessidade de a pessoa estar recebendo o auxílio-doença para que possa receber o auxílio-acidente.

8.3.7 Salário-maternidade

O salário-maternidade será devido à segurada gestante por um período de 120 dias, durante o qual ela ficará afastada do trabalho. Esta é uma das regras previstas nos arts. 71 e seguintes da Lei n. 8.213/1991, que dispõem sobre o salário-maternidade.

Também poderão usufruir desse benefício as mães e/ou pais adotivos, consoante determinação do art. 93-A do Decreto n. 3.048/1999:

> Art. 93-A. O salário-maternidade é devido ao segurado ou à segurada da previdência social que adotar ou obtiver guarda judicial, para fins de adoção de criança de até doze anos de idade, pelo período de cento e vinte dias.
>
> § 1º O salário-maternidade é devido ao segurado ou à segurada independentemente de a mãe biológica ter recebido o mesmo benefício quando do nascimento da criança.
>
> § 2º O salário-maternidade não é devido quando o termo de guarda não contiver a observação de que é para fins de adoção ou só contiver o nome do cônjuge ou companheiro.
>
> § 3º Para a concessão do salário-maternidade é indispensável:
>
> I – que conste da nova certidão de nascimento da criança o nome do segurado ou da segurada adotante; ou
>
> II – no caso do termo de guarda para fins de adoção, que conste o nome do segurado ou da segurada guardião.
>
> § 4º Na hipótese de haver adoção ou guarda judicial para adoção de mais de uma criança, será devido somente um salário-maternidade, observado o disposto no art. 98.
>
> § 5º A renda mensal do salário-maternidade é calculada na forma do disposto nos arts. 94, 100 ou 101, de acordo com a forma de contribuição da segurada à Previdência Social.
>
> § 6º O salário-maternidade de que trata este artigo é pago diretamente pela previdência social.

> § 7° Ressalvadas as hipóteses de pagamento de salário-
> -maternidade à mãe biológica e de pagamento ao cônjuge
> ou companheiro sobrevivente, nos termos do disposto no
> art. 93-B, não poderá ser concedido salário-maternidade a
> mais de um segurado ou segurada em decorrência do mes-
> mo processo de adoção ou guarda, ainda que o cônjuge ou
> companheiro esteja vinculado a regime próprio de previdên-
> cia social. (Brasil, 1999)

Para concessão do salário-maternidade, a legislação não exige carência de contribuição das trabalhadoras empregadas, das empregadas domésticas e das trabalhadoras avulsas. Para fins de salário-maternidade, elas somente precisam comprovar que já estavam filiadas à previdência social na data de seu afastamento ou na data do parto.

É considerado *parto* o nascimento ocorrido a partir da 23ª semana de gestação, inclusive no caso de natimorto. Nos abortos espontâneos ou previstos em lei (em casos de estupro ou risco de vida para a mãe), será pago o salário-maternidade por duas semanas.

As mulheres que trabalhem em dois empregos ao mesmo tempo ou que tenham duas atividades e estejam contribuindo para a previdência nas duas têm direito a receber um salário-maternidade para cada uma das atividades.

O benefício pode ser pago a partir do oitavo mês de gestação, devidamente comprovado por atestado médico, ou a partir da data do parto, mediante a apresentação da certidão de nascimento.

Em casos de necessidade comprovada por atestado médico, o período de repouso poderá iniciar duas semanas antes do parto e ser prorrogado, também por duas semanas, ao final dos 120 dias de licença.

Segundo a determinação do art. 94 do Decreto n. 3.048/1999, a empresa deve pagar o salário-maternidade à sua empregada, creditando-se o valor para posterior compensação:

> Art. 94. O salário-maternidade para a segurada empregada consiste numa renda mensal igual à sua remuneração integral e será pago pela empresa, efetivando-se a compensação, observado o disposto no art. 248 da Constituição, quando do recolhimento das contribuições incidentes sobre a folha de salários e demais rendimentos pagos ou creditados, a qualquer título, à pessoa física que lhe preste serviço, devendo aplicar-se à renda mensal do benefício o disposto no art. 198. (Brasil, 1999)

Ressaltamos que, para determinadas mulheres, o benefício é pago diretamente pelo Instituto Nacional do Seguro Social (INSS). É o caso das seguradas especiais, individuais, adotantes, avulsas ou domésticas e, como exceção, das seguradas empregadas, quando seu empregador for microempreendedor individual (MEI).

8.3.8 Salário-família

O salário-família pode ser pago para o pai, para a mãe ou para ambos, se tiverem filhos com até 14 anos incompletos ou que sejam inválidos, desde que sejam considerados trabalhadores de baixa renda, por receberem salário mensal igual ou inferior ao valor determinado por lei.

Para sua concessão, não é exigido tempo mínimo de contribuição. Porém, o salário-família se extinguirá quando o filho completar 14 anos.

Tais disposições podem ser localizadas na Lei 8.213/1991, nos arts. 65 e seguintes.

8.3.9 Benefício de prestação continuada da assistência social

O benefício de prestação continuada da assistência social (BPC) não se constitui propriamente em um benefício previdenciário, pois é estritamente **assistencial**. É regulamentado pela Lei Orgânica da Assistência Social (Loas) – Lei n. 8.742, de 7 de dezembro de 1993 (Brasil, 1993b) – e destina-se a pessoas que não têm condição alguma de contribuir para a previdência social.

Estão dentro da hipótese de receber tal amparo assistencial os idosos – tanto do sexo masculino quanto do feminino – a partir de 65 anos de idade e os portadores de deficiência, independentemente da idade, mas que estejam incapacitados para o trabalho.

Como requisito essencial, existe a necessidade de comprovação de uma renda mensal familiar *per capita*, ou seja, por pessoa, inferior a um quarto do salário mínimo federal. Por exemplo: em uma família de quatro pessoas, a renda total não poderá ultrapassar um salário mínimo.

Além disso, essas pessoas não podem estar filiadas a nenhum regime de previdência social nem estar recebendo algum benefício público. O benefício assistencial é intransferível e extingue-se após o falecimento do beneficiário.

No sentido de realçar os requisitos obrigatórios para a concessão de tal benefício assistencial, trazemos a jurisprudência do egrégio Tribunal Regional Federal da 3ª Região, em decisão da 5ª turma recursal de São Paulo, assim ementada:

0037181-42.2011.4.03.6301 – 4ª VARA GABINETE – ACÓRDÃO Nr. 2013/9301029037 – MARIA DE JESUS MATEUS (SP245923 – VALQUIRIA ROCHA BATISTA, SP248763 – MARINA GOIS MOUTA) X INSTITUTO NACIONAL DO SEGURO SOCIAL – I.N.S.S (PREVID) UNIÃO FEDERAL (AGU).
VOTO EMENTA
1. Recurso interposto pelo INSS em face de sentença que julgou procedente o pedido de concessão de benefício assistencial de prestação continuada, nos termos do artigo 203, inciso V, da Constituição Federal. [...] 5. O benefício assistencial requer dois pressupostos para a sua concessão: a idade mínima e a hipossuficiência econômica. [...] 12. No caso dos autos, pela leitura do laudo social e econômico, verifica-se que o núcleo familiar é composto pela idosa autora, nascida em 01.10.1930, portuguesa, que reside sozinha e não aufere renda, sendo o imóvel pertencente a seu filho, que reside em outra casa no mesmo terreno, com esposa e filho e ganha o equivalente a três salários mínimos em aposentadoria por invalidez. 13. O fato de a autora ser estrangeira não exclui o direito à assistência prestada pelo Estado Brasileiro, já que o mesmo reside no país e é detentor de direitos subjetivos e direitos fundamentais sociais e econômicos decorrentes da simples condição humana, como historicamente defendido por Kant. Deveras, a respeito desse tema, tenho que constitui mandamento constitucional de que o estrangeiro residente no país goza dos direitos fundamentais assegurados a todos os brasileiros (artigo 5º, da Carta da República). 14. O artigo 203 da Constituição Federal diz que a assistência social será prestada a quem dela necessitar [...], cabendo ao magistrado analisar o caso concreto em toda a sua amplitude. No caso em apreço, a anciã autora adentrou ao nosso país, aqui fixando residência em 1953, ou seja, há aproximadamente 60 anos. 15. Assim, considerando que a parte autora comprovou o preenchimento dos requisitos necessários, quais sejam a

> idade e a situação de miserabilidade, verificada em descrição detalhada no laudo sócioeconômico, está claro que a apelada faz jus ao benefício de prestação continuada de que trata o art. 203, V, da Constituição Federal, regulamentado pelas Leis n. 8.742/93 e 12.435/2011, e pelo Decreto n. 6.214/07. [...] (TRF 3, 2013)

A seguir, passaremos a tratar dos benefícios que podem ser recebidos pelos **dependentes** dos segurados.

8.3.10 Auxílio-reclusão

O auxílio-reclusão pode ser concedido aos dependentes do segurado que se encontra preso por qualquer motivo e deve ser pago durante todo o período da reclusão.

Alguns requisitos, contudo, devem estar presentes para a concessão e a manutenção desse benefício:

» O salário de contribuição deve ser igual ou inferior ao determinado pela legislação, sendo seu valor reajustado todo ano.
» O segurado preso não pode estar recebendo salário de seu empregador, auxílio-doença, aposentadoria ou abono de permanência em serviço.
» Definida a concessão do benefício, os dependentes devem apresentar à previdência social, a cada três meses, atestado emitido por autoridade competente, confirmando que o trabalhador continua preso.

Especialmente sobre o requisito do salário de contribuição do segurado, colhemos decisão do egrégio Tribunal Regional Federal da 5ª Região, assim ementada:

> PREVIDENCIÁRIO. AUXÍLIO-RECLUSÃO. EC N. 20/1998, ART. 13. RENDA MENSAL BRUTA DO SEGURADO. VALOR SUPERIOR AO LIMITE. INDEFERIMENTO DO BENEFÍCIO. 1 – A concessão do benefício auxílio-reclusão deve observar os requisitos previstos na legislação vigente ao tempo do evento recolhimento à prisão. 2 – A Emenda Constitucional n. 20/1998, em seu art. 13, expressamente limitou o direito de acesso ao auxílio-reclusão apenas àqueles que tenham, à época da restrição da liberdade, renda mensal bruta igual ou inferior a R$ 360,00 (trezentos e sessenta reais), a serem corrigidos pelos mesmos índices aplicados aos benefícios do regime geral da Previdência Social. 3 – "Segundo decorre do art. 201, IV, da Constituição, a renda do segurado preso é a que deve ser utilizada como parâmetro para a concessão do benefício e não a de seus dependentes". (STF. Pleno. RE 587365/SC. Min. Rel. Ricardo Lewandowski. Julg. 25.03.2009. Publ. DJ 08.05.2009) 4 – Na data do recolhimento à prisão (fevereiro de 2007) o valor limite era de R$ 654,61. Tais valores foram sendo atualizados através de instrução normativa, chegando, em janeiro de 2010 a R$ 810,18. 5 – O genitor dos autores encontrava-se desempregado à data do recolhimento à prisão, mas mantinha a condição de segurado, porém o valor do seu último salário-de-contribuição, em maio de 2005, foi o valor de R$ 996,67. 6 – Apelação e remessa oficial providas. (TRF 5, 2011)

Ocorrendo alguma das situações apresentadas a seguir, dispostas no art. 392 da Instrução Normativa PRES/INSS n. 128, de 28 de março de 2022 (Brasil, 2022), o benefício deixará de ser pago

> I – pela progressão do regime de cumprimento de pena, observado o fato gerador:
> a) para benefícios concedidos com fato gerador a partir de 18 de janeiro de 2019, quando o segurado progredir para semiaberto ou aberto; ou
> b) para benefícios concedidos com fato gerador anterior a 18 de janeiro de 2019, quando o segurado progredir para regime aberto;
> II – na data da soltura ou livramento condicional;
> III – pela fuga do recluso;
> IV – se o segurado, ainda que privado de sua liberdade ou recluso, passar a receber aposentadoria;
> V – pela adoção, para o filho adotado que receba auxílio-reclusão dos pais biológicos, exceto quando o cônjuge ou o(a) companheiro =(a) adota o filho do outro;
> VI – com a extinção da última cota individual;
> VII – pelo óbito do segurado instituidor ou do beneficiário; ou
> VIII – pelas causas dispostas nos incisos II, III, V, VI e VII do art. 378. (Brasil, 2022, art. 392)

8.3.11 Pensão por morte

A pensão por morte é o benefício pago à família do segurado em razão de sua morte. Não é exigido tempo mínimo de contribuição, mas é preciso que, na data do falecimento, a pessoa tenha a qualidade de segurado. Poderá ser suprida tal exigência se o segurado já houver cumprido, até o dia de seu óbito, os requisitos para obtenção de aposentadoria concedida pela previdência social.

A morte do segurado também poderá ser **presumida**, como nos casos de **desaparecimento** em catástrofe, acidente ou desastre, desde que isso seja devidamente comprovado pelos documentos exigidos. Nessa situação, os dependentes poderão receber a pensão, mas, de seis em seis meses, deverão apresentar documentação hábil sobre o andamento do processo de desaparecimento, até que seja emitida a certidão de óbito.

As disposições sobre a pensão por morte podem ser localizadas nos arts. 74 e seguintes da Lei n. 8.213/1991.

Uma alteração significativa trazida pela Reforma Previdenciária diz respeito ao valor do benefício da pensão por morte, que será concedido no equivalente a uma cota familiar de 50% (cinquenta por cento) do valor da aposentadoria recebida pelo segurado ou servidor ou daquela a que teria direito se fosse aposentado por incapacidade permanente na data do óbito, acrescida de cotas de 10 (dez) pontos percentuais por dependente, até o máximo de 100% (cem por cento). As cotas por dependente serão extintas quando estes perderem essa qualidade, e não reverterão aos demais dependentes.

Síntese

Neste capítulo, abordamos o direito da seguridade social, definindo-a como um conjunto de ações múltiplas do Estado e da sociedade realizadas para fornecer amparo à população em contingências relacionadas à saúde, à assistência social e à previdência social.

Tratamos, assim, dos beneficiários da previdência social, ou seja, daquelas pessoas que podem usufruir dos benefícios oferecidos.

Por fim, examinamos os benefícios da previdência social, cada qual com suas peculiaridades, para que ficassem demonstradas todas as situações em que o segurado pode desfrutar desses benefícios se atender aos requisitos legais.

Questões para revisão

1) Um casal tem dois filhos menores, respectivamente de 3 e 13 anos. Ambos os cônjuges trabalham, e cada um deles ganha mensalmente um salário mínimo federal, sendo considerados legalmente como trabalhadores de baixa renda. A CF de 1988, em seu art. 7º, inciso XII, assegura o pagamento do salário-família aos trabalhadores de baixa renda, desde que atendidos outros requisitos legais. Com relação à situação apresentada e concernente ao salário-família, é correto afirmar:

   a. A legislação permite o pagamento a ambos os cônjuges, pois cada um deles é considerado trabalhador de baixa renda.

   b. Somente um dos cônjuges tem direito a receber tal benefício, porque, se ambos solicitarem, a renda familiar ultrapassará o valor entendido como baixa renda.

   c. O benefício do salário-família, como o salário-maternidade, somente pode ser concedido à mulher.

   d. Mesmo que ambos os cônjuges sejam considerados como trabalhadores de baixa renda, a legislação permite a concessão do benefício somente a um deles.

   e. Poderá ser pago a ambos, mas somente em relação ao filho com idade de 3 anos, pois o outro já ultrapassou a idade limite de 12 (doze) anos.

2) É sabido que, para ter direito a determinados benefícios previdenciários, o trabalhador deve comprovar alguns pagamentos. São os chamados *períodos de carência*. Assinale a alternativa que apresenta o benefício que exige algum período de carência:
   a. Salário-família.
   b. Pensão por morte.
   c. Auxílio-reclusão.
   d. Auxílio-acidente.
   e. Auxílio-doença.

3) João é idoso e conta com 66 anos de idade, mas nunca contribuiu para a previdência social, não tem família, vive sozinho e tem uma renda mensal inferior a um salário mínimo federal. Será que ele pode requerer algum auxílio previdenciário?
   a. Ele pode requerer a aposentadoria voluntária.
   b. Ele pode requerer a aposentadoria especial.
   c. Ele pode requerer o benefício de prestação continuada da assistência social.
   d. Ele não tem direito a qualquer auxílio previdenciário, pois nunca contribuiu.
   e. Ele pode requerer o auxílio-doença.

4) Quais são os requisitos básicos para a concessão da aposentadoria voluntária?

5) Como a Constituição de 1988 define *seguridade social*?

Questões para reflexão

1) A previdência social é um direito de todos?
2) O auxílio-reclusão é dado a todas aquelas pessoas que estiverem presas?

Para saber mais

Para que você possa aprofundar o estudo sobre os temas examinados neste capítulo, sugerimos a leitura das obras lista das a seguir.

MARTINS, S. P. **Constituição, CLT, legislação previdenciária e legislação complementar.** São Paulo: Atlas, 2012.

NASCIMENTO, A. M. **Iniciação ao direito do trabalho.** São Paulo: LTr, 2012.

SAVARIS, J. A.; GONÇALVES, M. A. F. **Previdência social anotada.** Curitiba: Alteridade, 2022.

Consultando a legislação

Se você quiser aprofundar seus conhecimentos sobre os assuntos abordados neste capítulo, consulte:

BRASIL. Constituição (1988). **Diário Oficial da União**, Poder Legislativo, Brasília, DF, 5 out. 1988. Disponível em: <http://www.planalto.gov.br/ccivil_03/constituicao/constituicao.htm>. Acesso em: 10 ago. 2022.

BRASIL. Decreto n. 3.048, de 6 de maio de 1999. **Diário Oficial da União**, Poder Executivo, Brasília, DF, 7 maio 1999. Disponível em: <http://www.planalto.gov.br/ccivil_03/decreto/d3048.htm>. Acesso em: 10 ago. 2022.

BRASIL. Lei n. 8.742, de 7 de dezembro de 1993. **Diário Oficial da União**, Poder Legislativo, Brasília, DF, 8 dez. 1993. Disponível em: <http://www.planalto.gov.br/ccivil_03/leis/l8742.htm>. Acesso em: 10 ago. 2022.

IX

Conteúdos do capítulo:

» Princípios do direito ambiental.
» Proteção legal do meio ambiente.
» Responsabilidade ambiental.
» Sanções aplicáveis.

Após o estudo deste capítulo, você será capaz de:

1. identificar alguns dos mais importantes princípios do direito ambiental;
2. compreender que o meio ambiente é um direito de todos e que o ordenamento jurídico o protege formalmente;
3. entender a responsabilidade ambiental e as sanções aplicáveis em caso de dano ao meio ambiente, nos âmbitos civil, criminal e administrativo.

Direito ambiental

O **meio ambiente** é, sem dúvida, o grande patrimônio da humanidade. Assim, praticamente todas as sociedades e governos atuais estão preocupados com sua preservação e sua sustentabilidade, estabelecendo regras comuns por meio de legislações internacionais e nacionais.

Abordaremos, neste capítulo, principalmente a relação entre a preservação do meio ambiente e a reparação civil aos danos ambientais, bem como as sanções penais previstas. Apresentaremos aspectos constitucionais e legais que permeiam as questões ambientais no Brasil, baseando-nos nos princípios ambientais, na legislação vigente e nas interpretações doutrinárias.

9.1 Conceito

Podemos definir o *direito ambiental* como o ramo do direito público em que são determinadas as normas destinadas a prevenir, evitar, impedir e sancionar os atos prejudiciais à natureza.

As normas do direito ambiental são estabelecidas pela Constituição Federal (CF) de 1988 (Brasil, 1988), bem como pela legislação infraconstitucional, especialmente pela Lei n. 6.938, de 31 de agosto de 1981 (Brasil, 1981), que instituiu a Política Nacional do Meio Ambiente (PNMA), por meio de princípios e regras, dos quais trataremos a seguir.

9.2 Princípios ambientais

Nesta seção, examinaremos alguns dos princípios do direito ambiental, que reputamos de extrema importância, ressaltando, porém, que existem outros, os quais apenas reforçam a mesma forma de pensar o meio ambiente, no sentido de protegê-lo.

Para Paulo de Bessa Antunes (2021, p. 27),

> *Os princípios do Direito Ambiental estão voltados para a finalidade básica de proteger a vida, em qualquer forma que esta se apresente, e garantir um padrão de existência digno para os seres humanos desta e das futuras gerações, bem como de conciliar os dois elementos anteriores com o desenvolvimento econômico ambientalmente sustentado.*

Os princípios do direito ambiental que destacaremos a seguir também servirão de base sólida para o entendimento de todo esse ramo do direito.

9.2.1 Princípio da precaução

O princípio da precaução deve ser trazido à tona nas situações de incerteza científica quanto aos prejuízos ambientais que determinado empreendimento venha a proporcionar.

Podemos entender esse princípio como a proibição de projetos maléficos ao meio ambiente, considerando-se que toda e qualquer ação na natureza somente poderá acontecer se existir a certeza de que as alterações que podem advir dessa ação não causarão danos ambientais irreversíveis.

A **precaução** indica a proteção contra o perigo, contra algo de que não se conhece a amplitude dos resultados, necessitando de mais estudos e de maiores cuidados para que seja evitado um dano irreparável. Trazemos como exemplo os organismos geneticamente modificados (OGMs), que ainda podem ser caracterizados, por seu desconhecimento, como um mal para a saúde humana.

Para a aplicação de tal princípio, devem estar presentes a **razoabilidade**, a **proporcionalidade** e, especialmente, o **bom senso**, sob pena de se inviabilizarem vários projetos e ações de importância, tanto os já existentes quanto os que vierem a ser propostos.

9.2.2 Princípio da prevenção

O princípio da prevenção deve ser aplicado no sentido de se evitar a efetivação de danos ao meio ambiente que sejam conhecidos ou cujos resultados sejam conhecidos. Trata-se, assim, de uma medida de **antecipação**, para que problemas ambientais sejam solucionados em sua origem.

A **precocidade** da identificação do possível dano ambiental e de quaisquer problemas ocorridos pela alteração do meio ambiente vem ao encontro desse princípio, que tem como objetivo o cuidado e os atos preventivos, de modo a corrigir a ação em seu início.

9.2.3 Princípio do usuário pagador

Pelo princípio do usuário pagador entendemos que, por meio de uma **compensação ambiental**, antecipa-se a cobrança por danos ambientais, a fim de que o valor arrecadado seja utilizado para investir na redução ou mitigação dos danos prováveis ao meio ambiente.

Tal princípio vem ao encontro da **responsabilização do agente** que usa os recursos naturais, o qual tem o dever de tomar todos os cuidados durante a exploração de determinada área, recuperá-la e, até mesmo, pagar pelo uso do recurso que foi retirado da natureza, ainda depois de exaurido.

Trata-se da aplicação do art. 4º, inciso VII, da Lei n. 6.938/1981, que instituiu a PNMA, segundo o qual essa política visa à imposição, ao usuário dos recursos ambientais, da contribuição pela utilização destes com fins econômicos, devendo suportar certo ônus financeiro por tal utilização.

9.2.4 Princípio do poluidor pagador

Distinto do anterior, o princípio do poluidor pagador determina que quem explora o meio ambiente deve responder pela emissão de dejetos ou qualquer outro material prejudicial à natureza. Se caracterizado o dano ambiental, ele será punido na forma da lei, podendo até ser proibido de realizar a atividade para a qual já possua autorização.

Novamente nos valemos da aplicação do art. 4º, inciso VII, da Lei n. 6.938/1981, que determina a imposição, ao poluidor e ao predador, da **obrigação de recuperar e/ou indenizar os danos causados à natureza**.

Assim, o agente que explora os recursos naturais deve cuidar para não causar danos ao meio sobre o qual atua e, caso ocorram danos, deverá ser responsabilizado, independentemente de culpa, pois prevalecerá a atividade preventiva.

9.2.5 Princípio do desenvolvimento sustentável

Entendemos o desenvolvimento sustentável como o desenvolvimento necessário e obrigatório para se atender às necessidades da geração atual sem comprometer as necessidades das gerações futuras. Assim, as atividades humanas devem ser pautadas por esse princípio.

Sabemos que os recursos ambientais podem se esgotar; mas, se as atividades humanas, especialmente as atividades econômicas, se pautarem por esse objetivo, certamente a humanidade terá uma chance maior de se perpetuar. É necessária, portanto, a **coexistência harmônica** entre economia e meio ambiente para haver a garantia de que os recursos existentes nos dias atuais não se esgotarão, de forma a proporcionar às próximas gerações o direito de também usufruir do meio ambiente.

9.2.6 Princípio da reparação

A legislação garante o **direito de ser indenizado** a quem tenha sofrido algum dano causado por outrem.

Da mesma forma, pelo princípio da reparação, obriga-se quem tenha prejudicado o meio ambiente ao dever de reparar o dano causado, direta ou indiretamente, a depender da amplitude deste.

Sabemos de vários acidentes ambientais, como as inundações, os desmatamentos e as queimadas, que afetam determinada região ou até várias regiões ao mesmo tempo, acarretados por dolo ou por culpa dos agentes. Mesmo os acidentes advindos da natureza geralmente também apresentam a "mão" do homem, que altera desproporcionalmente o meio, possibilitando a ocorrência de tais eventos.

9.2.7 Princípio da informação

As sociedades, assim como as pessoas que as compõem, têm o direito de saber de tudo o que ocorre e do que poderá acontecer em relação ao meio ambiente onde vivem e produzem.

Assim, é dever do Estado divulgar a todos os interessados as **informações importantes relacionadas ao meio ambiente**, inclusive os riscos de certas atividades potencialmente causadoras de dano.

Ao mesmo tempo, o Estado também tem a obrigação de desenvolver políticas públicas de **educação ambiental** que envolvam toda a sociedade, de modo a informá-la, desde os períodos escolares mais básicos, sobre a responsabilidade que cabe a todos.

9.3 Proteção legal do meio ambiente

Todos os seres humanos precisam de um meio ambiente saudável, que lhes forneça os elementos básicos para terem uma qualidade de vida minimamente razoável, com alimentos retirados do solo em perfeitas condições de serem ingeridos, água encanada, energia elétrica e tudo o que for preciso para lhes proporcionar conforto, saúde e comodidade.

Com isso, torna-se necessário que ações conjuntas, das sociedades e dos governos, sejam realizadas no sentido de preservar o meio ambiente, de modo a viabilizar condições suficientes para que as gerações atuais e futuras continuem a usufruir de todos esses benefícios. Isso porque o que vemos, ainda hoje, é uma busca desenfreada, inadequada e egoísta dos grupos humanos em geral no intuito de se aproveitarem particular e pontualmente dos recursos naturais, esquecendo-se de que tais recursos, se não utilizados de maneira racional, acabarão rapidamente, prejudicando a todos.

A CF de 1988 confirmou e abalizou as proteções já existentes e reguladas pela Lei n. 6.938/1981, que trata da PNMA, ao garantir, em seu art. 225, que "Todos têm direito ao meio ambiente ecologicamente equilibrado, bem de uso comum do povo e essencial à sadia qualidade de vida, impondo-se ao Poder Público e à coletividade o dever de defendê-lo e preservá-lo para as presentes e futuras gerações" (Brasil, 1988).

Em consonância com o ditame constitucional, a PNMA afirma a necessidade do **equilíbrio ecológico** e considera o meio ambiente como **patrimônio público**, que deve ser preservado e aperfeiçoado para que todos possam ter a qualidade de vida que merecem para viver condignamente.

> Art. 2º A Política Nacional do Meio Ambiente tem por objetivo a preservação, melhoria e recuperação da qualidade ambiental propícia à vida, visando assegurar, no país, condições ao desenvolvimento sócio econômico, aos interesses da segurança nacional e à proteção da dignidade da vida humana, atendidos os seguintes princípios:
> I – ação governamental na manutenção do equilíbrio ecológico, considerando o meio ambiente como um patrimônio público a ser necessariamente assegurado e protegido, tendo em vista o uso coletivo; [...]. (Brasil, 1981)

Com fins de elucidação, a Lei n. 6.938/1981, em seu art. 3º, traz a definição de alguns conceitos centrais, tais como (Brasil, 1981):

a. **Meio ambiente** – É "o conjunto de condições, leis, influências e interações de ordem física, química e biológica que permitem, abrigam e regem a vida em todas as suas formas".
b. **Degradação da qualidade ambiental** – Trata-se da "alteração adversa das características do meio ambiente".
c. **Poluição** – É "a degradação da qualidade ambiental resultante de atividades que direta ou indiretamente: a) prejudiquem a saúde, a segurança e o bem-estar da população".

Ficam assim caracterizados tais conceitos, não se deixando qualquer margem para outras interpretações.

Se existe a obrigação de todos de garantir um meio ambiente saudável e equilibrado, não podemos nos esquecer também do **aspecto econômico**, pois as empresas, no afã de desenvolverem suas atividades, objetivando o lucro, também devem preocupar-se com a natureza e com os impactos ambientais que possam causar. Por isso, devem sempre buscar novas tecnologias, com o intuito de reduzir a quantidade de resíduos que serão produzidos e, ao mesmo tempo, transformar os recursos naturais de forma racional.

Essas práticas de preservação do meio ambiente podem eventualmente parecer impossíveis; afinal, a produção não pode parar, sob pena de a economia entrar em crise, o que afetaria boa parte da população. Porém, se elas não forem adotadas, para muitos atores da atividade econômica, o que deixará de existir é a possibilidade de continuarem com sua atividade.

Portanto, a pessoa ou empresa que, de alguma forma, causar dano ao meio ambiente poderá vir a ser responsabilizada, pois o ordenamento jurídico pátrio fornece os mecanismos especiais para o manejo das ações pertinentes. É o caso da Lei n. 7.347, de 24 de julho de 1985 (Brasil, 1985a), que disciplina a **ação civil pública** de responsabilidade por danos causados ao meio ambiente.

Nas **esferas administrativa e penal**, a legislação pertinente é a Lei n. 9.605, de 12 de fevereiro de 1998 (Brasil, 1998c), a qual determina as sanções administrativas e penais a serem aplicadas às condutas lesivas ao meio ambiente.

Por outro lado, a Lei n. 11.105, de 24 de março de 2005 (Brasil, 2005b), além de outras providências, estabelece **normas de segurança e mecanismos de fiscalização** de atividades que envolvam organismos geneticamente modificados e seus derivados, cria o Conselho Nacional de Biossegurança (CNBS), reestrutura a Comissão Técnica Nacional de Biossegurança (CTNBio) e dispõe sobre a Política Nacional de Biossegurança (PNB).

As proteções legais existem, mas reiteramos que, acima de tudo, é necessário que o Estado mantenha, de forma ininterrupta, uma **política de educação ambiental**, para que, desde a tenra idade, todas as pessoas saibam de suas obrigações – diríamos até cotidianas – em relação ao meio ambiente, independentemente das proteções legais existentes à época e das sanções que possam vir a sofrer por danos causados.

9.4 Responsabilidade ambiental

Destacamos anteriormente alguns dos diplomas legais existentes em nosso ordenamento jurídico, a começar pela CF de 1988, que fornecem proteção ao meio ambiente e determinam as responsabilidades e as sanções decorrentes dos danos causados a ele.

Agora, examinaremos pontualmente algumas dessas **responsabilidades**, alicerçadas no ditame constitucional constante no art. 225, parágrafo 3º, segundo o qual "As condutas e atividades consideradas lesivas ao meio ambiente sujeitarão os infratores, pessoas físicas ou jurídicas, a sanções penais e administrativas, independentemente da obrigação de reparar os danos causados" (Brasil, 1988).

Assim, questionamos: O que significa *responsabilidade*?

Se buscarmos o significado desse termo na etimologia, encontraremos que *responsabilidade* se origina do latim *responsus*, que significa "responder, prometer em troca". Portanto, aquele que for considerado responsável por determinada ação deverá responder por qualquer prejuízo ou dano causado por tal ação.

A legislação instituiu, dessa forma, um meio para conferir responsabilidade à pessoa ou empresa que cause dano a outrem de forma direta, por meio de sua ação, mas também de forma indireta, pela não observância de um dever, conforme escreve Maria Helena Diniz (2022, p. 56).

9.4.1 Responsabilidade civil ambiental

Para que seja demonstrada a responsabilidade civil ambiental, deve ser comprovado o **dano ambiental** efetivamente causado, por ação ou omissão do agente, bem como o **nexo causal**, que é a **conexão entre a conduta do agente e o resultado por ela produzido**. Assim evidenciada, surgirá para o infrator a obrigação de reparar o prejuízo causado.

Esse também é o entendimento de Washington de Barros Monteiro (2013, p. 573), quando indica que os "pressupostos para a caracterização da responsabilidade civil são a ação, o dano e o nexo causal", afirmando que "é preciso existir a ação que importe na violação a direito de outrem, o dano tanto moral ou material e ainda o nexo de causalidade que age como elo de ligação entre a ação e o dano".

Ressaltamos que os **danos** ao meio ambiente que ocasionem o dever de indenizar podem incidir diretamente sobre uma **pessoa** ou sobre um **patrimônio**. São, portanto, de ordem **moral** ou **material**, devendo ser analisados, em cada uma das situações, o prejuízo sofrido e as lesões intentadas em desfavor do meio ambiente.

Para a caracterização da responsabilidade civil, importa a **culpa** – o **ato não intencional praticado pelo agente por negligência, imperícia ou imprudência** – e o **risco** – **ato praticado pelo agente ao assumir todas as possíveis consequências**, independentemente de dolo ou culpa.

A responsabilidade civil pelo dano ambiental pode ser objetiva, subjetiva, extracontratual e solidária, como detalharemos a seguir.

■ Responsabilidade civil ambiental objetiva

A responsabilidade civil ambiental objetiva é **direta**, pois **não considera a culpa ou a vontade do agente em praticar o ato causador do dano ambiental**, podendo ser aplicada nos casos em que a lei autorize expressamente ou naqueles em que a atividade desenvolvida pelo causador do dano indicar, por sua natureza, risco para os direitos de outrem. É o que preceitua a Lei 10.406, de 10 de janeiro de 2002 – Código Civil (CC) –, no parágrafo único de seu art. 927: "Haverá obrigação de reparar o dano, independentemente de culpa, nos casos especificados em lei, ou quando a atividade normalmente desenvolvida pelo autor do dano implicar, por sua natureza, risco para os direitos de outrem" (Brasil, 2002a).

Não são raras as situações em que uma empresa tem autorização emitida por órgão competente para a exploração de determinada atividade econômica, mas, mesmo assim, causa dano ambiental. Esses são casos de responsabilidade objetiva, e a autorização que a empresa tem não a exime de reparar o dano.

Na exploração de certas atividades econômicas, o perigo de causar dano ambiental está implícito. Segundo a teoria do risco, aqueles que contratam serviços relacionados a essas atividades ou delas obtêm lucro, vantagens e proveitos assumem objetivamente todos os riscos inerentes a elas, podendo ser responsabilizados de forma direta por qualquer dano causado. Conforme Diniz (2022, p. 29), a **responsabilidade baseada no risco** consiste "na obrigação de indenizar o dano produzido por atividade exercida no interesse do agente e sob seu controle, sem que haja qualquer indagação sobre o comportamento do lesante, fixando-se no elemento objetivo, isto é, na relação de causalidade entre o dano e a conduta de seu causador".

A Lei n. 6.938/1981 determina a responsabilidade objetiva, em seu art. 14, parágrafo 1º:

> Art. 14. [...]
> [...]
> § 1º Sem obstar a aplicação das penalidades previstas neste artigo, é o poluidor obrigado, independentemente da existência de culpa, a indenizar ou reparar os danos causados ao meio ambiente e a terceiros, afetados por sua atividade. O Ministério Público da União e dos Estados terá legitimidade para propor ação de responsabilidade civil e criminal, por danos causados ao meio ambiente. (Brasil, 1981)

Nesse mesmo sentido aponta o CC de 2002, o qual prevê, em seu art. 931: "Ressalvados outros casos previstos em lei especial, os empresários individuais e as empresas respondem independentemente de culpa pelos danos causados pelos produtos postos em circulação" (Brasil, 2002a).

Sabemos que o meio ambiente é um patrimônio de todos e por todos deve ser protegido; assim, e como regra, a responsabilidade objetiva impera nos casos de eventos causadores de dano a esse bem coletivo, devendo o agente causador do prejuízo ambiental **indenizar e/ou reparar os danos causados**, independentemente de culpa.

■ Responsabilidade civil ambiental extracontratual

É importante ressaltarmos que não existe a necessidade de estarem vinculados o causador do dano ambiental e aqueles que foram afetados por sua conduta danosa, cabendo ao agente causador a obrigação pelos prejuízos acarretados ao meio ambiente.

É a responsabilidade extracontratual que não exime o agente poluidor ou causador de dano ambiental do dever de indenizar ou reparar os prejuízos advindos de sua conduta, mesmo que não tenha qualquer vínculo com aqueles a quem os causou.

■ Responsabilidade solidária ambiental

Em regra, todo aquele que causar dano ao meio ambiente deverá ser responsabilizado individualmente, mas, às vezes, em determinadas condutas danosas, vários agentes estão envolvidos.

A responsabilidade solidária por danos causados ao meio ambiente nos leva ao entendimento de que a reparação ou a indenização poderá ser exigida de mais de uma pessoa. Nesse caso, elas poderão responder de modo individual pelos prejuízos causados ou todas ao mesmo tempo, solidariamente.

Essa é a interpretação que fazemos do art. 20 da Lei n. 11.105/2005: "Sem prejuízo da aplicação das penas previstas nesta Lei, os responsáveis pelos danos ao meio ambiente e a terceiros responderão, solidariamente, por sua indenização ou reparação integral, independentemente da existência de culpa" (Brasil, 2005b).

Contudo, é difícil fazer com que o Estado responda solidariamente pelos danos causados por terceiros ao meio ambiente, tendo em vista seu dever de fiscalizar e impedir que tais danos aconteçam (Chiuvite, 2010).

■ Sanções aplicáveis

Na **esfera civil**, as sanções aplicáveis aos casos de dano ambiental envolvem efetivamente a **obrigação de reparar o dano**, seja **moral**, seja **material**. Geralmente, isso ocorre por meio da imposição de uma indenização financeira em benefício de quem tiver sofrido o dano; também há casos em que se exige a **reconstituição da flora ou da fauna** prejudicada ou, ainda, em que se impõe a **obrigação de fazer ou não fazer algo**, quando a reconstituição é impossível.

Para ratificarmos as formas de responsabilidade civil ambiental descritas anteriormente, trazemos a seguir decisões jurisprudenciais que corroboram e efetivam a legislação vigente, obrigando os causadores de danos ambientais a indenizar ou reparar o prejuízo causado.

> EMENTA: PROCESSO CIVIL. DIREITO AMBIENTAL. AÇÃO CIVIL PÚBLICA PARA TUTELA DO MEIO AMBIENTE. OBRIGAÇÕES DE FAZER, DE NÃO FAZER E DE PAGAR QUANTIA. POSSIBILIDADE DE CUMULAÇÃO DE PEDIDOS. ART. 3º DA LEI 7.347/85. Na interpretação do disposto no art. 3º da Lei n. 7.347/85 – e considerando que o sistema jurídico de proteção ao meio ambiente, disciplinado em normas constitucionais (CF, art. 225, § 3º) e infraconstitucionais (Lei 6.938/81, arts. 2º e 4º), está fundado, entre outros, nos princípios da prevenção, do poluidor-pagador e da reparação integral –, cabível a acumulação da condenação em dinheiro com o cumprimento de obrigação de fazer ou não fazer, sob pena de, assim não sendo, ensejar limitação à eficácia da ação civil pública como instrumento de tutela dos direitos coletivos e difusos, notadamente no que diz com a proteção ao meio ambiente. Precedentes do STJ. (TRF 4, 2013b)

> EMENTA: EMBARGOS À EXECUÇÃO DE DÍVIDA NÃO TRIBU-
> TÁRIA. MULTA POR DANO AMBIENTAL. PRESCRIÇÃO INTER-
> CORRENTE. INAPLICABILIDADE. IMPRESCRITIBILIDADE DA
> AÇÃO DE RESSARCIMENTO POR DANO AMBIENTAL. ART.
> 38 DA LEI 9.605. ART. 1°, §1°, DA LEI 9.873/99. ART. 142,
> §§ 3° E 4°, DA LEI 8.112/90. ART. 109, IV, DO CP. Verificada
> a ocorrência de dano ambiental pelo Ibama, qual seja o des-
> matamento de área de preservação permanente com inser-
> ção de gramíneas e gado (pastagem para engorda), cabe a
> aplicação das medidas legalmente previstas para a recupera-
> ção ambiental. Não sendo esta possível, ou mesmo com ela
> cumulativamente, é cabível a aplicação de multa. Exatamen-
> te este valor da pena pecuniária (multa) é que se encontra
> em execução judicial (R$ 7.500,00 aplicados em maio/2000).
> Entendo, sem dúvida, que se trata de execução
> imprescritível e, portanto, inaplicável excepcionalmente o
> art. 1°, §1°, da Lei 9.873/99 que prevê prescrição intercor-
> rente. (TRF 4, 2013a)

Essas decisões do Tribunal Regional Federal da 4ª Região, aliadas a tantas outras dos tribunais de nosso país – incluindo-se aí os tribunais superiores –, todas voltadas à proteção do meio ambiente, deixam-nos tranquilos, pois percebemos que o Poder Judiciário está atento e pronto a determinar as sanções cabíveis àqueles que tenham cometido atos lesivos ao meio ambiente.

9.4.2 Responsabilidade penal ambiental

A responsabilidade penal ambiental é caracterizada quando, por meio de uma conduta humana, for causada a destruição de um bem considerado público e de uso comum relacionado diretamente ao meio ambiente. Tal ação é tipificada no ordenamento jurídico como **crime** ou **contravenção**, ou, nas palavras de José Afonso da Silva (2019, p. 304): "emana do cometimento de crime ou contravenção, ficando o infrator sujeito a pena de perda da liberdade ou pena pecuniária".

As duas categorias de infrações penais previstas para os crimes ambientais – o crime e a contravenção – são assim entendidas, de maneira bem simples, mas objetiva:

a. **Crime** – É ocasionado por **ofensas mais graves** a bens e/ou interesses jurídicos de alto valor, de que resultam danos ou perigos próximos, sancionados com pena de **reclusão** ou **detenção**, podendo ser cumulada com multa, a depender do caso.

b. **Contravenção** – É ocasionada por **ofensas menos graves**, especialmente as ocorridas em situações de perigo, que são sancionadas com **prisão simples** ou **multa**.

■ Sanções aplicáveis

Na esfera penal, as sanções podem ser maiores ou menores, dependendo da conduta praticada, que, como vimos, pode ser tipificada como crime ou como contravenção.

Consultando desde a CF de 1988 até os diplomas infraconstitucionais, encontramos vários tipos penais ambientais e contravenções, que definem sanções penais e administrativas derivadas das condutas e atividades praticadas contra o meio ambiente.

Como exemplo, trazemos a previsão da Lei n. 9.605/1998, a qual trata dos **crimes contra a fauna e contra a flora** em seus arts. 29 e 38:

> Art. 29. Matar, perseguir, caçar, apanhar, utilizar espécimes da fauna silvestre, nativos ou em rota migratória, sem a devida permissão, licença ou autorização da autoridade competente, ou em desacordo com a obtida:
> Pena – detenção de seis meses a um ano, e multa.

> [...]
> Art. 38. Destruir ou danificar floresta considerada de preservação permanente, mesmo que em formação, ou utilizá-la com infringência das normas de proteção:
> Pena – detenção, de um a três anos, ou multa, ou ambas as penas cumulativamente. [...] (Brasil, 1998c)

É verdade que, dependendo da conduta praticada, como mencionamos, as sanções podem ser maiores ou menores, incluindo-se as situações atenuantes e as agravantes em cada caso.

9.4.3 Responsabilidade administrativa ambiental

A Administração Pública e seus agentes têm o dever de cumprir com as normas administrativas vigentes e relativas ao direito ambiental. Ao infringirem tais normas, estarão sujeitos às sanções de caráter administrativo, sem prejuízo das sanções civis e/ou penais que cada caso comportar. Silva (2019) explica que a **responsabilidade administrativa** fundamenta-se na capacidade que têm as pessoas jurídicas de direito público de impor condutas aos administrados.

O agente público, exercendo seu **poder de polícia administrativa**, tem a obrigação de fiscalizar, junto à sociedade, se o bem público abrangido no meio ambiente está sendo tratado com o zelo e a atenção que merece por parte de todos; se assim não fizer, estará falhando no cumprimento de suas funções e poderá responder a processo administrativo.

O art. 70 da Lei n. 9.605/1998 é determinante nesse aspecto, ao estabelecer: "Considera-se infração administrativa ambiental toda ação ou omissão que viole as regras jurídicas de uso, gozo, promoção, proteção e recuperação do meio ambiente" (Brasil, 1998c).

■ Sanções aplicáveis

Dependendo da conduta praticada, o agente poderá ser sancionado administrativamente, sem prejuízo das sanções civis e penais, quando seu comportamento não for o esperado dentro das normas administrativas determinadas pelo direito ambiental e/ou cometer excessos ou desvios na proteção e na tutela do interesse público. Nesses casos, poderão ser penalizados tanto o agente público como o particular envolvido no ato praticado.

A Lei n. 9.605/1998 define, no *caput* de seu art. 70, reproduzido anteriormente, o que considera **infração administrativa ambiental**. A mesma lei determina que tal infração deve ser apurada por meio de **processo administrativo** legalmente instaurado, mas também confere ao acusado os direitos à ampla defesa e ao contraditório e estipula os prazos a serem observados.

Entre as sanções previstas na Lei n. 9.605/1998, citamos algumas, mencionadas no art. 72: "As infrações administrativas são punidas com as seguintes sanções, observado o disposto no art. 6º: I – advertência; II – multa simples; III – multa diária; [...] IX – suspensão parcial ou total de atividades; [...] XI – restritiva de direitos".

Realçamos que há mais sanções administrativas que podem ser encontradas nesse diploma legal, assim como em outros.

Síntese

Neste capítulo, tratamos de alguns institutos do direito ambiental, iniciando pelo seu conceito e pelos princípios mais importantes em que se sustenta esse ramo do direito.

Na sequência, sendo nosso principal foco, descrevemos as responsabilidades ambientais, abordando a responsabilidade civil, a penal e a administrativa, e trouxemos as sanções cabíveis em cada uma dessas situações.

Deixamos claro que várias outras instituições fazem parte do direito ambiental, mas nosso objetivo foi trabalhar especialmente com as responsabilidades ambientais.

Questões para revisão

1) O direito ambiental, como os demais ramos do direito, tem seus próprios princípios, para que todos os interessados possam estudá-lo e entendê-lo de maneira particularizada. Entre os princípios especiais e particulares do direito ambiental, encontramos:
   a. o princípio da legalidade.
   b. o princípio da ampla defesa.
   c. o princípio do contraditório.
   d. o princípio da prevenção.
   e. o princípio da justiça.

2) A responsabilidade pelo dano ambiental pode ser civil, penal e administrativa, sendo o responsável passível de responder em qualquer das esferas, individualmente ou em todas elas ao mesmo tempo. A responsabilidade civil ambiental é sempre objetiva e estará caracterizada quando:
   a. for necessário provar a culpa do agente.
   b. o ato do agente ocorrer por negligência.
   c. o ato do agente ocorrer por imperícia.
   d. não for necessário provar a culpa do agente.
   e. o ato do agente ocorrer por imprudência.

3) Sabemos que a pessoa que cometer danos ao meio ambiente poderá sofrer sanções administrativas, cíveis e/ou penais, dependendo de cada caso. Havendo infração administrativa, a Lei 9.605/1998 prevê, em seu art. 72, algumas sanções que pode sofrer o agente do dano, entre as quais se encontra:
   a. a pena privativa de liberdade.
   b. a suspensão de venda e fabricação do produto.
   c. a isenção de multa.
   d. a destituição do cargo.
   e. a extinção do contrato de trabalho.
4) Em que consiste o princípio do poluidor-pagador?
5) O que é responsabilidade solidária ambiental?

Questões para reflexão

1) O que você pensa sobre a sustentabilidade?
2) Preservar o meio ambiente é uma tarefa exclusiva do Poder Público?

Para saber mais

Para que você possa aprofundar o estudo sobre os temas examinados neste capítulo, sugerimos a leitura das obras listadas a seguir.

ANTUNES, P. de B. **Direito ambiental**. 22. ed. São Paulo: Atlas, 2021.

SILVA, J. A. da. **Direito ambiental constitucional**. 11. ed. São Paulo: Malheiros, 2019.

VENOSA, S. S. **Direito civil**: obrigações e responsabilidade civil. São Paulo: Atlas, 2021. v. 2.

Consultando a legislação

Se você desejar aprofundar seus conhecimentos sobre os assuntos abordados neste capítulo, consulte:

BRASIL. Constituição (1988). **Diário Oficial da União**, Poder Legislativo, Brasília, DF, 5 out. 1988. Disponível em: <http://www.planalto.gov.br/ccivil_03/constituicao/constituicao.htm>. Acesso em: 10 ago. 2022.

BRASIL. Lei n. 6.938, de 31 de agosto de 1981. **Diário Oficial da União**, Poder Executivo, Brasília, DF, 2 set. 1981. Disponível em: <http://www.planalto.gov.br/ccivil_03/leis/l6938.htm>. Acesso em: 10 ago. 2022.

BRASIL. Lei n. 7.347, de 24 de julho de 1985. **Diário Oficial da União**, Poder Executivo, Brasília, DF, 25 jul. 1985. Disponível em: <http://www.planalto.gov.br/ccivil_03/leis/l7347orig.htm>. Acesso em: 10 ago. 2022.

X

Conteúdos do capítulo:

» Conceito de *direito do consumidor*.
» Conceitos de *consumidor, fornecedor, produto, serviço, fato* e *vício*.
» Direitos básicos do consumidor.
» Responsabilidade civil.
» Prazos para reclamação.

Após o estudo deste capítulo, você será capaz de:

1. entender a Lei n. 8.078/1990 – Código de Defesa do Consumidor (CDC);
2. reconhecer quem pode ser considerado consumidor e quem pode ser considerado fornecedor;
3. diferenciar *fato* de *vício* do produto ou do serviço;
4. identificar os direitos básicos do consumidor;
5. avaliar os prazos para poder reclamar de fato ou vício do produto ou do serviço.

Direito do consumidor

10.1 Introdução

O direito do consumidor encontra respaldo na Constituição Federal (CF) de 1988 e, portanto, não pode ser deixado em segundo plano, seja pelo Estado, seja pelas entidades – governamentais ou não –, haja vista o respeito à dignidade humana do cidadão, bem como a obediência aos princípios constitucionais.

A Lei n. 8.078, de 11 de setembro de 1990 (Brasil, 1990a) – Código de Defesa do Consumidor (CDC) –, foi editada para regular e regulamentar a relação existente entre os **consumidores** e os **fornecedores**, chamada de **relação de consumo**, e principalmente para assegurar ao consumidor, a **parte mais frágil** dessa relação, uma série de **garantias** diante do fornecedor. No entanto, infelizmente, passados mais de 30 anos, ainda pouco tem sido efetivado nesse sentido.

É importante salientarmos que, anteriormente ao advento do CDC, aplicava-se o Código Civil (CC) às relações de consumo. Porém, deixamos claro que as relações contratuais consumeristas passaram a ser tratadas de forma diferente após a entrada em vigor da lei criada especialmente para descrever os direitos e as obrigações daqueles envolvidos nas relações de consumo.

Nos contratos anteriores a essa lei, emitidos com base no direito civil, os contratantes encontravam-se em pé de igualdade, porque **o contrato faz lei entre as partes**. Contudo, no CDC, esse tipo de relação não se aplica, uma vez que **o consumidor não é convidado a negociar as cláusulas contratuais**. O que ocorre é uma espécie de **controle legal da compra e venda** de um produto ou serviço, com base nas regras previstas na lei consumerista.

O consumidor, que antes não tinha amparo legal específico, passou a poder contar com um aparato jurídico que visa dar-lhe proteção por intermédio da reparação de danos, tanto patrimoniais como extrapatrimoniais.

Após a edição da referida lei, é possível inferirmos que o **respeito ao consumidor** é uma forma de reconhecimento da **vulnerabilidade** deste, sobretudo porque vivemos, na atualidade, em um contexto que alia a desigualdade social e o consumismo.

Outrossim, o legislador preocupou-se em abordar, além dos direitos básicos do consumidor, capítulos em separado que tratam da **qualidade** de produtos e serviços, da **prevenção** e da **reparação** dos danos, bem como das **práticas comerciais**.

No que se refere às práticas comerciais especificamente, um dos itens de extrema relevância é a **publicidade**, que é uma forma de comunicação social com intenção econômica. Verifica-se que o CDC conferiu, em seu art. 6º, inciso IV, especial atenção à publicidade, ao mencionar que o consumidor tem "a proteção contra a publicidade enganosa ou abusiva" (Brasil, 1990a).

Assim, é no âmbito das noções primárias de direito do consumidor que abordaremos sinteticamente alguns pontos que apresentam maior relevância no cotidiano dos cidadãos envolvidos nas práticas consumeristas na sociedade brasileira, sem adentrar no mérito das questões procedimentais e jurídicas.

10.2 Conceito de *direito do consumidor*

Conforme já mencionamos, o direito do consumidor é regido particularmente pela Lei n. 8.078/1990, o CDC, que dispõe sobre a defesa do consumidor e dá outras providências.

Mas, primeiramente, devemos questionar: O que é relação de consumo? Quem é o consumidor e quem é o fornecedor?

Inicialmente, é preciso esclarecer que podem ser encontrados vários conceitos de *relação de consumo*, assim como de *consumidor* e de *fornecedor*. No entanto, segundo nosso entendimento, a relação de consumo tem sempre como objeto a **aquisição de bens e/ou serviços**. É, pois, um **negócio jurídico que vincula duas partes**, o **consumidor** e o **fornecedor**.

10.3 Consumidor

Em seu art. 2º, o CDC define *consumidor* como "toda **pessoa física ou jurídica que adquire ou utiliza produto ou serviço como destinatário final**" (Brasil, 1990a, grifo nosso). Considera-se destinatário final quem não revende o produto para outrem nem o aplica na produção de outros produtos, ou seja, é quem compra para uso próprio.

Assim, se o consumidor pode ser tanto pessoa física quanto pessoa jurídica, desde que compre para uso próprio, deduzimos que seria redundância – ou, de certa forma, erro – falar em *consumidor final*, pois o consumidor é, efetivamente, o destinatário final.

Também as pessoas jurídicas, sociedades empresárias ou não, podem ser consideradas consumidoras, mas apenas nas situações em que o produto ou serviço comprado não tem relação direta com a atividade que desenvolvem, isto é, quando elas não compram para revender os produtos adquiridos ou mesmo para aplicá-los na produção de outros produtos.

10.3.1 Consumidor por equiparação

Mesmo definindo o conceito básico de *consumidor*, o CDC equipara ao mesmo conceito, conforme o parágrafo único do mesmo art. 2º, a **coletividade de pessoas**, mesmo **indetermináveis**, que haja participado de relações de consumo. Além delas, há as eventuais **vítimas de danos causados** por produtos ou serviços (CDC, art. 17) e, ainda, as pessoas, determináveis ou não, expostas às práticas comerciais previstas no próprio Código (CDC, art. 29).

Concernente à **coletividade de pessoas** participantes de relações de consumo, existe a possibilidade de uma defesa geral, ou em bloco, de toda uma classe de consumidores, inclusive os não identificados, bastando que, de alguma forma, eles tenham se envolvido na mesma relação de consumo. Essa defesa ocorrerá pelo manejo de **ação civil pública**, estabelecida na Lei n. 7.347, de 24 de julho de 1985 (Brasil, 1985a).

Um exemplo bem utilizado é o de uma festa com *buffet* de comidas em que os convidados passam mal após ingirirem algum alimento estragado. Nesse caso, eles podem acionar o fornecedor, independentemente de serem os contratantes.

Os legitimados para a defesa coletiva, consoante o art. 82 do CDC, são:

> Art. 82. [...]
> I – o Ministério Público;
> II – a União, os Estados, os Municípios e o Distrito Federal;
> III – as entidades e os órgãos da Administração Pública, direta ou indireta, ainda que sem personalidade jurídica, especificamente destinados à defesa dos interesses e direitos protegidos por este código;
> IV – as associações legalmente constituídas há pelo menos um ano e que incluam entre seus fins institucionais a defesa dos interesses e direitos protegidos por este código [...].
> (Brasil, 1990a).

Dessa forma, todo grupo de pessoas que for prejudicado por algum fornecedor pode buscar seus direitos, podendo ser representado por alguns dos entes listados anteriormente.

10.4 Fornecedor

Define-se *fornecedor* como **toda pessoa física ou jurídica que desenvolve atividade econômica, direcionada para o público em geral**, nas áreas de produção, montagem, criação, construção, transformação, importação, exportação, distribuição ou comercialização de produtos ou prestação de serviços (CDC, art. 3º).

Entendemos, por conseguinte, que *fornecedor* pode ser qualquer pessoa, física ou jurídica, mesmo que não tenha registro de seu ato constitutivo no órgão competente, e até um ente despersonalizado.

Assim são classificados os fornecedores:

» **Reais** – São aqueles que participam da cadeia produtiva.
» **Presumidos** – São aqueles que aplicam sua logomarca no produto, mesmo sem produzi-lo.
» **Aparentes** – São os comerciantes, os importadores, ou seja, os intermediários ou intermediantes.

10.5 Produto e serviço

De acordo com o parágrafo 1º do art. 3º do CDC, *produto* pode ser definido como "**qualquer bem, móvel ou imóvel, material ou imaterial**" (Brasil, 1990a, grifo nosso).

Por outro lado, conforme disposição do parágrafo 2º desse mesmo artigo do CDC, *serviço* é **qualquer atividade que esteja à disposição no mercado de consumo, mediante remuneração**, inclusive de natureza bancária, financeira, de crédito e securitária, salvo as decorrentes das relações de caráter trabalhista.

10.6 Direitos básicos do consumidor

A seguir, trataremos dos direitos básicos do consumidor, de acordo com a previsão legal do CDC.

> Art. 6º São direitos básicos do consumidor:
> I – a proteção da vida, saúde e segurança contra os riscos provocados por práticas no fornecimento de produtos e serviços considerados perigosos ou nocivos; [...]. (Brasil, 1990a)

Este dispositivo chama atenção para o cuidado que se deve ter ao fornecer produtos e serviços ao consumidor. Nesse sentido, "têm os consumidores e terceiros não envolvidos em dada relação de consumo incontestável direito de não serem expostos a perigos que atinjam sua incolumidade física, perigos tais representados por práticas condenáveis no fornecimento de produtos e serviços" (Grinover; Watanabe; Nery Junior, 2018, p. 145).

Por isso, é importante que o consumidor seja informado sobre os **riscos** dos produtos e serviços ofertados pelos fornecedores. Em caso de oferecerem riscos ao consumidor, os produtos devem ser retirados de circulação e, se causarem danos, os prejuízos deverão ser reparados, inclusive por meio de **indenização**.

> Art. 6º [...]
> [...]
> II – a educação e divulgação sobre o consumo adequado dos produtos e serviços, asseguradas a liberdade de escolha e igualdade nas contratações; [...]. (Brasil, 1990a)

Esse dispositivo demonstra a preocupação do legislador de que sejam repassadas ao consumidor informações adequadas sobre os produtos e os serviços. Uma das formas de dar ciência ao consumidor sobre seus direitos seria inserir uma disciplina na educação formal dos alunos, para que, desde sua juventude, eles soubessem como se comportar diante das práticas consumeristas. Porém, a responsabilidade do fornecedor de informar o consumidor continuaria a ser indispensável.

> Art. 6º [...]
> [...]
> III – a informação adequada e clara sobre os diferentes produtos e serviços, com especificação correta de quantidade, características, composição, qualidade, tributos incidentes e preço, bem como os riscos que apresentem; [...]. (Brasil, 1990a)

O consumidor tem o direito de ser informado sobre especificações corretas de quantidade, características, composição, qualidade, tributos incidentes e preço, bem como sobre os riscos que os produtos apresentem, e essa é uma obrigação específica dos fornecedores de produtos e serviços (Grinover; Watanabe; Nery Junior, 2018, p. 146).

Isso significa que o consumidor deve ter **informação suficiente** para saber de forma exata o que está comprando e se o produto ou serviço poderá suprir sua necessidade, bem como se está de acordo com o que foi divulgado.

> Art. 6º [...]
> [...]
> IV – a proteção contra a publicidade enganosa e abusiva, métodos comerciais coercitivos ou desleais, bem como contra práticas e cláusulas abusivas ou impostas no fornecimento de produtos e serviços; [...]. (Brasil, 1990a)

Esse dispositivo é de extrema importância para o consumidor, uma vez que trata das ofertas que são realizadas ao público por meio da **publicidade**. Assim, "tudo que se diga a respeito de um determinado produto ou serviço deverá corresponder exatamente à expectativa despertada no público consumidor" (Grinover; Watanabe; Nery Junior, 2018, p. 147).

O consumidor é também protegido contra as **cláusulas abusivas** existentes em contratos, as quais poderão ser anuladas. Em regra, elas ocorrem nos **contratos por adesão**, como os bancários e de planos de saúde, que são os mais comuns e emitidos em quantidades vultosas, sem chance de participação do consumidor.

> Art. 6° [...]
> [...]
> V – a modificação das cláusulas contratuais que estabeleçam prestações desproporcionais ou sua revisão em razão de fatos supervenientes que as tornem excessivamente onerosas; [...]. (Brasil, 1990a)

Nesse caso, a lei menciona a possibilidade de "modificação das cláusulas contratuais que estabeleçam prestações desproporcionais", o que significa que essas cláusulas podem ser revisadas. Além disso, em casos em que ocorram fatos supervenientes, como mudanças no patamar da economia, que tornem o contrato excessivamente oneroso, este pode ser revisto para que o devedor tenha condições de continuar honrando sua obrigação.

> Art. 6° [...]
> [...]
> VI – a efetiva prevenção e reparação de danos patrimoniais e morais, individuais, coletivos e difusos; [...]. (Brasil, 1990a)

No dizer da doutrina, "quando se fala em prevenção de danos, fala-se certamente, em primeiro lugar, nas atitudes que as próprias empresas fornecedoras de produtos e serviços devem ter para que não venham a ocorrer danos ao consumidor ou a terceiros" (Grinover; Watanabe; Nery Junior, 2018, p. 148).

Um exemplo dessa prevenção é o *recall*, pelo qual muitos consumidores são chamados pelo próprio fabricante a comparecer nas concessionárias a fim de realizar a troca de peças defeituosas, que possam causar algum dano maior ao veículo ou ainda comprometer a segurança das pessoas.

De extrema relevância nesse dispositivo é a possibilidade de **reparação pelos danos materiais e morais causados ao consumidor**, o que garante o direito constitucional à **indenização**.

> Art. 6° [...]
> [...]
> VII – o acesso aos órgãos judiciários e administrativos, com vistas à prevenção ou reparação de danos patrimoniais e morais, individuais, coletivos ou difusos, assegurada a proteção jurídica, administrativa e técnica aos necessitados; [...].
> (Brasil, 1990a)

Esse dispositivo visa proporcionar ao consumidor o **acesso à Justiça** e a possibilidade de reivindicar, assim, seus direitos. Em caso de a parte não ter condições de arcar com as custas processuais, assiste-lhe o direito de fazer uso da assistência judiciária gratuita.

Em se tratando dos **órgãos administrativos**, estes também poderão agir em prol do consumidor, aplicando sanções aos fabricantes ou fornecedores que desrespeitarem as normas legais e administrativas. Isso ocorre, por exemplo, nas situações em que a vigilância sanitária não permite que seja fabricado determinado medicamento que pode causar dano à saúde dos consumidores.

> Art. 6° [...]
> [...]
> VIII – a facilitação da defesa de seus direitos, inclusive com a inversão do ônus da prova, a seu favor, no processo civil, quando, a critério do juiz, for verossímil a alegação ou quando for ele hipossuficiente, segundo as regras ordinárias de experiências; [...]. (Brasil, 1990a)

Esse dispositivo diz respeito à chamada **alegação verossímil**, que significa ser, ao menos aparentemente, verdadeiro o argumento de que o acidente, por exemplo, ocorreu em virtude de um defeito em uma peça do veículo, o que se constatará por meio de laudo técnico.

Por outro lado, em se tratando da **hipossuficiência do consumidor**, esta não pode ser vista como forma de proteção ao menos favorecido, mas, no dizer da doutrina, "tem sentido de desconhecimento técnico e informativo do produto e do serviço, de suas propriedades, de seu funcionamento vital e/ou intrínseco, dos modos especiais de controle, dos aspectos que podem ter gerado o acidente de consumo e o dano, das características do vício etc." (Grinover; Watanabe; Nery Junior, 2018, p. 152).

> Art. 6º [...]
> [...]
> X – a adequada e eficaz prestação dos serviços públicos em geral. [...]. (Brasil, 1990a)

Ao dispor sobre a adequada e eficaz prestação dos serviços públicos, o legislador foi buscar fundamentos nos **princípios da Administração Pública**, pois, segundo Luiz Antonio Rizzatto Nunes (2017, p. 156), não basta que esse serviço seja adequado ou esteja à disposição das pessoas; ele "tem de ser realmente eficiente; tem de cumprir sua finalidade na realidade concreta".

Além dessas regras, o CDC descreve nitidamente algumas **proibições**. Por exemplo: é proibida a **publicidade enganosa**, capaz de induzir as pessoas a erro. A publicidade enganosa por omissão é a que deixa de mencionar dado essencial sobre o produto ou serviço (art. 37, § 3º). É também proibida a **publicidade abusiva**, como a que explora, por exemplo, o medo e a superstição das pessoas ou a ingenuidade da criança (CDC, art. 37).

As ofertas divulgadas por **informação** ou mediante **publicidade** devem ser cumpridas (CDC, art. 30). Além disso, fabricantes e importadores devem assegurar a oferta de componentes e peças de reposição (CDC, art. 32).

São proibidas **práticas comerciais abusivas**, como condicionar a venda de um produto à compra de outro (a chamada *venda casada*), fornecer produto ou serviço não solicitado e outras hipóteses previstas no art. 39 do CDC.

Na **cobrança de débitos**, não pode o consumidor ser exposto a constrangimentos, ameaças ou situações ridículas. Da mesma forma, se ele for cobrado em quantia indevida, tem direito à repetição do indébito, por valor igual ao dobro do que pagou em excesso, acrescido de correção monetária e juros legais, salvo hipótese de engano justificável.

O CDC procura proteger o consumidor não apenas na elaboração do **contrato**, mas também nas fases pré-contratuais e pós-contratuais.

O contrato não obriga o consumidor, se a este não tiver sido dada oportunidade de conhecimento prévio de seu teor ou se foi redigido de forma a deixar dúvidas (CDC, art. 46). O contrato ou determinada cláusula devem ser interpretados da maneira mais favorável ao consumidor (CDC, art. 47). Por fim, as tratativas pré-contratuais, constantes de escritos ou recibos, vinculam o fornecedor, obrigando-o a cumpri-las (CDC, art. 48).

Se o contrato for realizado fora do estabelecimento comercial, por telefone ou em domicílio, o consumidor pode desistir dele, no prazo de sete dias, com a devolução dos valores pagos (CDC, art. 49), desde que a mercadoria possa ser devolvida intacta ou o serviço ainda não tenha sido executado.

Contratos de adesão são aqueles, geralmente impressos, em que **uma das partes impõe todas as cláusulas**, em bloco, cabendo à outra apenas aderir ou não ao estipulado. Nesses casos, as cláusulas que limitem direitos devem ficar em destaque (CDC, art. 54, § 4º).

Conforme leciona a doutrina, "a finalidade do Direito do Consumidor é justamente eliminar essa injusta desigualdade entre o fornecedor e o consumidor, restabelecendo o equilíbrio entre as partes nas relações de consumo" (Cavalieri Filho, 2019, p. 8). Por isso, não se obriga o consumidor a cumprir os contratos que apresentem cláusulas com entendimento dúbio, confusas ou obscuras, ou aqueles que não tenha conhecido antecipadamente.

10.7 Hipossuficiência e vulnerabilidade

Em razão de *hipossuficiência* e *vulnerabilidade* serem termos que parecem ter o mesmo significado, por vezes é difícil tratar particularmente de cada um desses conceitos, sem que isso aparente ser redundante. Contudo, para o CDC, trata-se de conceitos distintos, cada qual com significação e amplitude específica.

Como ele é um código protetivo ao consumidor, a intenção do legislador talvez tenha sido a de não deixar dúvidas quanto ao significado de *hipossuficiência*, que, conforme entendemos, apresenta o aspecto meramente econômico, e ao de *vulnerabilidade*, que é mais abrangente.

Na maioria das situações, o consumidor é hipossuficiente e vulnerável, mas, se nos lembrarmos de que também a pessoa jurídica pode ser consumidora, perceberemos que nem sempre isso é verdadeiro.

O ensinamento de Paulo de Barros Carvalho (2021, p. 8) corrobora esse entendimento:

> *A vulnerabilidade do consumidor, por outro lado, não deve ser confundida com hipossuficiência econômica ou técnica da parte de demandante, já que, por força do princípio normativo em exame, nem todo consumidor deve ser considerado hipossuficiente, mesmo sendo sempre vulnerável. A vulnerabilidade, por ser geral, decorre de simples situação de consumidor; já a hipossuficiência, ao contrário, resulta de condições pessoais e relativas a cada consumidor em confronto com as condições pessoais do respectivo fornecedor. É, pois, presumida pela lei para o consumidor pessoa física, enquanto a vulnerabilidade da pessoa jurídica deve ser demonstrada e será aferida casuisticamente.*

Assim, podemos classificar a vulnerabilidade, entre outras possibilidades, da seguinte forma:

a. **Econômica** – Ocorre quando existe a carência de recursos; nesse caso, o consumidor se insere na condição de hipossuficiente.
b. **Técnica** – Ocorre quando existe a falta de conhecimento técnico sobre o produto que se está adquirindo.
c. **Jurídica** – Ocorre quando há o desconhecimento, por parte do consumidor, de seus direitos e de suas obrigações contratuais.

Portanto, é possível constatar que o conceito de *vulnerabilidade* é bastante genérico, ao abarcar as diversas razões que colocam o consumidor sempre em posição desconfortável perante o fornecedor.

10.8 Responsabilidade por vício de produtos e serviços

Estabelece o art. 18 do CDC:

> Art. 18. Os fornecedores de produtos de consumo duráveis ou não duráveis respondem solidariamente pelos vícios de qualidade ou quantidade que os tornem impróprios ou inadequados ao consumo a que se destinam ou lhes diminuam o valor, assim como por aqueles decorrentes da disparidade, com as indicações constantes do recipiente, da embalagem, rotulagem ou mensagem publicitária, respeitadas as variações decorrentes de sua natureza, podendo o consumidor exigir a substituição das partes viciadas. (Brasil, 1990a)

Não sendo o vício sanado no prazo máximo de 30 dias, poderá o consumidor exigir, alternativamente e à sua escolha:

> Art. 18. [...]
> [...]
> I – a substituição do produto por outro da mesma espécie, em perfeitas condições de uso;
> II – a restituição imediata da quantia paga, monetariamente atualizada, sem prejuízo de eventuais perdas e danos;
> III – o abatimento proporcional do preço. (Brasil, 1990a)

Primeiramente, é importante diferenciarmos **defeito** de ***vício***. Segundo Nunes (2017, p. 238),

> *são consideradas vícios as características de qualidade ou quantidade que tornem os produtos ou serviços impróprios ou inadequados ao consumo a que se destinam e também que lhes diminuam o valor. Da mesma forma são considerados vícios os decorrentes da disparidade havida em relação às indicações constantes do recipiente, embalagem, rotulagem, oferta ou mensagem publicitária.*

Assim, por exemplo, apresentam **vício** um ar condicionado que, ligado, não resfria o ambiente, uma roupa manchada, um automóvel batido ou ainda um produto que tenha um peso ou metragem não condizente com o que está descrito na embalagem.

Por sua vez, **defeito**, conforme o mesmo autor,

> é o vício acrescido de um problema extra, alguma coisa extrínseca ao produto ou ao serviço, que causa um dano maior que simplesmente o mau funcionamento, o não funcionamento, a quantidade errada, a perda do valor pago – já que o produto ou o serviço não cumpriram o fim ao qual se destinavam. (Nunes, 2017, p. 238)

Em se tratando da distinção entre *vício* e *defeito*, podemos exemplificá-la da seguinte maneira: dois automóveis novos são vendidos a dois clientes diferentes, e os dois veículos se envolvem em um acidente. Na hora da colisão, o freio de um dos veículos falha, e o carro bate em uma árvore, o que provoca escoriações no motorista. O freio do outro veículo também falha, mas não provoca danos, apenas porque há um barranco gramado que amortece o veículo e faz com que este pare. No primeiro caso, trata-se de um acidente de consumo, ou seja, de um defeito; no segundo caso, de um vício.

10.9 Proteção ao consumidor em contratos realizados fora do estabelecimento comercial

Tendo em vista o avanço tecnológico e o crescimento das negociações fora dos estabelecimentos comerciais, como as vendas em domicílio, por telefone e, sobretudo, pela internet, o legislador cuidou de abordar a possibilidade de **desistência do contrato** por parte do consumidor, conforme descrito no art. 49 do CDC, que assim dispõe:

> Art. 49. O consumidor pode desistir do contrato, no prazo de 7 (sete) dias a contar de sua assinatura ou do ato de recebimento do produto ou serviço, sempre que a contratação de fornecimento de produtos e serviços ocorrer fora do estabelecimento comercial, especialmente por telefone ou a domicílio.
>
> Parágrafo único. Se o consumidor exercitar o direito de arrependimento previsto neste artigo, os valores eventualmente pagos, a qualquer título, durante o prazo de reflexão, serão devolvidos, de imediato, monetariamente atualizados.
>
> (Brasil, 1990a)

De acordo com a doutrina, "nesse tipo de aquisição o pressuposto é que o consumidor está ainda mais desprevenido e despreparado para comprar do que quando decide pela compra e, ao tomar a iniciativa de fazê-la, vai até o estabelecimento" (Nunes, 2017, p. 571).

Quanto ao prazo de sete dias para desistência, este deve ser contado da assinatura do contrato ou do recebimento do produto ou serviço, conforme descrito em lei, podendo ser ampliado a critério do fornecedor.

O prazo de sete dias é considerado como **direito de arrependimento** e, segundo a doutrina (Efing, 2020, p. 276), "[tal] direito [...] pode ser exercido independentemente da justificativa, sendo faculdade outorgada ao consumidor, não podendo haver qualquer limitação a este exercício. O limite imposto ao exercício do direito de reflexão e arrependimento (art. 49 do CDC) é o exercício da boa-fé por parte do consumidor".

Nos casos em que o consumidor desiste do produto ou serviço, não há necessidade de se justificar, pois, no entender de Nunes (2017, p. 573), "no íntimo o consumidor terá suas razões para desistir, mas elas não contam e não precisam ser anunciadas".

Consoante o art. 19, inciso IV, do CDC, o consumidor tem direito a receber de volta as quantias eventualmente pagas, devidamente atualizadas, nos casos em que houver arrependimento, dentro do prazo estipulado para "reflexão".

Se, em algum caso, houver cláusula contratual que retire do consumidor o direito ao reembolso das quantias pagas, esta será "abusiva e, portanto, nula, de acordo com a prescrição do art. 51, II, do Código" (Grinover; Watanabe; Nery Junior, 2018, p. 563).

Por fim, é importante frisarmos que, havendo a desistência do produto por parte do consumidor, será como se não tivesse existido o negócio entre as partes. Se houver, ainda, despesas para a devolução do produto, estas ficarão a cargo do vendedor.

10.10 Vícios e prazos

O CDC determina os **prazos de prescrição e decadência** em seus arts. 26 e 27.

O art. 26 estabelece que o consumidor tem 30 dias para reclamar de **vícios aparentes** ou, pelo menos, de fácil constatação em produtos ou serviços não duráveis. Quando o produto ou serviço é considerado durável, esse prazo se estende para 90 dias.

Além disso, a lei deixa claro que o **prazo decadencial** começa a ser contado a partir da entrega efetiva do produto ou do término do serviço e, nos casos em que o vício for **oculto**, a partir do momento em que ficar evidenciado o problema (Brasil, 1990a).

Por outro lado, com relação à **prescrição**, o prazo para quem quiser pleitear uma reparação pelos danos causados pelo produto ou serviço é de 5 anos, iniciando-se a contagem a partir do conhecimento do dano e de sua autoria, de acordo com a determinação do art. 27 do CDC.

Segundo o art. 18 do CDC, o vício deve ser sanado no máximo em 30 dias ou, havendo acordo mútuo, em até 180 dias. Independentemente de acordo, porém, esse prazo não poderá ser inferior a 7 dias.

Se o vício não for sanado, o consumidor poderá exigir, alternativamente e à sua escolha, a substituição do produto por outro da mesma espécie e em perfeitas condições de uso, a restituição imediata da quantia paga, monetariamente atualizada e sem prejuízo de eventuais perdas e danos, ou o abatimento proporcional do preço.

Havendo garantia dada pelo fornecedor, o prazo desta será somado aos prazos legais citados, de 30 ou 90 dias, uma vez que a garantia contratual é complementar àquela que é dada pela lei.

Assim, a **reclamação** deve ser atendida em 30 dias. Não atendida nesse prazo, o consumidor poderá exigir, à sua escolha, a substituição do produto, a complementação do peso ou medida, a reexecução do serviço, a devolução do dinheiro ou o abatimento do preço, tudo sem prejuízo de eventual indenização por perdas e danos (CDC, art. 18).

Nas ações judiciais relativas ao consumo, o juiz pode decretar a **inversão do ônus da prova a favor do consumidor**, com a consequência de este não precisar provar suas alegações; dessa forma, o fornecedor é que deve provar a improcedência da reclamação.

A inversão do ônus da prova, contudo, cabe somente no caso de o reclamante ser pobre, bem como se forem verossímeis suas alegações, segundo as regras ordinárias da experiência (CDC, art. 6º, VIII).

Se for o caso, o juiz poderá desconsiderar a personalidade jurídica da pessoa jurídica, passando a responsabilizar diretamente um ou mais dirigentes da empresa.

> Art. 28. O juiz poderá desconsiderar a personalidade jurídica da sociedade quando, em detrimento do consumidor, houver abuso de direito, excesso de poder, infração da lei, fato ou ato ilícito ou violação dos estatutos ou contrato social. A desconsideração também será efetivada quando houver falência, estado de insolvência, encerramento ou inatividade da pessoa jurídica provocados por má administração. (Brasil, 1990a)

É preciso ressaltar, diante do exposto, que a desconsideração da personalidade jurídica somente ocorrerá se a pessoa jurídica não tiver bens suficientes que respondam pela condenação que tiver sofrido.

10.11 Responsabilidade civil, prevenção e reparação de danos ao consumidor em razão da qualidade de produtos e serviços

Como regra, o CDC responsabiliza o **fornecedor** de forma **objetiva**, ou seja, **independentemente de culpa**, tanto pelo fato quanto pelo vício de seus produtos ou serviços. Teoricamente, a possibilidade de ocorrer essa responsabilização é imanente à atividade econômica; aliás, isso já era previsto no CC de 2002.

A responsabilidade somente será excluída se for comprovada a inexistência do defeito, a não colocação do produto no mercado ou a culpa exclusiva do consumidor ou de terceiros. A disposição abrange os fabricantes, os produtores, os construtores, nacionais ou estrangeiros, e os importadores (CDC, art. 12, § 3º).

Por seu turno, os **comerciantes** ou **revendedores** também **respondem objetivamente**, pelos produtos vendidos. Isso acontecerá, porém, apenas quando não puderem ser identificados com precisão os fornecedores ou for comprovado que os comerciantes ou revendedores são os responsáveis pela conservação inadequada de produtos perecíveis (CDC, art. 13).

No caso dos **profissionais liberais** (médicos, advogados, contadores etc.), como exceção, pode ser atribuída a **responsabilidade subjetiva**. Ou seja, para que haja a reparação, será necessária a prova da culpa, a comprovação de que houve negligência, imprudência ou imperícia (CDC, art. 14, § 4º).

O CDC destinou um de seus capítulos para tratar da **qualidade** dos produtos e serviços, bem como da **prevenção** e da **reparação** dos danos causados ao consumidor. Em seu art. 8º, assim descreve o Código:

> Art. 8º Os produtos e serviços colocados no mercado de consumo não acarretarão riscos à saúde ou segurança dos consumidores, exceto os considerados normais e previsíveis em decorrência da sua natureza e fruição, obrigando-se os fornecedores, em qualquer hipótese, a dar as informações necessárias e adequadas a seu respeito.
> Parágrafo único. Em se tratando de produto industrial, ao fabricante cabe prestar as informações a que se refere este artigo, através de impressos apropriados que devam acompanhar o produto. (Brasil, 1990a)

Sobre o tema, leciona a doutrina que "o fornecimento de produtos ou serviços nocivos à saúde ou comprometedores da segurança do consumidor é responsável pela maior parte dos designados acidentes de consumo, infortúnio que prosperou após o advento da produção e do consumo em massa" (Grinover; Watanabe; Nery Junior, 2018, p. 172).

Verificamos, portanto, que as **informações** acerca de determinado produto ou serviço devem ser prestadas necessária e adequadamente aos consumidores, com a devida transparência, em linguagem nacional, para que sejam por eles compreendidas.

Da mesma forma, não se pode deixar de lado o **bom senso** no que se refere a essas informações. Vamos considerar um simples exemplo: é de entendimento comum que um facão é um objeto cortante, e qualquer pessoa, ainda que seja uma criança ou alguém que não tenha nenhum grau de instrução, sabe que ele poderá causar dano. Não seria imprescindível, portanto, que isso fosse alertado ao consumidor.

Entretanto, em se tratando de um objeto desconhecido, a forma de esclarecimento deve ser outra, como bem ensina Nunes (2017, p. 162):

Diga-se que, se o produto que está sendo vendido é novo e desconhecido do consumidor, o fornecedor tem de, exaustivamente, apresentar todas as informações quanto aos riscos à saúde e segurança daquele. Se o industrial cria e produz, por exemplo, um triturador, cujo manuseio não é, ainda, do conhecimento-padrão do consumidor, tem de dar-lhe informações corretas, claras, ostensivas e suficientes, visando a esclarecer todos os riscos inerentes à utilização do produto.

Além das informações adequadas e necessárias que devem ser repassadas ao consumidor, o parágrafo único do art. 8º do CDC também menciona a **informação impressa**. Ressaltamos que a obrigação pode ser do fabricante ou, em caso de importação, do próprio importador, que será responsável por traduzir o texto informativo que acompanha o produto, proporcionando, assim, o acesso do consumidor à informação.

O próprio CDC tratou das condutas praticadas em desfavor do consumidor, da omissão de informações e das punições decorrentes disso. É o que identificamos no art. 63, o qual preceitua: "Omitir dizeres ou sinais ostensivos sobre a nocividade ou periculosidade de produtos, nas embalagens, nos invólucros, recipientes ou publicidade: Pena – Detenção de seis meses a dois anos e multa" (Brasil, 1990a).

Assim, ocorrendo danos causados pelo fornecimento de produtos ou serviços na forma que expusemos anteriormente, os fornecedores poderão responder civil, administrativa e criminalmente pelos prejuízos ocasionados em razão da nocividade e da periculosidade de tais produtos ou serviços. Além disso, responderão pela violação de normas que regulamentam as relações de consumo, bem como criminalmente, quando houver a prática de fatos considerados crimes contra o consumidor.

No que se refere à **responsabilidade** pelos danos praticados, a doutrina distingue dois modelos: "por vícios de qualidade ou quantidade dos produtos ou serviços e por danos causados aos consumidores, ditos acidentes de consumo" (Grinover; Watanabe; Nery Junior, 2018, p. 185).

De acordo com a legislação do consumidor, como já mencionamos, são consideradas **vícios** as características de qualidade ou quantidade que tornem os produtos ou serviços impróprios ou inadequados ao consumo a que se destinam e também que lhes diminuam o valor (CDC, art. 18).

Conforme a doutrina, a responsabilidade por danos "decorre da propagação do vício de qualidade, alcançando o consumidor e inclusive terceiros, vítima do evento" (Grinover; Watanabe; Nery Junior, 2018, p. 186). Além disso, supõe a ocorrência de três pressupostos:

1. defeito do produto;
2. *eventus damni**;
3. relação de causalidade entre o defeito e o evento danoso.

---

* É todo ato praticado pelo devedor objetivamente no sentido de prejudicar o credor.

Assim, havendo **danos**, deverá ser observado o que dispõe o art. 12 do CDC quanto à responsabilidade:

> Art. 12. O fabricante, o produtor, o construtor, nacional ou estrangeiro, e o importador respondem, independentemente da existência de culpa, pela reparação dos danos causados aos consumidores por defeitos decorrentes de projeto, fabricação, construção, montagem, fórmulas, manipulação, apresentação ou acondicionamento de seus produtos, bem como por informações insuficientes ou inadequadas sobre sua utilização e riscos. (Brasil, 1990a)

No que se refere ao **defeito** do produto, o CDC esclarece:

> Art. 12. [...]
> § 1º O produto é defeituoso quando não oferece a segurança que dele legitimamente se espera, levando-se em consideração as circunstâncias relevantes, entre as quais:
> I – sua apresentação;
> II – o uso e os riscos que razoavelmente dele se esperam;
> III – a época em que foi colocado em circulação. (Brasil, 1990a)

Outro aspecto importante que o CDC descreve é o seguinte:

> Art. 12. [...]
> [...]
> § 2º O produto não é considerado defeituoso pelo fato de outro de melhor qualidade ter sido colocado no mercado. (Brasil, 1990a)

O legislador tratou, igualmente, de dispor exceções em relação à responsabilidade:

> Art. 12. [...]
> [...]
> § 3º O fabricante, o construtor, o produtor ou importador só não será responsabilizado quando provar:
> I – que não colocou o produto no mercado;
> II – que, embora haja colocado o produto no mercado, o defeito inexiste;
> II – a culpa exclusiva do consumidor ou de terceiro. (Brasil, 1990a)

Verificamos, portanto, que, havendo dano em razão de um produto, poderão ser acionados todos os responsáveis envolvidos no ciclo de sua produção, ou seja, a responsabilidade poderá ser fundada na **solidariedade**. De forma diversa, esta poderá ter, alternativamente, caráter individual, pois "qualquer dos responsáveis pode ser acionado pelo consumidor, independentemente de ser ele ou não o responsável pela deterioração do produto" (Nunes, 2017, p. 202).

Os **danos** causados ao consumidor podem ser patrimoniais e morais, exigindo, portanto, diferentes modos de **reparação**. Os **danos materiais** devem ser avaliados em cada caso concreto, de modo a verificar os prejuízos materiais sofridos. Por outro lado, o **dano moral** se refere à dor física e/ou psicológica sentida por quem sofreu o dano. Por isso, nesse caso, a indenização segue certos critérios subjetivos, a serem valorados pelo juiz da causa.

10.12 Cláusulas contratuais abusivas

Segundo o art. 51 do CDC, consideram-se **nulas de pleno direito** as **cláusulas contratuais abusivas**, como as que afastem a responsabilidade por defeito dos produtos, imponham representante para concluir ou realizar outro negócio jurídico pelo consumidor ou estejam em desacordo com o sistema de proteção ao consumidor.

O consumidor pode requerer ao Ministério Público que ajuíze a competente ação para ser declarada a nulidade de cláusula contratual que contrarie o CDC ou não assegure o equilíbrio entre as partes (CDC, art. 51, § 4º).

Nas vendas financiadas, o fornecedor deve indicar a soma total a pagar, com e sem financiamento (CDC, art. 52, V). Além disso, a multa de mora não pode ser superior a 2% (CDC, art. 52, § 1º).

Por fim, nas vendas a prestações, de consórcios, de móveis ou imóveis, não pode ser estabelecida a perda total do que foi pago no caso de impedimento (CDC, art. 53).

10.13 Sanções administrativas e penais

O CDC estabelece sanções administrativas, especificadas em seu art. 56, e sanções penais, aplicáveis nos casos dos crimes contra as relações de consumo, arrolados nos arts. 61 e seguintes. Essas sanções ocorrem sem prejuízo de outras penalidades estabelecidas no Código Penal (CP) – Decreto-Lei n. 2.848, de 7 de dezembro de 1940 (Brasil, 1940) – ou em leis especiais.

Síntese

Tratamos, neste capítulo, do direito do consumidor, regulado pela Lei n. 8.078/1990, o CDC.

Apresentamos os conceitos de *consumidor* e *fornecedor*, buscando analisá-los de maneira clara e trazer situações do cotidiano para facilitar a compreensão.

Analisamos os direitos básicos do consumidor, destacando as situações em que ele pode pleitear algum reparo e/ou indenização pelo dano causado. Abordamos ainda os prazos para os quais o consumidor deve atentar, a fim de não perder seus direitos. Também examinamos as espécies de danos que os produtos e os serviços podem causar ao consumidor, tratando do fato e do vício. Da mesma forma, mostramos quem pode ser responsabilizado quando esses danos acontecem.

Questões para revisão

1) A legislação, de modo geral, equilibra as relações existentes entre as pessoas, em todos os níveis. Concernente à relação de consumo, que é aquela existente entre o fornecedor e o consumidor, existe em vigor o chamado *Código de Defesa do Consumidor* (CDC), que, na realidade, é:
   a. a Lei n. 10.406/2002.
   b. a Lei n. 11.101/2005.
   c. a Lei n. 8.560/1992.
   d. a Lei n. 6.015/1973.
   e. a Lei n. 8.078/1990.

2) O consumidor, na maior parte das situações, é hipossuficiente e vulnerável, mas a pessoa jurídica também pode ser consumidora. Considerando-se isso, como a vulnerabilidade pode ser classificada?
   I. Econômica.
   II. Técnica.
   III. Jurídica.

Agora, assinale a alternativa correta em relação a essa classificação:
a. Apenas o item I está correto.
b. Apenas o item II está correto.
c. Apenas os itens I e III estão corretos.
d. Apenas os itens I e II estão corretos.
e. Todas os itens estão corretos.

3) O CDC define *produto* e *serviço*. A definição de *produto* abrange:
a. o bem móvel.
b. a atividade comercial.
c. qualquer atividade.
d. a atividade bancária.
e. somente o bem imóvel.

4) Como se define *vício* do produto ou serviço?

5) Como se define *defeito* do produto ou serviço?

Questões para reflexão

1) Você conhece seus direitos como consumidor?

2) Somente a pessoa jurídica pode ser considerada como fornecedor?

Para saber mais

Para que você possa aprofundar o estudo sobre os temas examinados neste capítulo, sugerimos a leitura das obras listadas a seguir.

GRINOVER, A. P.; WATANABE, K.; NERY JÚNIOR, N. **Código Brasileiro de Defesa do Consumidor**: comentado pelos autores do anteprojeto. 12. ed. Rio de Janeiro: Forense Universitária, 2018.

MARQUES, C. L. et al. **Comentários ao Código de Defesa do Consumidor**. São Paulo: RT, 2021.

NUNES, L. A. R. **Comentários ao Código de Defesa do Consumidor**. 11. ed. São Paulo: Saraiva, 2017.

Consultando a legislação

Se você quiser aprofundar seus conhecimentos sobre os assuntos abordados neste capítulo, consulte:

BRASIL. Constituição (1988). **Diário Oficial da União**, Poder Legislativo, Brasília, DF, 5 out. 1988. Disponível em: <http://www.planalto.gov.br/ccivil_03/constituicao/constituicao.htm>. Acesso em: 10 ago. 2022.

BRASIL. Lei n. 8.078, de 11 de setembro de 1990. **Diário Oficial da União**, Poder Legislativo, Brasília, DF, 12 set. 1990. Disponível em: <http://www.planalto.gov.br/ccivil_03/leis/l8078.htm>. Acesso em: 10 ago. 2022.

BRASIL. Lei n. 10.406, de 10 de janeiro de 2002. **Diário Oficial da União**, Poder Executivo, Brasília, DF, 11 jan. 2002. Disponível em: <http://www.planalto.gov.br/ccivil_03/leis/2002/l10406.htm>. Acesso em: 10ago. 2022.

considerações finais

Ao longo de todo o livro, esperamos ter trazido a você, leitor, uma noção sobre alguns dos temas mais importantes do direito.

Nosso maior objetivo foi apresentar, de maneira sucinta e objetiva, em uma linguagem mais próxima daquela normalmente utilizada pelas pessoas que não fazem parte do meio jurídico – e, nesse aspecto, este trabalho é original –, os principais institutos do direito no âmbito das áreas contempladas, de modo a facilitar o aprendizado desses conteúdos.

Como propusemos inicialmente, a obra foi dividida em capítulos que abordam, de forma particularizada, diversos ramos diferentes do direito e apresentam, ainda que sinteticamente, a essência dos temas relativos a cada um desses ramos.

Ao tratarmos do primeiro tema – as noções de direito –, procuramos examinar o conceito de *direito* e sua origem, diferenciar os ramos do direito público e do privado, bem como distinguir *direito* de *moral*.

No segundo capítulo, conforme o objetivo proposto de início, voltamos a atenção para o direito constitucional e analisamos as questões dos direitos e garantias fundamentais, dos direitos sociais e dos direitos políticos previstos nos primeiros artigos da Constituição Federal.

Na sequência, trouxemos os pontos principais do direito administrativo, que dizem respeito aos contratos administrativos, às licitações, aos princípios e a outros conceitos aplicáveis à Administração Pública, primordiais para aqueles que estão inseridos na área ou desejam conhecê-la.

Quando expusemos os temas do direito civil e do direito empresarial, aproveitamos para mostrar a relevância desses ramos do direito para o cotidiano profissional dos empresários, definindo, a princípio, os conceitos de *pessoa física* e *pessoa jurídica* e chegando até o estudo dos diversos tipos de sociedades.

Não menos importante foi nossa abordagem relacionada ao direito tributário e ao direito do trabalho, uma vez que estes envolvem as questões tributárias e trabalhistas, que tanto preocupam o cidadão e as empresas brasileiras. Os conceitos de *tributo*, *lançamento*, *competência* e *capacidade contributiva*, entre outros, foram devidamente expostos. No capítulo destinado ao direito do trabalho, apresentamos os princípios aplicáveis às relações trabalhistas, os tipos de relação entre empregado e empregador e os contratos de trabalho.

Também não podíamos deixar de tratar, ainda que brevemente, do direito previdenciário, afinal, a população brasileira tem direito à seguridade social, a qual envolve os benefícios e os beneficiários da previdência social. É fundamental que todos os cidadãos tenham conhecimento sobre esse tema, uma vez que, em determinados momentos da vida, todos precisaremos fazer uso desses benefícios.

Um tema de suma importância para a população em geral e cuja abordagem era imprescindível é o meio ambiente. Assim, na seara do direito ambiental, examinamos seu conceito, os princípios aplicáveis e a responsabilidade pelos danos praticados ou causados contra o meio ambiente, a qual pode ser civil, administrativa e penal.

Por fim, enfocamos, em linhas gerais, o direito do consumidor. Apresentamos os conceitos básicos de *fornecedor* e *consumidor*, *produtos* e *serviços*, *vícios* e *prazos*, bem como abordamos a responsabilidade civil e a reparação de danos ao consumidor em razão da qualidade de produtos e serviços.

Finalizamos esta obra lembrando mais uma vez que ela deve ser considerada apenas um referencial, pois não tivemos, em momento algum, a intenção de trazer à discussão ou à crítica os conteúdos aqui contemplados. Tivemos, sim, apenas o desejo de proporcionar aos estudiosos e leitores de áreas não jurídicas uma visão mais precisa do direito.

ACT – Acordo Coletivo de Trabalho
ADCT – Ato das Disposições Constitucionais Transitórias
BNDES – Banco Nacional de Desenvolvimento Econômico e Social
BPC – Benefício de Prestação Continuada da Assistência Social
CC – Código Civil
CCT – Convenção Coletiva de Trabalho
CDC – Código de Defesa do Consumidor
CEF – Caixa Econômica Federal
CF – Constituição Federal
Cia. – Companhia
Cide – Contribuição de Intervenção no Domínio Econômico
Cipa – Comissão Interna de Prevenção de Acidentes
Cisvale – Consórcio Intermunicipal de Serviços do Vale do Rio Pardo
CLT – Consolidação das Leis do Trabalho
CNBS – Conselho Nacional de Biossegurança
Cofins – Contribuição para o Financiamento da Seguridade Social
CP – Código Penal
CPI – Código de Propriedade Industrial
CRC – Conselho Regional de Contabilidade
CRM – Conselho Regional de Medicina

lista de siglas

CSLL – Contribuição Social sobre o Lucro Líquido
CTN – Código Tributário Nacional
CTNBio – Comissão Técnica Nacional de Biossegurança
CTPS – Carteira de Trabalho e Previdência Social
CVM – Câmara de Valores Mobiliários
DCTF – Declaração de Débitos e Créditos Tributários Federais
DNRC – Departamento Nacional de Registro do Comércio
DSR – Descanso Semanal Remunerado
EC – Emenda Constitucional
ECT – Empresa Brasileira de Correios e Telégrafos
Eireli – Empresa Individual de Responsabilidade Limitada
Eletrobras – Centrais Elétricas Brasileiras S.A.
EPP – Empresa de Pequeno Porte
FGTS – Fundo de Garantia do Tempo de Serviço
Fifa – Federação Internacional de Futebol
GIA – Guia de Informação e Apuração
ICMS – Imposto sobre Operações Relativas à Circulação de Mercadorias e sobre Prestações de Serviços
IE – Imposto sobre Exportação
II – Imposto sobre Importação
Inpi – Instituto Nacional da Propriedade Industrial
INSS – Instituto Nacional do Seguro Social
IOF – Imposto sobre Operações Financeiras
IPTU – Imposto sobre a Propriedade Predial e Territorial Urbana
IPVA – Imposto sobre a Propriedade de Veículos Automotores
IR – Imposto sobre a Renda
ISS – Imposto sobre Serviços
ITCMD – Imposto sobre Transmissão *Causa Mortis* e Doação
LC – Lei Complementar
Loas – Lei Orgânica da Assistência Social
LTCAT – Laudo Técnico de Condições Ambientais de Trabalho

Ltda. – Sociedade Limitada
ME – Microempresa
MEI – Microempreendedor Individual
MTP – Ministério do Trabalho e Previdência
NR – Norma Regulamentadora
OAB – Ordem dos Advogados do Brasil
OEA – Organização dos Estados Americanos
OGM – Organismos Geneticamente Modificados
OJ – Orientação Jurisprudencial
ONU – Organização das Nações Unidas
PAC – Programa de Aceleração do Crescimento
PBPS – Plano de Benefícios da Previdência Social
PCCS – Plano de Custeio da Seguridade Social
Petrobras – Petróleo Brasileiro S.A.
PIS – Programa de Integração Social
PN – Precedente Normativo
PNB – Política Nacional de Biossegurança
PPP – Perfil Profissiográfico Previdenciário
RGPS – Regime Geral da Previdência Social
RPS – Regulamento da Previdência Social
S.A. – Sociedade Anônima
Sinrem – Sistema Nacional de Registro de Empresas
STF – Supremo Tribunal Federal
STJ – Superior Tribunal de Justiça
TRF – Tribunal Regional Federal
TST – Tribunal Superior do Trabalho

ACCIOLY, H.; SILVA, G. E. do N. e; CASELLA, P. B. **Manual de direito internacional público**. 23. ed. rev., atual. e ampl. São Paulo: Saraiva, 2017.
ALMEIDA, A. P. de. **Manual das sociedades comerciais**: direito de empresa. 22. ed. São Paulo: Saraiva, 2018.
ALVES, J. C. M. **Direito romano**. 19. ed. Rio de Janeiro: Forense, 2019.
AMARO, L. **Direito tributário brasileiro**. 21. ed. São Paulo: Saraiva, 2021.
ANTUNES, P. de B. **Direito ambiental**. 22. ed. São Paulo: Atlas, 2021.
BARROS, A. M. de. **Curso de direito do trabalho**. São Paulo: LTr, 2017.
BERTOLDI, M. M.; RIBEIRO, M. C. P. **Curso avançado de direito comercial**. 12. ed. São Paulo: RT, 2022.
BEVILÁQUA, C. **Código Civil dos Estados Unidos do Brasil comentado**. 4. ed. Rio de Janeiro: F. Alves, 1934.
BOBBIO, N. **A era dos direitos**. 11. ed. Rio de Janeiro: Campus, 1992.
BRANCATO, R. T. **Instituições de direito público e de direito privado**. 14. ed. São Paulo: Saraiva, 2011.

BRASIL. Constituição (1988). **Diário Oficial da União**, Poder Legislativo, Brasília, DF, 5 out. 1988. Disponível em: <http://www.planalto.gov.br/ccivil_03/constituicao/constituicao.htm>. Acesso em: 10 ago. 2022.

BRASIL. Constituição (1988). Emenda Constitucional n. 19, de 4 de junho de 1998. **Diário Oficial da União**, Poder Legislativo, Brasília, DF, 5 jun. 1998a. Disponível em: <http://www.planalto.gov.br/ccivil_03/constituicao/Emendas/Emc/emc19.htm>. Acesso em: 10 ago. 2022.

BRASIL. Constituição (1988). Emenda Constitucional n. 20, de 15 de dezembro de 1998. **Diário Oficial da União**, Poder Legislativo, Brasília, DF, 16 dez. 1998b. Disponível em: <http://www.planalto.gov.br/ccivil_03/constituicao/emendas/emc/emc20.htm>. Acesso em: 10 ago. 2022.

BRASIL. Decreto n. 1.171, de 22 de junho de 1994. **Diário Oficial da União**, Poder Executivo, Brasília, DF, 23 jun. 1994a. Disponível em: <http://www.planalto.gov.br/ccivil_03/decreto/d1171.htm>. Acesso em: 10 ago. 2022.

BRASIL. Decreto n. 1.800, de 30 de janeiro de 1996. **Diário Oficial da União**, Poder Executivo, Brasília, DF, 31 jan. 1996a. Disponível em: <http://www.planalto.gov.br/ccivil_03/decreto/D1800.htm>. Acesso em: 10 ago. 2022.

BRASIL. Decreto n. 3.048, de 6 de maio de 1999. **Diário Oficial da União**, Poder Executivo, Brasília, DF, 7 maio 1999. Disponível em: <http://www.planalto.gov.br/ccivil_03/decreto/d3048.htm>. Acesso em: 10 ago. 2022.

BRASIL. Decreto-Lei n. 200, de 25 de fevereiro de 1967. **Diário Oficial da União**, Poder Executivo, Brasília, DF, 27 mar. 1967. Disponível em: <http://www.planalto.gov.br/ccivil_03/decreto-lei/del0200.htm>. Acesso em: 10 ago. 2022.

BRASIL. Decreto-Lei n. 2.848, de 7 de dezembro de 1940. **Diário Oficial da União,** Poder Executivo, Rio de Janeiro, RJ, 31 dez. 1940. Disponível em: <http://www.planalto.gov.br/ccivil_03/decreto-lei/ del2848.htm>. Acesso em: 10 ago. 2022.

BRASIL. Decreto-Lei n. 5.452, de 1º de maio de 1943. **Diário Oficial da União**, Poder Executivo, Rio de Janeiro, RJ, 9 ago. 1943. Disponível em: <http://www.planalto.gov.br/ccivil_03/decreto-lei/del5452.htm>. Acesso em: 10 ago. 2022.

BRASIL. Lei n. 556, de 25 de junho de 1850. **Coleção das Leis do Império do Brasil**, Poder Executivo, 31 dez. 1850. Disponível em: <http://www.planalto.gov.br/ccivil_03/leis/lim/lim556.htm>. Acesso em: 10 ago. 2022.

BRASIL. Lei n. 605, de 5 de janeiro de 1949. **Diário Oficial da União**, Poder Legislativo, Rio de Janeiro, RJ, 14 jan. 1949. Disponível em: <http://www.planalto.gov.br/ccivil_03/leis/l0605.htm>. Acesso em: 10 ago. 2022.

BRASIL. Lei n. 4.090, de 13 de julho de 1962. **Diário Oficial da União**, Poder Legislativo, Brasília, DF, 26 jul. 1962. Disponível em: <http://www.planalto.gov.br/ccivil_03/leis/l4090.htm>. Acesso em: 10 ago. 2022.

BRASIL. Lei n. 4.320, de 17 de março de 1964. **Diário Oficial da União**, Poder Legislativo, Brasília, DF, 23 mar. 1964a. Disponível em: <http://www.planalto.gov.br/ccivil_03/leis/l4320.htm>. Acesso em: 30 jun. 2022.

BRASIL. Lei n. 4.749, de 12 de agosto de 1965. **Diário Oficial da União**, Poder Executivo, Brasília, DF, 13 ago. 1965. Disponível em: <http://www.planalto.gov.br/ccivil_03/leis/l4749.htm>. Acesso em: 10 ago. 2022.

BRASIL. Lei n. 5.172, de 25 de outubro de 1966. **Diário Oficial da União**, Poder Legislativo, Brasília, DF, 27 out. 1966. Disponível em: <http://www.planalto.gov.br/ccivil_03/leis/l5172.htm>. Acesso em: 10 ago. 2022.

BRASIL. Lei n. 5.889, de 8 de junho de 1973. **Diário Oficial da União**, Poder Executivo, Brasília, DF, 11 jun. 1973a. Disponível em: <http://www.planalto.gov.br/ccivil_03/leis/l5889.htm>. Acesso em: 10 ago. 2022.

BRASIL. Lei n. 6.001, de 19 de dezembro de 1973. **Diário Oficial da União**, Poder Legislativo, Brasília, DF, 21 dez. 1973b. Disponível em: <http://www.planalto.gov.br/ccivil_03/leis/l6001.htm>. Acesso em: 10 ago. 2022.

BRASIL. Lei n. 6.385, de 7 de dezembro de 1976. **Diário Oficial da União**, Poder Executivo, Brasília, DF, 9 dez. 1976a. Disponível em: <http://www.planalto.gov.br/ccivil_03/leis/l6385.htm>. Acesso em: 10 ago. 2022.

BRASIL. Lei n. 6.404, de 15 de dezembro de 1976. **Diário Oficial da União**, Poder Executivo, Brasília, DF, 17 dez. 1976b. Disponível em: <http://www.planalto.gov.br/ccivil_03/leis/l6404consol.htm>. Acesso em: 10 ago. 2022.

BRASIL. Lei n. 6.938, de 31 de agosto de 1981. **Diário Oficial da União**, Poder Executivo, Brasília, DF, 2 set. 1981. Disponível em: <http://www.planalto.gov.br/ccivil_03/leis/l6938.htm>. Acesso em: 10 ago. 2022.

BRASIL. Lei n. 7.347, de 24 de julho de 1985. Diário Oficial da União, Poder Executivo, Brasília, DF, 25 jul. 1985a. Disponível em: <http://www.planalto.gov.br/ccivil_03/leis/l7347orig.htm>. Acesso em: 10 ago. 2022.

BRASIL. Lei n. 8.078, de 11 de setembro de 1990. **Diário Oficial da União**, Poder Legislativo, Brasília, DF, 12 set. 1990a. Disponível em: <http://www.planalto.gov.br/ccivil_03/leis/l8078.htm>. Acesso em: 10 ago. 2022.

BRASIL. Lei n. 8.112, de 11 de dezembro de 1990. **Diário Oficial da União**, Poder Executivo, Brasília, DF, 11 dez. 1990b. Disponível em: <http://www.planalto.gov.br/ccivil_03/leis/l8112cons.htm>. Acesso em: 10 ago. 2022.

BRASIL. Lei n. 8.213, de 24 de julho de 1991. **Diário Oficial da União**, Poder Executivo, Brasília, DF, 25 jul. 1991a. Disponível em: <http://www.planalto.gov.br/ccivil_03/leis/l8213cons.htm>. Acesso em: 10 ago. 2022.

BRASIL. Lei n. 8.245, de 18 de outubro de 1991. **Diário Oficial da União**, Poder Executivo, Brasília, DF, 21 out. 1991b. Disponível em: <http://www.planalto.gov.br/ccivil_03/leis/l8245.htm>. Acesso em: 10 ago. 2022.

BRASIL. Lei n. 8.429, de 2 de junho de 1992. **Diário Oficial da União**, Poder Executivo, Brasília, DF, 3 jun. 1992. Disponível em: <http://www.planalto.gov.br/ccivil_03/leis/l8429.htm>. Acesso em: 10 ago. 2022.

BRASIL. Lei n. 8.666, de 21 de junho de 1993. Diário Oficial da União, Poder Legislativo, Brasília, DF, 22 jun. 1993a. Disponível em: <http://www.planalto.gov.br/ccivil_03/leis/l8666cons.htm>. Acesso em: 10 ago. 2022.

BRASIL. Lei n. 8.742, de 7 de dezembro de 1993. **Diário Oficial da União**, Poder Legislativo, Brasília, DF, 8 dez. 1993b. Disponível em: <http://www.planalto.gov.br/ccivil_03/leis/l8742.htm>. Acesso em: 10 ago. 2022.

BRASIL. Lei n. 8.934, de 18 de novembro de 1994. **Diário Oficial da União**, Brasília, DF, 21 nov. 1994b. Disponível em: <http://www.planalto.gov.br/ccivil_03/leis/l8934.htm>. Acesso em: 10 ago. 2022.

BRASIL. Lei n. 8.987, de 13 de fevereiro de 1995. **Diário Oficial da União**, Poder Legislativo, Brasília, DF, 14 fev. 1995. Disponível em: <http://www.planalto.gov.br/ccivil_03/leis/l8987cons.htm>. Acesso em: 10 ago. 2022.

BRASIL. Lei n. 9.279, de 14 de maio de 1996. **Diário Oficial da União**, Poder Executivo, Brasília, DF, 15 mai. 1996b. Disponível em: <http://www.planalto.gov.br/ccivil_03/leis/l9279.htm>. Acesso em: 10 ago. 2022.

BRASIL. Lei n. 9.455, de 07 de abril de 1997. **Diário Oficial da União**, Poder Executivo, Brasília, DF, 8 abr. 1997. Disponível em: <http://www.planalto.gov.br/ccivil_03/leis/l9455.htm>. Acesso em: 10 ago. 2022.

BRASIL. Lei n. 9.605, de 12 de fevereiro de 1998. **Diário Oficial da União**, Poder Legislativo, Brasília, DF, 13 fev. 1998c. Disponível em: <http://www.planalto.gov.br/ccivil_03/leis/l9605.htm>. Acesso em: 10 ago. 2022.

BRASIL. Lei n. 10.406, de 10 de janeiro de 2002. **Diário Oficial da União**, Poder Executivo, Brasília, DF, 11 jan. 2002a. Disponível em: <http://www.planalto.gov.br/ccivil_03/leis/2002/l10406.htm>. Acesso em: 10 ago. 2022.

BRASIL. Lei n. 10.520, de 17 de julho de 2002. **Diário Oficial da União**, Poder Executivo, Brasília, DF, 18 jul. 2002b. Disponível em: <http://www.planalto.gov.br/ccivil_03/leis/2002/l10520.htm>. Acesso em: 10 ago. 2022.

BRASIL. Lei n. 11.101, de 9 de fevereiro de 2005. **Diário Oficial da União**, Poder Executivo, Brasília, DF, 9 fev. 2005a. Disponível em: <http://www.planalto.gov.br/ccivil_03/_ato2004-2006/2005/lei/l11101.htm>. Acesso em: 10 ago. 2022.

BRASIL. Lei n. 11.105, de 24 de março de 2005. **Diário Oficial da União**, Poder Executivo, Brasília, DF, 28 mar. 2005b. Disponível em: <http://www.planalto.gov.br/ccivil_03/_ato2004-2006/2005/lei/l11105.htm>. Acesso em: 10 ago. 2022.

BRASIL. Lei n. 12.462, de 4 de agosto de 2011. **Diário Oficial da União**, Poder Executivo, Brasília, DF, 5 ago. 2011a. Disponível em: <http://www.planalto.gov.br/ccivil_03/_ato2011-2014/2011/Lei/L12462.htm>. Acesso em: 10 ago. 2022.

BRASIL. Lei n. 12.506, de 11 de outubro de 2011. **Diário Oficial da União**, Poder Legislativo, Brasília, DF, 13 out. 2011b. Disponível em: <http://www.planalto.gov.br/ccivil_03/_ato2011-2014/2011/lei/l12506.htm>. Acesso em: 10 ago. 2022.

BRASIL. Lei n. 13.467, de 13 de julho de 2017. **Diário Oficial da União**, Poder Legislativo, Brasília, DF, 14 jul. 2017. Disponível em: <http://www.planalto.gov.br/ccivil_03/_Ato2015-2018/2017/Lei/L13467.htm>. Acesso em: 10 ago. 2022.

BRASIL. Lei n. 13.874, de 20 de setembro de 2019. **Diário Oficial da União**, Poder Executivo, Brasília, DF, 20 set. 2019. Disponível em: <http://www.planalto.gov.br/ccivil_03/_ato2019-2022/2019/lei/L13874.htm>. Acesso em: 10 ago. 2022.

BRASIL. Lei Complementar n. 103, de 14 de julho de 2000. **Diário Oficial da União**, Poder Legislativo, Brasília, DF, 17 jul. 2000. Disponível em: < http://www.planalto.gov.br/ccivil_03/leis/lcp/lcp103.htm#:~:text=LEI%20COMPLEMENTAR%20N%C2%BA%20103%2C%20DE,22.>. Acesso em: 10 ago. 2022.

BRASIL. Lei Complementar n. 123, de 14 de dezembro de 2006. **Diário Oficial da União**, Poder Legislativo, Brasília, DF, 15 dez. 2006. Disponível em: <http://www.planalto.gov.br/ccivil_03/leis/lcp/lcp123.htm>. Acesso em: 10 ago. 2022.

BRASIL. Lei Complementar n. 150, de 1º de junho de 2015. **Diário Oficial da União**, Poder Legislativo, Brasília, DF, 2 jun. 2015. Disponível em: < https://www2.camara.leg.br/legin/fed/leicom/2015/leicomplementar-150-1-junho-2015-780907-publicacaooriginal-147120-pl.html>. Acesso em: 10 ago. 2022.

BRASIL. Ministério do Trabalho e Previdência. Instituto Nacional do Seguro Social. Instrução Normativa PRES/INSS n. 128, de 28 de março de 2022. **Diário Oficial da União**, Poder Executivo, Brasília, DF, 29 mar. 2022. Disponível em: <https://www.in.gov.br/en/web/dou/-/instrucao-normativa-pres/inss-n-128-de-28-de-marco-de-2022-389275446>. Acesso em: 10 ago. 2022.

BRASIL. Ministério do Trabalho e Previdência. Portaria MTP n. 422, de 7 de outubro de 2021. **Diário Oficial da União**, Brasília, DF, 8 out. 2021. Disponível em: <https://www.in.gov.br/en/web/dou/-/portaria/mtp-n-422-de-7-de-outubro-de-2021-351613291>. Acesso em: 10 ago. 2022.

CANOTILHO, J. J. G.; MOREIRA, V. **Fundamentos da Constituição**. Coimbra: Coimbra Editora, 1991.

CARRAZZA, R. A. **Curso de direito constitucional tributário**. 33. ed. São Paulo: Malheiros, 2021.

CARRION, V. **Comentários à Consolidação das Leis do Trabalho**. 46. ed. São Paulo: Saraiva, 2022.

CARVALHO FILHO, J. dos S. **Manual de direito administrativo**. 36. ed. São Paulo: Atlas, 2022.

CARVALHO, P. de B. **Curso de Direito Tributário**. 31. ed. São Paulo: Noeses, 2021.

CAVALIERI FILHO, S. **Programa de direito do consumidor**. 5. ed. São Paulo: Atlas, 2019.

CHIUVITE, T. B. S. **Para aprender direito: direito ambiental**. São Paulo: Barros, Fischer e Associados, 2010.

COELHO, F. U. **Curso de direito comercial**. 24. ed. São Paulo: Saraiva, 2021.

COELHO, F. U. **Manual de direito comercial**. 33. ed. São Paulo: Saraiva, 2022.

COELHO, S. C. N. **Curso de direito tributário brasileiro**. 18. ed. Rio de Janeiro: Forense, 2022.

COSTA, R. de L. **Rotinas trabalhistas**: departamento pessoal modelo de A a Z. 8. ed. São Paulo: Cenofisco, 2019.

DANTAS, F. C. S. T. Igualdade perante a lei e due process of law: contribuição ao estudo da limitação constitucional do Poder Legislativo. **Revista Forense**, v. 116, p. 357, Rio de Janeiro, 1948.

DELGADO, M. G. **Curso de direito do trabalho**. 19. ed. São Paulo: LTr, 2020.

DIAS, J. F. de A. **Direitos humanos**: fundamentação ontoteleológica dos direitos humanos. Maringá: Unicorpore, 2005.

DINIZ, M. H. **Curso de direito civil brasileiro**: responsabilidade civil. 36. ed. São Paulo: Saraiva, 2022. v. 7.

DINIZ, M. H. **Curso de direito civil brasileiro**: teoria das obrigações contratuais e extracontratuais. 34. ed. São Paulo: Saraiva, 2018. v. 3.

DI PIETRO, M. S. **Direito administrativo**. São Paulo: Forense, 2022.

EFING, A. C. **Fundamentos do direito das relações de consumo**: consumo e sustentabilidade. 4. ed. Juruá: Curitiba, 2020.

GONÇALVES, C. R. **Direito civil brasileiro**: teoria geral das obrigações. 19. ed. São Paulo: Saraiva, 2022.

GONÇALVES NETO, A. de A. **Direito de empresa**. 10. ed. São Paulo: RT, 2021.

GRINOVER, A. P.; WATANABE, K.; NERY JUNIOR, N. **Código Brasileiro de Defesa do Consumidor**: comentado pelos autores do anteprojeto. 12. ed. Rio de Janeiro: Forense Universitária, 2018.

HORTA, R. M. **Estudos de direito constitucional.** 5. ed. Belo Horizonte: Del Rey, 2010.

IHERING, R. V. **A luta pelo direito.** 6. ed. São Paulo: RT, 2010.

JUSTEN FILHO, M. **Curso de direito administrativo.** 8. ed. Belo Horizonte: Fórum, 2017.

MACHADO, H. de B. **Curso de direito tributário.** 41. ed. São Paulo: Malheiros, 2020.

MARTINS, S. P. **Direito do trabalho.** 38. ed. São Paulo: Saraiva, 2022.

MEDAUAR, O. **Direito administrativo moderno.** 22. ed. São Paulo: RT, 2020.

MEIRELLES, H. L. **Direito administrativo brasileiro.** 41. ed. São Paulo: Malheiros, 2015.

MEIRELLES, H. L.; MENDES, G. F.; WALD, A. **Mandado de segurança e ações constitucionais.** 38. ed. São Paulo: Malheiros, 2019.

MELLO, C. A. B. de. **Curso de direito administrativo.** 35. ed. São Paulo: Malheiros, 2021.

MONTEIRO, W. de B. **Curso de direito civil.** 40. ed. São Paulo: Saraiva 2013. v. 5.

MORAES, A. de. **Direito constitucional.** 38. ed. São Paulo: Atlas, 2022.

NASCIMENTO, A. M. **Curso de direito do trabalho.** 29. ed. São Paulo: Saraiva, 2014.

NASCIMENTO, A. M. **Iniciação ao direito do trabalho.** São Paulo: LTr, 2012.

NUNES, L. A. R. **Comentários ao Código de Defesa do Consumidor.** 11. ed. São Paulo: Saraiva, 2017.

ONU – Organização das Nações Unidas. **Declaração Universal dos Direitos Humanos**: adotada e proclamada pela resolução 217 A (III) da Assembleia Geral das Nações Unidas em 10 de dezembro de 1948. Brasília, DF, 1998. Disponível em: <http://unesdoc.unesco.org/images/0013/001394/139423por.pdf>. Acesso em: 10 ago. 2022

PAULSEN, L. **Constituição e Código Tributário comentados à luz da doutrina e da jurisprudência.** 18. ed. São Paulo: Saraiva, 2017.

PEREIRA, C. M. da S. **Instituições de direito civil**. 31. ed. Rio de Janeiro: Forense, 2017.

SANTOS, M. F. dos. **Direito previdenciário esquematizado**. 12. ed. rev. e atual. São Paulo: Saraiva, 2022.

SILVA, J. A. da. **Curso de direito constitucional positivo**. 43. ed. São Paulo: Malheiros, 2020.

SILVA, J. A. da. **Direito ambiental constitucional**. 11. ed. São Paulo: Malheiros, 2019.

STF – Supremo Tribunal Federal. Ação Direta de Inconstitucionalidade n. 800 RS. Relator: Ministro Teori Zavascki. Julgamento: 11 jun 2014. **Diário da Justiça**, Brasília, DF, 1º jul 2014. Disponível em: <https://portal.stf.jus.br/processos/downloadPeca.asp?id=240436915&ext=.pdf> Acesso em: 10 ago. 2022.

STF – Supremo Tribunal Federal. Agravo Regimental em Reclamação n. 26448 AgR/RJ. Relator: Ministro Edson Fachin. Julgamento: 20 dez 2019. **Diário da Justiça**, Brasília, DF, 6 fev 2020. Disponível em:< https://jurisprudencia.stf.jus.br/pages/search/sjur418504/false> Acesso em: 10 ago. 2022.

STF – Supremo Tribunal Federal. Recurso Extraordinário n. 101.126-2 RJ. Relator: Ministro Moreira Alves. Julgamento: 24 out. 1984. **Diário da Justiça**, Rio de Janeiro, RJ, 1º mar. 1985. Disponível em: <https://redir.stf.jus.br/paginadorpub/paginador.jsp?docTP=AC&docID=193482>. Acesso em: 10 ago. 2022.

STF – Supremo Tribunal Federal. Súmula n. 380, de 3 de abril de 1964. **Diário da Justiça**, Brasília, DF, 8 maio 1964a. Disponível em: <https://jurisprudencia.stf.jus.br/pages/search/seq-sumula380/false>. Acesso em: 10 ago. 2022.

STF – Supremo Tribunal Federal. Súmula n. 421, de 1º de junho de 1964. **Diário da Justiça**, Brasília, DF, 6 jul. 1964b. Disponível em: <https://jurisprudencia.stf.jus.br/pages/search/seq-sumula421/false>. Acesso em: 10 ago. 2022.

STF – Supremo Tribunal Federal. Súmula vinculante n. 13, de 21 agosto de 2008. **Diário da Justiça**, Brasília, DF, 29 ago. 2008. Disponível em: <https://jurisprudencia.stf.jus.br/pages/search/seq-sumula761/false>. Acesso em: 10 ago. 2022.

STJ – Superior Tribunal de Justiça. Agravo Regimental em Recurso Especial n. 1.145.116-PR (2009/0115625-3). Relator: Ministro Og Fernandes. Julgamento: 22 abr. 2014. **Diário da Justiça**, Brasília, DF, 7 maio 2014. Disponível em: <https://processo.stj.jus.br/processo/revista/documento/mediado/?componente=ITA&sequencial=1314263&num_registro=200901156253&data=20140507&peticao_numero=201400078090&formato=PDF>. Acesso em: 10 ago. 2022.

TRF 3 –Tribunal Regional Federal da 3ª Região. Processo n. 0037181-42.2011.4.03.6301. Relator: Juiz Federal Kyu Soon Lee. Julgamento: 10 maio 2013. **Diário da Justiça**, Brasília, DF, 7 jun. 2013. Disponível em: <http://www.jusbrasil.com.br/diarios/55270576/trf-3-judicial-ii-jef-07-06-2013-pg-140>. Acesso em: 10 ago. 2022.

TRF 4 – Tribunal Regional Federal da 4ª Região. Apelação Cível n. 5000839-39.2011.404.7005. Relatora: Desembargadora Maria Lúcia Luz Leiria. **Diário da Justiça**, 17 jan. 2013a. Disponível em: <https://trf-4.jusbrasil.com.br/jurisprudencia/907350345/apelacao-civel-ac-50008393920114047005-pr-5000839-3920114047005>. Acesso em: 10 ago. 2022.

TRF 4 – Tribunal Regional Federal da 4ª Região. Recurso Especial em Embargos Infringentes n. 2005.72.08.005617-2/SC. Relator: Desembargador Federal Valdemar Capeletti. Julgamento: 14 maio 2013. **Diário da Justiça**, Brasília, DF, 24 jun. 2013b. Disponível em: <https://consulta.trf4.jus.br/trf4/processos/visualizar_documento_gedpro.php?local=trf4&documento=5866445&hash=baca931adb2566b565ccf45ba5ea247e>. Acesso em: 10 ago. 2022.

TRF 5 – Tribunal Regional Federal da 5ª Região. Apelação Cível n. 000854-08.2011.4.05.9999. Relator: Desembargador Federal Rubens de Mendonça Canuto. Julgamento: 30 ago. 2011. **Diário da Justiça**, Brasília, DF, 8 set. 2011. Disponível em: <http://www.jusbrasil.com.br/diarios/62143741/trf-3-judicial-i-26-11-2013-pg-234>. Acesso em: 10 ago. 2022.

TRT 10 – Tribunal Regional do Trabalho da 10ª Região. Recurso Ordinário n. 01051-2003-006-10-00-3 RO. Relatora: Desembargadora Elke Doris Just. Julgamento: 24 mar. 2004. **Diário da Justiça**, Brasília, DF, 16 abr. 2004. Disponível em: <http://www.trt10.jus.br/consweb_gsa/gsa_segunda_instancia.php?tip_processo_trt=RO&ano_processo_trt=2003&num_processo_trt=5286&num_processo_voto=38664&dta_publicacao=16/04/2004&dta_julgamento=24/03/2004&embargo=&tipo_publicacao=DJ&termos=Concep%C3%A7%C3%A3o>. Acesso em: 10 ago. 2022.

TST – Tribunal Superior do Trabalho. Agravo de Instrumento em Recurso de Revista n. 123300-03.2011.5.21.0002. Relatora: Ministra Dora Maria da Costa. Julgamento: 8 out 2014. **Diário da Justiça**, 10 out. 2014a. Disponível em: <http://www.lexml.gov.br/urn/urn:lex:br:tribunal.superior.trabalho;turma.8:acordao;airr:2014-10-08;123300-2011-2-21-0>. Acesso em: 10 ago. 2022.

TST – Tribunal Superior do Trabalho. Precedente Normativo n. 119, de 2 de junho de 1998. **Diário da Justiça**, Brasília, DF, 25 ago. 2014b. Disponível em: <http://www3.tst.jus.br/jurisprudencia/PN_com_indice/PN_completo.html#Tema_PN119>. Acesso em: 10 ago. 2022.

TST – Tribunal Superior do Trabalho. Súmula n. 32, de 27 de novembro de 1970. **Diário da Justiça**, Brasília, DF, 19, 20 e 21 nov. 2003a. Disponível em: <http://www3.tst.jus.br/jurisprudencia/Sumulas_com_indice/Sumulas_Ind_1_50.html#SUM-32>. Acesso em: 10 ago. 2022.

TST – Tribunal Superior do Trabalho. Súmula n. 51, de 14 de junho de 1973. **Diário da Justiça**, Brasília, DF, 23, 24 e 25 abr. 2005. Disponível em: <http://www3.tst.jus.br/jurisprudencia/Sumulas_com_indice/Sumulas_Ind_51_100.html#SUM-51>. Acesso em: 10 ago. 2022.

TST – Tribunal Superior do Trabalho. Súmula n. 212, de 26 de setembro de 1985. **Diário da Justiça**, Brasília, DF, 19, 20 e 21 nov. 2003b. Disponível em: <http://www3.tst.jus.br/jurisprudencia/Sumulas_com_indice/Sumulas_Ind_201_250.html#SUM-212>. Acesso em: 10 ago. 2022.

TST – Tribunal Superior do Trabalho. Súmula n. 244, de 5 de dezembro de 1985. **Diário da Justiça**, Brasília, DF, 25, 26 e 27 set. 2012. Disponível em: <http://www3.tst.jus.br/jurisprudencia/Sumulas_com_indice/Sumulas_Ind_201_250.html#SUM-244>. Acesso em: 10 ago. 2022.

TST – Tribunal Superior do Trabalho. Súmula n. 423, de 10 de outubro de 2006. **Diário da Justiça**, Brasília, DF, 11, 12 e 13 out. 2006. Disponível em: <http://www3.tst.jus.br/jurisprudencia/Sumulas_com_indice/Sumulas_Ind_401_450.html#SUM-423>. Acesso em: 10 ago. 2022.

VENOSA, S. S. **Direito civil**: obrigações e responsabilidade civil. São Paulo: Atlas, 2021. v. 2.

Capítulo 1

Questões para revisão
1. e
2. a
3. c
4. O direito objetivo é o conjunto de leis dirigidas a todos. Podemos citar como exemplos o Código Penal, o Código de Processo Penal, o Código Civil e o Código de Processo Civil. Ele expressa o direito coletivo ou a vontade geral. Por outro lado, o direito subjetivo é a faculdade que a pessoa tem de invocar essas leis a seu favor sempre que um direito for violado.
5. O direito público regula as relações do Estado com o Estado ou do Estado com os cidadãos, caracterizando-se pela imperatividade de suas normas. O direito privado disciplina as relações entre os indivíduos, ou seja, tem como foco de atuação os interesses de ordem particular.

Questões para reflexão
1. A finalidade do direito é regular as ações humanas, promovendo a paz e a prosperidade no meio social e coibindo a desordem e o crime.

---

* As fontes citadas nesta seção constam na lista final de referências

2. É o conjunto de normas reguladoras que disciplinam a conduta dos homens na sociedade e de normas coativas impostas pelo Estado. O direito é o que está de acordo com a lei e destina-se a regular as relações humanas. Suas normas asseguram o equilíbrio na coexistência dos seres humanos, na vida em sociedade.

Capítulo 2

Questões para revisão

1. e
2. c
3. b
4. De acordo com Canotilho e Moreira (1991, p. 41), "Constituição deve ser entendida como a lei fundamental e suprema de um Estado, que contém normas referentes à estruturação do Estado, à formação dos poderes públicos, forma de governo e aquisição do poder de governar, distribuição de competências, direitos, garantias e deveres dos cidadãos. Além disso, é a Constituição que individualiza os órgãos competentes para a edição de normas jurídicas, legislativas ou administrativas".

5. Conforme Silva (2020, p. 36), o direito constitucional "configura-se como Direito Público Fundamental por referir-se diretamente à organização e funcionamento do Estado, à articulação dos elementos primários do mesmo e ao estabelecimento das bases da estrutura política".

Questões para reflexão

1. Ao refletir sobre a questão proposta, você deve se lembrar de que as normas constitucionais são normas de base, as quais devem ser aplicadas por todos os ramos do direito, pois indicam o caminho a ser seguido.
2. Não há um ramo do direito mais importante, todos eles têm sua importância, na medida em que estabelecem normas próprias a serem seguidas.

Capítulo 3

Questões para revisão

1. a
2. e
3. c
4. São princípios da Administração Pública a supremacia do interesse público, a legalidade, a impessoalidade, a moralidade,

a publicidade e a eficiência, conforme disposto na Constituição Federal de 1988, art. 37.

5. São autarquias, empresas públicas, sociedades de economia mista e fundações públicas, conforme disposto na Constituição Federal de 1988, art. 37, e no Decreto-Lei n. 200/1967, art. 4º, inciso II.

Questões para reflexão

1. A função mais importante do Estado é a satisfação das necessidades coletivas, sustentada no princípio da supremacia do interesse público.

2. A reflexão deve ser realizada no sentido de perceber que o Estado existe para atender ao interesse público, mas tem de atuar dentro dos parâmetros legais, ou seja, o agente público somente pode praticar seus atos, pelo menos como regra, mediante autorização legal.

Capítulo 4

Questões para revisão
1. b
2. b
3. c
4. Vícios redibitórios são aqueles defeitos ocultos que já existiam no objeto contratado no momento de sua contratação, mas que não eram perceptíveis, os quais podem torná-lo impróprio ao uso a que é destinado ou lhe diminuir o valor, de acordo com os arts. 441 e seguintes do Código Civil.

5. Segundo Gonçalves (2022, p. 22), "contrato é uma espécie de negócio jurídico que depende, para a sua formação, da participação de pelo menos duas partes. É, portanto, negócio jurídico bilateral ou plurilateral".

Questões para reflexão

1. Você deve tomar como base para sua reflexão a disposição do Código Civil, em seu art. 1º, de que toda pessoa é capaz de direitos e obrigações, mas também deve considerar o fato de que ser titular de direitos e deveres não significa, necessariamente, poder exercê-los pessoalmente.

2. Como regra, todo e qualquer contrato pode ser ajustado sem seguir parâmetros preestabelecidos, desde que a forma escolhida para instituí-lo não seja

proibida ou não haja outra determinada por lei.

Capítulo 5

Questões para revisão

1. e
2. a
3. b
4. Em seu art. 966, o Código Civil define *empresário* como aquele que "exerce profissionalmente atividade econômica organizada para a produção ou a circulação de bens ou de serviços" (Brasil, 2002a).
5. Segundo o art. 1.142 do Código Civil, "Considera-se estabelecimento todo complexo de bens organizado, para exercício da empresa, por empresário, ou por sociedade empresária" (Brasil, 2002a).

Questões para reflexão

1. Em sua análise, você deve considerar que, em determinadas situações, os cônjuges não podem contrair sociedade para que haja proteção aos bens familiares.
2. O titular de qualquer tipo de ação da sociedade anônima é considerado sócio, mas, dependendo do tipo de sua ação, poderá ter vantagens e privilégios em relação às demais ações.

Capítulo 6

Questões para revisão

1. e
2. b
3. a
4. Por competência tributária, entendemos o poder atribuído pela Carta Magna a um determinado ente tributante, para que ele possa legislar sobre certo tributo.
5. A capacidade tributária ativa é o poder atribuído pela lei às pessoas jurídicas de direito público de exigir do particular o cumprimento da obrigação tributária, nos termos do art. 119 do Código Tributário Nacional.

Questões para reflexão

1. Segundo o art. 126 do Código Tributário Nacional, a capacidade tributária passiva independe da capacidade civil; portanto, nascendo com vida, a pessoa já pode ser considerada como sujeito passivo da obrigação tributária.

2. Tributo é gênero, sendo o imposto uma de suas espécies. Então, é certo que todo imposto é tributo, mas nem todo tributo é imposto.

Capítulo 7

Questões para revisão
1. b
2. c
3. e
4. Segundo Delgado (2020, p. 201-202), pelo princípio da primazia da realidade, é preciso pesquisar o que de concreto aconteceu na prestação de serviços, independentemente daquilo que tenha sido eventualmente manifestado pelas partes, ou seja, o que interessa para o direito do trabalho é o que realmente aconteceu, acima de qualquer acordo, pacto ou determinação.
5. O período concessivo de férias se inicia no primeiro dia após o período aquisitivo, quando o empregador terá um ano para conceder as férias ao empregado.

Questões para reflexão
1. Sempre que houver, de um lado, um tomador e, de outro, um prestador de serviços, haverá uma relação de trabalho, mas, para que exista uma relação de emprego, alguns requisitos devem estar presentes, tais como a pessoalidade, a subordinação, a não eventualidade e a onerosidade, os quais são responsáveis por criar o vínculo empregatício.
2. Em sua reflexão, você deve se lembrar de que a legislação confere validade a qualquer tipo de ajuste do contrato individual de trabalho, sendo tácito ou expresso, verbal ou por escrito, dando ao trabalhador todos os direitos, independentemente da forma ajustada.

Capítulo 8

Questões para revisão
1. a
2. e
3. c
4. A aposentadoria voluntária é concedida a trabalhadores urbanos do sexo masculino aos 65 anos e do sexo feminino aos 62 anos de idade; a trabalhadores rurais do sexo masculino aos 60 anos e do sexo feminino aos 55 anos de idade.

A legislação exige, ao mesmo tempo, uma carência de 240 contribuições mensais para os trabalhadores urbanos do sexo masculino e 180 contribuições mensais para as trabalhadoras urbanas do sexo feminino.

5. A Conforme o art. 194 da Constituição de 1988, a seguridade social é entendida como um conjunto integrado de ações que dependem de todos, ou seja, do Estado e também da sociedade de forma geral, e visam assegurar à população os direitos relativos à saúde, à previdência e à assistência social. Estado e sociedade custeiam direta ou indiretamente essas ações, por meio dos recursos advindos dos orçamentos de todas as pessoas políticas de direito público (União, estados, Distrito Federal e municípios).

Questões para reflexão

1. Em sua reflexão, leve em conta que a previdência social é um dos sustentáculos da seguridade social, que também é composta pela saúde e pela assistência social.

2. Como ocorre com todos os benefícios previdenciários, para que o auxílio-reclusão possa ser concedido, devem ser observados alguns registros; porém, a análise deve ser realizada no sentido de que o Estado tem condições financeiras de conceder tal benefício aos dependentes de todos aqueles que estiverem presos.

Capítulo 9

Questões para revisão

1. d
2. d
3. b
4. Pelo princípio do poluidor pagador, entendemos que o explorador do meio ambiente deve responder pela emissão de dejetos, ou de qualquer outro material prejudicial ao meio ambiente. Se caracterizado o dano ambiental, ele será punido na forma da lei, podendo até ser proibido de realizar a atividade para a qual já possuía autorização.
5. A **responsabilidade solidária** por danos causados ao meio ambiente permite o entendimento de que a reparação ou a indenização poderá ser exigida de mais de uma pessoa, se todas estiverem envolvidas.

Nesse caso, elas poderão responder pelos prejuízos causados por qualquer uma delas ou por todas ao mesmo tempo, solidariamente.

Questões para reflexão

1. Você deve se lembrar, ao refletir sobre a questão, de que o meio ambiente é um bem comum, tanto das gerações atuais quanto das futuras.

2. Reflita sobre o fato de que o Estado é o gestor da coisa pública e tem como principal função a satisfação das necessidades coletivas, mas ele precisa sempre da ajuda de todos para que possa cumprir com essa obrigação.

Capítulo 10

Questões para revisão

1. e
2. e
3. a
4. Segundo Nunes (2017, p. 238, grifo nosso), "são considerados **vícios** as características de qualidade ou quantidade que tornem os produtos ou serviços impróprios ou inadequados ao consumo a que se destinam e também que lhes diminuam o valor. Da mesma forma, são considerados vícios os decorrentes da disparidade havida em relação às indicações constantes do recipiente, embalagem, rotulagem, oferta ou mensagem publicitária".

5. Conforme Nunes (2017, p. 238), o **defeito**, "é o vício acrescido de um problema extra, alguma coisa extrínseca ao produto ou ao serviço, que causa um dano maior que simplesmente o mau funcionamento, o não funcionamento, a quantidade errada, a perda do valor pago – já que o produto ou o serviço não cumpriram o fim ao qual se destinavam".

Questões para reflexão

1. O Código de Defesa do Consumidor (CDC) existe para que todos conheçam seus direitos de consumidor e os exijam quando estiverem em uma relação de consumo.

2. Sua reflexão deve ter como ponto de partida a relação de consumo, devendo analisar os sujeitos que podem compor tal relação.

Débora Veneral é doutora em Direito pela Universidade Católica de Santa Fé (Argentina), mestranda em Educação e Novas Tecnologias pelo Centro Universitário Internacional Uninter. Possui especialização em Formação de Docentes e de Orientadores Acadêmicos em Educação a Distância; em Direito Tributário; em Educação Superior – Metodologia do Ensino Superior; em Direito Civil e Processual Civil. É graduada em Direito pela Universidade Paranaense (Unipar) – 1997. É também professora universitária; instrutora de curso preparatório para o exame da Ordem dos Advogados do Brasil (OAB); instrutora de cursos da Escola de Educação em Direitos Humanos (ESEDH/PR) – Execução Penal e Estatuto Penitenciário. Atua como consultora em Unidades Penais Terceirizadas e também como advogada criminalista. Coordenou a implantação do curso de Prática Criminal do Instituto Elias Mattar Assad de Práticas Profissionais (IEMAPP) e atualmente é diretora da Escola Superior de Gestão Pública, Política, Jurídica e Segurança do Centro Universitário Internacional Uninter e palestrante.

Silvano Alves Alcantara é doutor em Direito pela Universidade Católica de Santa Fé (Argentina), graduado em Direito pela Universidade Tuiuti do Paraná (UTP) e especialista em Direito Tributário pelo Instituto Brasileiro de Pós-Graduação e Extensão (IBPEx). Atualmente, é professor em cursos de graduação e pós-graduação presenciais e a distância no Centro Universitário Internacional Uninter, onde coordena os cursos de pós-graduação em Direito; e professor convidado pela Universidade Federal do Paraná (UFPR) para ministrar disciplinas de pós-graduação em Direito Tributário. É advogado e atua nas áreas tributária, empresarial e trabalhista, além de palestrante.

Impressão:
Outubro/2022